A Brief History of Linguistics

欧美语言学简史（修订本）

徐志民 ◎ 著

复旦大学出版社

图书在版编目(CIP)数据

欧美语言学简史/徐志民著.—修订本.—上海:复旦大学出版社,2013.7(2019.1 重印)
ISBN 978-7-309-09740-5

Ⅰ.欧… Ⅱ.徐… Ⅲ.①语言学史-欧洲②语言学史-美洲 Ⅳ.H0-09

中国版本图书馆 CIP 数据核字(2013)第 121499 号

欧美语言学简史
徐志民　著
责任编辑/邵　丹

复旦大学出版社有限公司出版发行
上海市国权路 579 号　邮编:200433
网址:fupnet@fudanpress.com　http://www.fudanpress.com
门市零售:86-21-65642857　团体订购:86-21-65118853
外埠邮购:86-21-65109143
常熟市华顺印刷有限公司

开本 890×1240　1/32　印张 9　字数 222 千
2019 年 1 月第 1 版第 2 次印刷

ISBN 978-7-309-09740-5/H·2100
定价:29.80 元

如有印装质量问题,请向复旦大学出版社有限公司发行部调换。
版权所有　侵权必究

目录 contents

第一章　导论 ……………………………………………………… 001
    1. 语言研究的萌芽与发展 ……………………………… 001
    2. 语言学史研究的目的 ………………………………… 005
    3. 欧美语言学发展的几个阶段 ………………………… 006

第二章　古希腊罗马的语言研究 ……………………………… 011
    1. 古希腊哲学家的语言研究 …………………………… 011
    2. 亚历山大里亚语文学派及其语法理论 ……………… 019
    3. 古罗马的语言研究 …………………………………… 023

第三章　中世纪初至 18 世纪末的欧洲语言学 ……………… 027
    1. 中世纪语言研究概况和思辨语法学派 ……………… 027
    2. 经验语法与唯理语法 ………………………………… 031
    3. 17、18 世纪欧洲学者对语言问题的探索 …………… 036
    4. 语言视野的扩展和语言材料的积累 ………………… 046

第四章　普通语言学的奠基人——洪堡特 …………………… 049
    1. 洪堡特的生平 ………………………………………… 049

    2. 洪堡特的语言理论　　　　　　　　　　　051
    3. 洪堡特的汉语观　　　　　　　　　　　　061
    4. 洪堡特的理论引起的反响　　　　　　　　065

第五章　历史比较语言学的产生和发展　　　069
    1. 历史比较语言学产生的前提　　　　　　　069
    2. 拉斯克　　　　　　　　　　　　　　　　073
    3. 葆朴　　　　　　　　　　　　　　　　　078
    4. 格里木　　　　　　　　　　　　　　　　083
    5. 施莱歇尔　　　　　　　　　　　　　　　091
    6. 历史比较语言学前期的成就和缺点　　　　099

第六章　青年语法学派　　　　　　　　　　103
    1. 青年语法学派的形成和"宣言"的发表　　103
    2. 关于"语音规律"　　　　　　　　　　　107
    3. 关于"类推作用"　　　　　　　　　　　113
    4. 青年语法学派的贡献和缺陷　　　　　　　116
    5. 同时代学者对青年语法学派的批判　　　　119

第七章　现代语言学的开创者——索绪尔　　126
    1. 索绪尔的研究活动　　　　　　　　　　　126
    2. 索绪尔语言理论的要点　　　　　　　　　133
    3. 索绪尔与现代语言学　　　　　　　　　　140
    4. 索绪尔的魅力　　　　　　　　　　　　　146

第八章　布拉格语言学派　　　　　　　　　151
    1. 布拉格语言学会　　　　　　　　　　　　151
    2. 布拉格论纲　　　　　　　　　　　　　　156

3. 特鲁别茨柯伊的音位理论　　165
　　4. 布拉格学派在语言学史上的地位　　172

第九章　哥本哈根语言学派　　177
　　1. 哥本哈根语言学会及其代表人物　　177
　　2. 叶尔姆斯列夫的语符学理论　　184
　　3. 哥本哈根学派的功绩和存在的问题　　193

第十章　20世纪上半叶的美国语言学　　199
　　1. 美国语言学的特点　　199
　　2. 萨丕尔的语言学说　　203
　　3. 布龙菲尔德和布龙菲尔德学派　　216

第十一章　转换生成语法学派　　238
　　1. "乔姆斯基革命"　　238
　　2. 生成语法的心理学和哲学含义　　253
　　3. 对转换生成理论的评价问题　　259

参考文献　　265

索引　　270

后记　　279

修订附记　　281

复旦版附记　　282

第一章 Chapter 1
导　　论

1. 语言研究的萌芽与发展

　　语言是人类社会生活中最奇妙的现象之一。自从产生人类,就有了语言,从此人类就离不开它。语言究竟是怎么产生的?为什么会有不同的语言?哪种语言产生得最早?这类问题早就引起了人们的兴趣。起源于世界文明发源地的神话和宗教故事,大都保留着不少关于语言、文字的传说,就是最好的证明。这些传说,忠实地记录了人类对语言问题的最初的思考,为我们研究语言思想发展史提供了珍贵的资料。

　　公元前5世纪,希腊历史学家希罗多德(Herodotus)在其所著的《历史》(又称《希腊波斯战争史》)里,有一则关于埃及国王沙密梯克斯(Psammetichus)探索语言起源的故事。这位国王想知道世界上哪种语言最古老,思考了很久,才想出了一个办法。他命令把平民中两个新生的男孩交给牧童去养育,严格禁止任何人当着这两个孩子的面讲话,只让牧童定时把山羊赶到他们那儿,以羊乳哺养他们。目的是为了了解这两个孩子在听不到人说话的环境里,说出来的第一个词究竟是什么。这样养育了两年之后,一天早上他们终于对牧童说了第一个词"bekos"。国王马上派人到处查询,最后查出小亚细亚的佛里基亚语(phrygian)里有这个词,是"面包"的意思。于是这位国王宣布,佛里基亚语是世界上最古老的语言。

　　在基督教的《圣经》里也保留着一些关于语言起源的自相矛盾

的传说。《旧约全书》中《创世纪》的第一章说,上帝亲自给万物命名。可是第二章又说,上帝派亚当看守伊甸园,园里的各种飞禽走兽,都没有名字,上帝就叫它们走到亚当面前,看他叫它们什么,就算它们的名字。在《创世纪》第十一章,还有一则有名的关于巴比塔(Babel)的故事。故事说,挪亚的子孙在经过几代的大迁徙之后,决定在亚那这个地方建造一座城市,在城中建一个塔,塔顶通天,以留传百世,作为子子孙孙集中居住的纪念。这件事惊动了上帝。耶和华降临该城上空,看着下面川流不息的人群,对天使说:"看哪,他们的动作这样协调一致,整齐划一,靠的是同一种语言。如今建城建塔,今后做起别的事来,就没有不成功的了。看来我们得变乱他们的口音,使他们的语言彼此不通。"于是耶和华上帝就使他们说起各种不同的语言来。因为语言不同了,彼此无法了解,结果没能把塔建成,最后大家四散移往各地。根据英国学者弗拉塞尔(Frazer)《旧约全书中的民间传说》一书的解释,这个 Babel,可能就是古代的巴比伦城。据希罗多德记载,该城有 24 公里见方,居民达 200 万人,是当时的一个大贸易中心。这样看来,这个故事似乎反映了当时的犹太牧民对古代大城市的印象。因为在巴比伦城里,每天有来自各地的数以万计的人,他们说着不同的语言。同时,这一故事也可以看作是当时关于人类的单一语言变成多种语言的传说的记录。

　　类似这样的传说,在别的地方,例如印度、中国等文明古国也有不少。印度最古的文献《吠陀》(*Veda*)中的《教义集》说,语言是母牛,呼吸是公牛,由语言和呼吸生出人心。婆罗门教徒把语言视为最伟大的女神。我国古代文字产生得很早(现在可见的甲骨文,产生于公元前 14 世纪),因此关于文字的传说较多。相传我们的祖先最早是结绳记事的,后来伏羲氏创制八卦,"以通神明之理,以类万物之情"。而后又有"仓颉造字"之说:"黄帝之史仓颉,见鸟兽蹄迒之迹,知分理之可相异也,初造书契。"(许慎《说文解字叙》)

这类神话和宗教故事,现在看来大多荒诞无稽,但我们从中可以窥见,语言问题自古以来就具有极大的吸引力,这就很值得我们从语言本性的角度去认真思索一番。此外,这些传说提出了一些关于语言的起源和本质的问题,后来的研究者常常回到这些问题上来,这也足以证明这些传说所记录的先人对语言问题的思索的重要意义。

　　脱离了神话阶段之后,人类对语言的研究也就很快开始了。大约从公元前4、5世纪起,在世界的几个文明发源地,开始出现了认真的语言研究活动。古希腊哲学家从公元前5世纪起,就从哲学(逻辑)角度争论语言的起源和结构问题。柏拉图的对话录《克拉底洛篇》就是这类争论的最早记录之一,我们在第二章里将较为详细地谈到这一著作。差不多同时,古印度人由于准确传授宗教圣典的需要,也开始了对语言的研究工作。最初是研究印度最古的宗教经典《吠陀》。由于时间的推移,口语跟《吠陀》时代的语言差别越来越大,到公元前4、5世纪时,《吠陀》颂歌中的许多地方已经不能为一般人所懂得了。为了确保准确无误地理解颂歌的宗教内容,就必须对《吠陀》的语言作解说。著名的《波你尼经》(*Pāṇinisūtra*)正是当时从解说《吠陀》语言开始、进而研究梵语的整个结构的产物。《波尼尼经》又名《八章书》,是波你尼(pāṇini)在前人(书中提到名字的有68人)研究的基础上编写的一部梵语语法,成书年代约在公元前4世纪。为了便于口头传授和背诵,波你尼用3 983条经句极其概括地叙述了梵语的全部语音结构、语词的构成和变化法则。这一汇集了许多世纪的语法学家的研究成果的语法法典,在语音和语法现象的分析与描写方面,达到了相当完善的程度,因而被布龙菲尔德誉为"人类智慧的丰碑之一"[①]。在我国,公元前4、5世纪春秋时代的文献中,就已经有不少解释字义、字形的记载。春秋战国时期的名辩家如孔

---

① 布龙菲尔德《语言论》,袁家骅等译,商务印书馆,1980年,第10页。

子、老子、墨子、庄子、荀子等人,曾对语言的本质、语言的功能、语言与思维的关系等问题提出过卓越的见解。例如,战国末年的荀子(约前298—前238)在《正名篇》中指出,"名无固宜,约之以命,约定俗成谓之宜,异于约则谓之不宜。名无固实,约之以命实,约定俗成谓之实名。名有固善,径易而不拂,谓之善名"。两千多年前,他就对语言的社会性作出了如此透彻的说明,实在是难能可贵的。由此可见,我国上古时期的哲学家,跟古希腊哲学家一样,对语言问题也十分敏感,很早就从哲学角度去探索了。以上所说的古希腊、古印度和古代中国的语言研究,是世界语言研究的三个主要发源地。后来世界各地的语言研究,正是在这些古代传统的基础上发展起来的。

人类自从开始语言研究活动以来,走过了漫长、曲折的发展道路。在一些具体语言(如梵语、希腊语、拉丁语、汉语等)的研究过程中,逐步建立起了语音学、语法学、词汇学、文字学、修辞学、方言学等学科,研究方法也不断有所改进。然而,在一个很长的时期里,语言研究主要是与哲学、逻辑学、历史学、文学等方面的研究结合在一起进行的,语言研究服从于哲学、历史等等的研究的需要,因此始终处于附庸的地位。直至19世纪初,由于历史比较法和历史比较语言学的诞生,语言学才逐渐成为一门独立的科学,从此开始了新的发展阶段。随着比较研究、历史研究的深入展开,以及研究方法的不断更新,经过洪堡特、辉特尼、索绪尔等人的努力,普通语言学于19世纪末、20世纪初也初步建立了起来。普通语言学的建立和发展,对具体语言和语言学各部门的研究起了很大的推动作用。从本世纪20年代起,语言学进入了迅速发展的时期,不仅对语言现状的描写和对语言历史的分析都越加精密了,而且在语言理论和研究方法的探索方面也有长足的进步。近半个世纪来,结构语言学、描写语言学、功能语言学、转换生成语法、格语法、生成语义学等理论体系一个接一个地涌现出来,实验语言学、人类语言学、心理语言学、地理语言学、社会语言学、数理语言学、统计语言学、计算语言学、神经语言学等边缘学科则层出不穷。整个语言研究领域出现了空前繁荣的局面。有人曾经把人类的语言比作一头大得无与伦比的象,人们研究语言,好比瞎子摸象。因此,至今我们对这一世间最神奇的东西的了解,也还是十分肤浅的。然而,近两百年来,尤其是在最近的半个世纪里,语言研究取得了显著的成绩,语言学已发展成为现代科学中最重要的学科之一,这也是不容否认的事实。

2. 语言学史研究的目的

从上面的简略叙述可知,语言研究自古至今已有两千多年的历史了。而我们知道,任何一门有悠久历史的科学,对其历史进行系统的研究,是促进这门科学迅速发展的重要条件之一。列宁说过:"为了解决社会科学问题,为了真正获得正确处理这个问题的本领而不致纠缠在许多细节或各种争执意见上面,为了用科学眼光观察这个问题,最可靠、最必需、最重要的就是不要忘记基本的历史联系,要看某种现象在历史上怎样产生、在发展中经过哪些主要阶段,并根据它的这种发展去考察它现在是怎样的。"[①]对语言研究来说正是如此。由于语言是一种极其复杂的、特殊的社会现象,这就给语言研究带来了许多困难。因此,为了解决语言学的各种问题,就更有必要回顾语言学发展的过程,把握其"基本的历史联系",探索它的发展规律。有一位心理学家说过这样一段话:"我常以为实验心理学家在其专攻的范围之内也需要历史的知识。若没有这种知识,便不免将现在看错,将旧的事实和旧的见解视为新的事实和新的见解,而不能估计新运动和新方法的价值。……由我看来,一种心理学的理论若没有历史

---

① 《列宁全集》,第29卷,第430页。

趋势的成分,似不配称为理论。"①这段话是十分有道理的。在语言学领域也正是这样,只有弄清楚语言学产生和发展的经过,了解在历史上曾经提出过哪些语言学问题,作过哪些探索,我们才能充分理解语言学的现状,进而研究如何促使它沿着正确的轨道迅速地发展。这正是我们需要研究语言学史的道理。

我们这部简史是以欧美语言学发展的历史为研究对象的。欧美语言学在整个世界语言学的发展中占有特殊的地位。这不仅因为古希腊的语言研究是语言学的主要传统之一,而且特别重要的是,由于具有现代意义的历史比较语言学和普通语言学,最初都是在欧美语言学传统的基础上产生和发展起来的。此外,欧美语言学与我国语言学之间也存在着某种特殊的关系;可以说,我国现代语言学的产生和发展是与欧美语言学的深刻影响分不开的。因此,我们很有必要首先弄清楚欧美语言学的发展史,从中发现历史的联系,总结历史的经验与教训。欧美语言学的范围是十分广泛的,它既涉及各种具体语言、具体学科的研究,也包括各种理论观点和研究方法的探索。作为一部简史,当然不可能面面俱到,我们主要是按历史顺序对欧美的重要语言学家、语言学派的观点和方法进行述评。因此,本书实际上是一部简略的欧美语言学的思想发展史或学说史。它的目的是在于弄清各个时期欧美语言学思想的事实,寻求其发展的规律,明辨这些思想的历史意义和当今价值,以便从中吸取对发展现代语言学有用的东西。

3. 欧美语言学发展的几个阶段

在开始具体叙述欧美语言学的发展过程之前,我们有必要先了解一下它的主要发展阶段。先看下列图表:

---

① E·G·波林《实验心理学史》第一版序言,商务印书馆,1981年。

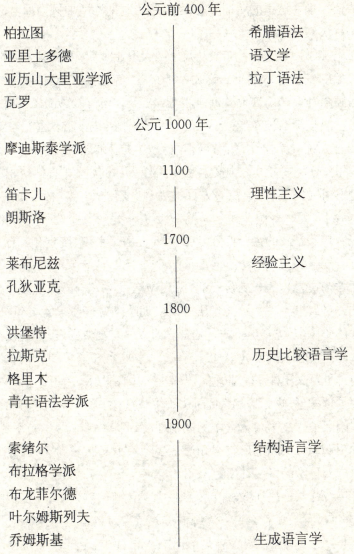

（本图表引自 B. Malmberg, *Le langage, signe de l'humain*, 巴黎 Picard 出版社, 1979 年, P. 274。略有变动）

由此可见，欧美语言学的发展，自古至今，大致可分为五个阶段，即：语文学——传统语法——历史比较语言学——结构语言学——

生成语言学。这里的所谓阶段,是就每个时期的主要倾向而言的,决非一种决然的划分。

语文学——这是希腊人从亚历山大里亚时期(公元前 3 世纪)就已开始的一种学术活动。语文学的产生,完全是由于实际的需要。语言随着社会的发展而不断地发展,语音、词汇、语法都在不断地变化着。人们渐渐地对传抄下来的古书读不懂了、解释不通了,这时就需要有人对古籍作注释、考证,对传抄中窜入的错误进行校勘。这样,就形成了语文学。语文学家在注释古籍的过程中,钻研语言问题,阐述语音、词汇、语法等方面的特点、变化,编写了不少语法、词典、诗韵之类的著作。因此,尽管语言并不是语文学的唯一对象,语言研究也不是它的主要任务(它的主要任务是考证、确定和解释古代文献,作文学史、风俗史等方面的历史研究),但是,语文学还是可以被看作为语言学的开始阶段的,因为这毕竟是人们最早涉及语言现象的一种研究活动。语文学研究是早期欧洲语言学的主要特征,在后来的阶段中,它虽然不再是语言学研究的主要倾向,但却不仅没有消失,而且在 16、17 世纪时,还有过一个复兴和繁荣的时期。语文学与纯粹意义上的语言学之间,存在着一种相互为用的关系:语文学孕育了语言学,它为语言学提供了不少材料,而语言学也为语文学服务。因而把语文学与语言学的区别理解为科学与非科学的差别,显然是错误的。实际上语文学和语言学是差不多同时于 19 世纪上半叶才进入科学的发展时期的。

传统语法——亦称规范语法,它常常制订一些规则,规定人们应该怎么说,不应该怎么说。传统语法的特征是依赖逻辑范畴建立语法范畴。这种语法开始主要是依据拉丁语而建立起来的。由于拉丁语在欧洲漫长的中世纪中的特殊地位,后来欧洲各国的传统语法,大都继承拉丁语法的模式。规范语法的思想,早在亚历山大里亚时期就出现了,在文艺复兴时期则得到了较快的发展,其典型形式就是法国的唯理语法(即哲理语法)。唯理语法的基本原理后来不断被人花样翻新地重复着,并以各种"普通语法"的名义出现在欧洲各国。

历史比较语言学——运用历史比较法研究语言亲属关系及演变过程的一种语言学,它是在19世纪初广泛研究印欧系语言的基础上建立起来的。历史比较语言学的建立,在语言学史上是一件大事,它使人们有可能直接从语言事实出发,提出和解决许多复杂的语言学问题,特别是语言之间的亲属关系问题和语言发展规律的问题。历史比较语言学的出现,对语言学成为一门真正独立的科学及其发展是一次有力的推动。因而可以说,从19世纪初历史比较语言学建立起,欧洲语言学进入了一个全新的发展阶段。

与传统语法相比,历史比较语言学注重语言实际,注意寻求语言演变的规律性。19世纪是自然科学和科学思想蓬勃发展的时期,在前几个世纪大量累积的科学资料的基础上,对材料开始进行归类、分析。此时进化论和历史主义的观点在各种科学中得到贯彻,同样也影响到语言学,历史比较语言学的产生是跟这方面的影响分不开的。历史比较语言学在整个19世纪都占据着统治地位,因而是欧美语言学史上一个十分重要的阶段。

结构语言学——这是以语言的结构为主要研究对象的语言学。19世纪初,洪堡特就开始对语言的结构引起特别的注意,在他的著作中,占显著地位的是语言结构的分析和比较。到了20世纪初,整个语言研究的重心,就转到结构方面来了,于是形成了结构主义。

结构语言学的产生,主要有两方面的原因。一方面,19世纪末、20世纪初是科学观点大转变的时期,当时在生理学方面,注意力集中于细胞及细胞核的构造,生物学中流行起新的整体论,物理学则由于电磁场定律的发现产生了新型的"场物理学"。总之,从事物的结构方面观察事物,以及把事物看作有内在联系的统一整体的科学思想,已经成为现代科学的一种趋势。这种认识很快被引入到语言研究中来。另一方面,从语言学本身的情况来看,尽管历史比较语言学有着辉煌的成就,但到19世纪末,人们也愈来愈感到,它也只能主要解决语言史方面的一些问题。人们开始意识到,为了解决语言的基本问题,理解语言的一般功能,还必须有对系统问题的研究,也就是说要研究语言的结构①。语言学中的结构主义潮流就是在这种气氛下形成的。

在结构语言学的建立和发展中起了关键作用的是索绪尔。他提出了一套新的语言学说,特别是关于"语言是一个符号系统"的观念。后来有几个欧美语言学派在他的理论的影响下,进一步发展了结构主义的理论,通常被视作结构语言学的几个分支,那就是:布拉格功能学派,哥本哈根语符学派,美国描写语言学派。这几个学派的共同点,是在于把语言看作相互关系的系统,主张以结构观点研究语言。除此之外,它们相互之间的差别其实是相当大的,这在后面的分章论述中将可看得很清楚。

生成语言学——亦称"转换生成语言学",或简称为"转换语法"(TG)、"生成语法"。这是一种以语言能力(competence)为主要研究对象的语言学。生成语法运用一系列规则(rule),生成合乎语法的句子,并辨认不合格的语段。这一理论的目标,是要充分而清楚地说明包含在说话人的语言能力中的任何东西。生成语言学是由乔姆斯基开创的,他于1957年出版了《句法结构》一书,这就成了欧美语言学发展中的一个新的转折点。到了20世纪60年代,生成语言学很快发展成为美国语言学的主流,也引起了许多欧洲语言学家的注意。近几十年来,生成语言学的理论本身起了很大的变化,生成语法学派(即乔姆斯基学派)也经过了几次分化、重组。当前,生成语言学已不再占据主导地位了,对这一理论的得失也常有争论,然而它毕竟构成了欧美语言学上的一个重要阶段,这是毫无疑问的。

在上述五个阶段中,后三个阶段,亦即自19世纪初以来的一百七八十年,是欧美语言学发展史上最重要的时期,这也正是我们这部简史准备重点评述的时期。

---

① 参阅卡西尔《人论》第八章"语言",甘阳译,上海译文出版社,1985年。

第二章 Chapter 2
古希腊罗马的语言研究

1. 古希腊哲学家的语言研究

　　古代希腊是欧洲文明的摇篮，希腊文化对后来欧洲各国文化的发展所产生的影响是十分巨大的。现代西方学术文化的各个方面，几乎都可以溯源到希腊文化。语言学也不例外，西方语言学是从古希腊发源的。

　　古希腊人对语言问题的兴趣相当广泛，尤其是对语言的结构和起源充满着好奇心。他们在文字、语音、语法、修辞和语言理论等方面都作过不少探索，作出了不少贡献。完整的拼音文字字母表，是希腊人简化和完善了腓尼基人的字母后制定的，它对语言音素分析意识的产生，有很大的促进作用。古希腊人对语音的分析，虽然远不如古印度人那么细致而精确，但却是不容忽视的。柏拉图、亚里士多德已有发音方法和发音部位的描写，他们已提出元音、半元音、默音、长音和短音、高音和低音、送气音和不送气音等概念和术语，为后来的语音学研究提供了很好的基础。修辞学在古希腊是演说的艺术，公元前5世纪到前4世纪初的智者派对它特别重视。这是因为，当时民主制的雅典的社会政治生活以及诉讼的实践，特别需要演说术。智者派的一位代表人物高尔吉亚曾说，演说术是"任何城市里人们本身的自由和对他人的统治的最大利益与原因"，因为"言语能够说服法庭上的法官、议会的议员、会员以及一切集会(不论是什么样的国民集会)上所有的人"(柏拉图《高尔吉亚篇》)。可见，正确地运用语言,并不断地磨炼,具有生死攸关的重要性。就这样,修辞学一开始便成了为明确的实践目的服务的一个工具。当时有些人就以教授修辞学为业,智者派的成员,就是一批专门向人传授说话和争辩艺术的教师。因此,修辞学在古希腊很早就诞生了,并很快成了教学的主要科目。不过,就古希腊人对语言问题的主要兴趣以及他们对后代语言学的主要影响来看,他们对一些理论问题的争论和对语法范畴的确定,应该说具有更为重要的意义。这也正是我们应该重点考察的方面。

古希腊最早接触语言问题的是一批哲学家,他们把语言问题当作哲学问题的一部分看待,从哲学角度分析语言现象。因此,最早引起争论的,就是语言与外部世界的关系问题。

公元前5世纪中期的智者派就对这一问题发生了兴趣,并由此开创了对语言的思辨。高尔吉亚在其所著《论非存在或论自然》一书中指出,词不是基质和存在,因而传达给交谈者的不是现实中存在的东西,而是词。又说,因为语言并不是给予的东西和存在的东西,所以我们告诉别人的并不是存在的东西,而只是语言。他还认为,语言是随着从外界刺激我们的事物而产生的,亦即随着感性事物而产生的;由于事物与体质的接触,才产生了转达这种性质的语言,例如,由于颜色从外而来,才产生了转达这种颜色的语言(词语)。因此,他认为,不是语言转达我们之外的东西,而是我们以外的东西表达语言。①高尔吉亚的目的是在于论证存在是不可认识的,即使可以认识,也不能用语词来表达。他看清了词语不等于存在物本身,同时也看出了概念由感觉而产生,这是正确的。然而,他把意识与存在绝对地对立起来,认为语言不能转达存在的东西,那就陷入了怀疑论和不可知论。高尔吉亚也许是最早提出语言与现实世界的关系(亦即词与物的关系)问题的学者,尽管他对这两者之间的认识还是相当模糊的。

---

① 北京大学哲学系编《古希腊罗马哲学》,第142—143页。

公元前 4 世纪,在大哲学家苏格拉底周围,曾发生过一场关于名称与事物的关系的争论。在柏拉图(公元前 427—前 347)的对话录《克拉底洛篇》(*Kratylos*)里保留着对这一争论的回忆。《克拉底洛篇》,全名《克拉底洛——论词的正确性问题》,共分六个部分,即:序言(争论的目的),(1)语言产生于约定,(2)按本质的命名,(3)原始名称和派生名称,(4)对问题的重新考察,结语。"按本质的命名"这一部分论述得最详尽,约占全部篇幅的一半。其中论及荷马传说和古典传统的名称,以及上帝、魔鬼、英雄、各种事物、概念等等的名称的来历。争论的中心问题是:事物的名称是根据事物的性质被赋予的呢,还是根据协商而被规定的?

争论是在克拉底洛、赫尔摩根和苏格拉底三个人之间展开的。克拉底洛与赫尔摩根两人的观点针锋相对。《克拉底洛篇》中叙述说:"克拉底洛宣称,存在着一种由每一事实的本质产生的名称的原始的正确性;如果某些人想用什么语音称谓一个事物就这样称谓,那就不成其为名称了;名称的某种正确性,原始地存在于希腊人,也存在于野蛮人,对一切人都是一样的。"(383A)[①]

赫尔摩根则相反,他认为事物的名称是按规定而产生的。他说:"……我不能相信名称的正确性在于别的什么东西而不在于约定俗成。因为我认为,如果有谁确定一个名称,那个名称也就是正确的名称;若是他在后来改用别的名称而不再使用原先的名称来称呼,那么后来这个名称的正确性丝毫也不次于前者,这正如我们改变奴隶的名字一样,因为任何人的某个名字都不是按本质产生的,它乃是在法律和习惯的基础上属于确立这种习惯,并且这样称谓它的人们的。"(384D)[②]

[①] 见 Platon, *œuvres complètes*(1), Bibliothèque de la pléiade, GALLIJMARD, 1977 年再印本,383A。
[②] 转引自汤姆逊《十九世纪末以前的语言学史》(黄振华译),科学出版社,1960 年,第 9 页。

苏格拉底在这场争论中的态度有点模棱两可。他先是同意克拉底洛的看法,认为确实存在"名称的本质的正确性"。他举例说,希腊人尊奉太阳、月亮、群星等为神,因为它们都是运动的($ρέουτα$),因此他认为"神"($ρεοι$)这一名称就是根据这种运动的本质而产生的。对那些无法跟别的词联系起来产生联想的词,他就用拟声原则解释。他说:"显然,名称乃是它所表示的事物的声音摹仿,取名字的人总是以声音来摹仿他所称谓的事物的。"(423B)① 他甚至认为每个字母都是摹仿一定的性质,或者表示一定的特征的。他举例说,希腊字母$ρ(r)$是表示运动的,因为在发 r 这个音时,舌头需要一种特别的运动。因而在 $ρεω$(流动)、$ροή$(河流)、$τρόυςς$(颤动)等词里都有 $ρ$ 这个字母。可是,在《克拉底洛篇》的最后部分,苏格拉底又说词的"按本质的正确性"实际上并不存在,因为只有对事物的本质有正确的深入的认识,才可能创造出具有正确性的词,而这对最初创造词的先民来说,实在是很难做到的。他也承认,语言的实际情况也不像他前面所说的那么简单。例如,也可举出不少带 $ρ$ 字母的词,不仅没有运动的意思,反而可能具有相反的意思。最后他说,"或者你可以用习惯来称呼别的什么东西,或者当我说一个名字而指的却是别的东西的时候,你也能知道我指的正是这个别的东西"(434E),也就是说,他似乎不得不承认"习惯"的约束力了。

对这场争论,柏拉图的态度如何呢?他实际上是借着苏格拉底的口表达自己的意思的。因此,根据上述苏格拉底的态度,可以说柏拉图基本上是站在"按本质"论这一边的。自然他也存在着不少疑问。不过,对话录既然是一场辩论,那么柏拉图通过苏格拉底所表达的,究竟是他的真实想法,还是采用的一种讽刺手法,实在也很难断定。

---

① 转引自汤姆逊《十九世纪末以前的语言学史》(黄振华译),科学出版社,1960 年,第 11 页。

这一关于"按本质"和"按规定"的争论,在后来的哲学家中不断引起反响。例如,亚里士多德是赞成"按规定"论的,伊壁鸠鲁基本上同意"按本质"论,但有时又向"习惯"让步,似乎有点类似苏格拉底的调和态度。4世纪末形成的大哲学学派斯多葛派坚决主张语言"按本质"而产生,怀疑论者则反对斯多葛派的主张,认为词语是由"协商"(即"按规定")而取得自己的意义的。后来的语言学家也不时回到这个问题上来。这充分证明《克拉底洛篇》所记录的这场争论,不断地刺激着人们去思索语言问题,这也说明了这一论题的重要性。

　　《克拉底洛篇》的最直接的影响,是引起了探索词源的浓厚兴趣。"按本质"还是"按规定"的争论的主要目的,就是想知道词的来源究竟是什么。当时人们以为,想要找到把词语及其对象联结起来的纽带,就必须追溯词语的起源,发现每个词的真正的最初的形式。① 柏拉图在《克拉底洛篇》中对按本质命名的详细论证,开了这种词源探索的先河,因此他被认为是词源学的创始人。这种研究工作,后来被斯多葛派进一步发展。该派学者从"按本质"的观点出发,认为词是具有"真实性"的,意思是说,词是反映它们代表的对象的本质的。因而他们比柏拉图更为明确地提出了一个任务,那就是要揭示词的本质的、真实的内容。后来热衷于这种词源研究的人越来越多,渐渐成了一种风气。这样一来,词源学就成了当时语言研究的中心。这种探源工作,目的在于寻找词的"真实"意义,可又没有什么科学根据,往往仅凭猜测,因而引出不少荒诞的结论。例如,把 vulpēs(狐狸)解释为"飞毛腿",说它是由 volô(我飞)和 pēs(脚)组合而成。甚至说 bellem(战争)一词起源于 bellus(美丽的),因为战争是不美丽的。应该承认,这是柏拉图的词源学所产生的一种消极影响。这种荒唐的词源探索为真正科学的词源学的诞生造成了很大的障碍,正如裴特生所说:"古代世界给欧洲留下了一笔遗产,里面装满了对语言史

---

① 参阅卡西尔《人论》,上海译文出版社,第145页。

的误解;欧洲的语言科学就背着这样一个沉重的包袱,继续了许久;直至语言知识的范围渐渐扩展,远超过古人的梦想以后。"①

在柏拉图之后,亚里士多德从确定语言与思想的关系这一角度再次触及语言与现实世界的关系问题。他在《解释篇》的开头写道:"口语是心灵的经验的符号,书面语言是口语的符号。正如任何人没有相同的书法形式一样,任何人也没有相同的说话声音。但它们所直接代表的心灵的经验,对于所有的人来说却是相同的,正如我们的经验所反映的那些事物都是相同的一样。"②

从这段话里可以看出,亚里士多德的认识跟柏拉图是有区别的。从柏拉图的观点看来,不管名称是按本质还是按规定产生的,但词语是被简单地视作事物的名称或标志的,也就是说,词好像是给现成的事物贴上去的标签。而亚里士多德并不把词语与事物的关系简单地看作标签与事物的关系,他认为"心灵的经验"是反映"事物"的,而"口语"(指说话的声音)又是"心灵的经验"的直接代表。

跟亚里士多德相类似的看法,后来又被斯多葛学派的学者提了出来。他们认为,世界是物质的,除物质的事物之外,没有别的存在,因此词语应与物质世界有关,但事物本身并不等于词的意义。在他们看来,词与事物之间存在着某种中介的东西,这就是表现为感觉或表象的心理映象。他们还认为,要想阐明真正的词义,除了注意这个心理印象外,还应考虑到"所说的东西"③。

由此可见,亚里士多德与斯多葛派学者,在对语言与客观世界关系的认识上,已比柏拉图前进了一大步。

古希腊哲学家在建立语法范畴方面也作出了不少贡献。他们在

---

① 裴特生《十九世纪欧洲语言学史》,钱晋华译,科学出版社1958年,第4页。
② 亚里士多德《工具论》,广东人民出版社,1984年,第55页。
③ 参阅Ⅱ·С·波波夫、Н·Ν·斯佳日金《逻辑思想发展史》,宋文坚等译,上海译文出版社,1984年,第138—139页。

研究逻辑范畴的过程中涉及语法范畴,从而初步确立了传统语法的范畴体系。目前西方语言学中的语法范畴和术语,大多可上溯到公元前5世纪至前4世纪希腊哲学家所提出的有关学说。

从逻辑原理出发对语句进行分析,德漠克利特(约公元前460—前370)已经开始了,他已经区分出两种形式的语言表达式——主词和谓词。智者派学者出于当时社会对提高演说术的特殊需要,也做了不少语法研究工作。例如,当时的修辞学家已区分出语句的四种类型:请求、提问、回答和命令。他们还把名词分成了阳性、阴性和用具(中性)三类。

柏拉图也从逻辑角度对语言表达形式作了分析。他在《克拉底洛篇》和《智者篇》中依据逻辑原理区分了语句的两个基本要素:名词(onoma)和动词(rhema);有关动作的称作动词,采取动作的主体,称作名词。他把形容性的词列入动词范围,认为形容词与动词一样,为主语带来某种精确性,这完全是从逻辑角度得出的结论。柏拉图对判断的逻辑理论的研究是以分析名词和动词结合而成的句子开始的。在《智者篇》中有一段对话:

外乡人:但是,仅有不间断地(连续地)读出的名词,正如脱离名词读出的动词一样,永远不能成为言语。

泰阿泰德:这点我还不理解。

外:……我想说的就是:仅有不间断地读出的名词或动词还不是言语。

泰阿泰德:这是什么意思?

外:这是说,比方,走、跑、睡等等这些表示动作的动词,尽管有人按顺序把它们读出来,但是它们还不能构成言语。

泰阿泰德:那么怎样才能构成言语呢?

外:同样,当你说狮、鹿、马的时候,不管你说出多少个动物的名称,它们也不能这样联结起来构成言语;因为不论是在前一种场合或后一种场合,你所说的东西都不能表达任何动作或非动作,不能表达任何存在或非存在的本质,假如不把动词和名词联合起来的话。只有把它们联合起来,它们才能彼此呼应,而且它们一经结合,就立刻成为言语,至少是最初的和最短小的言语。①

从这段对话,我们可看出两点:(1)柏拉图把句子定义为"最初的和最短小的言语";(2)柏拉图强调只有把名词和动词联结起来,才能产生言语。他的意思是,名词和动词是句子的两个部分,实际相等于我们今天所说的主语和谓语。柏拉图对句子及其成分的初步分析,已为进一步的语法分析奠定了基础。

亚里士多德在确定语法范畴方面也起了很大的作用。在《诗学》中他说:"言词,概括的说,包括下列各部分:简单音、音缀、连接词、[arthron]、名词、动词、词形变化、语句。"他并具体指出,"名词为含义的合成音,没有时间性,它的各成分本身不含意义","动词为含义的合成音,有时间性,它的各成分,和名词的各成分一样,本身不含意义","连接词为某种不含意义的音……它不妨碍,也不帮助一些别的音组成一个含义的语句,它可以位于它们之后或它们之中,但位于语句之首则不合适,如果这语句是独立的"②。与柏拉图相比,亚里士多德的发展首先在于,他把词分为三类,除了名词和动词之外,增加了第三类词,即连接词,它是连接名词和动词的,实际包括了今天的连词、系词,而且也包括代词和冠词。实际上他已经把词分为有独立意义的词(名词、动词)和起语法作用的词(连接词)两大类。其次,亚里士多德提出了格的概念,他把名词和动词的所有跟基本形式(名词的主格、动词的现在时)不同的词形变化都叫做格的变化;因此他认为格可以表示关系、数、语气等等。可见,亚里士多德并非只是重复柏

---

① 见阿·谢·阿赫曼诺夫《亚里士多德逻辑学说》,上海译文出版社,1980年,第66页。
② 均见亚里士多德《诗学》第20章,罗念生译,人民文学出版社,1988年。

拉图已提出的范畴,而是在已有的基础上大大地迈进了一步。

后来继续推进语法范畴的研究的,是斯多葛学派。他们把词分为动词、连词、成分(包括冠词和代词)、普通名词和专有名词五类。该学派的另一个功绩是发起了关于格的概念的讨论。他们把格限定于仅仅表示词与词之间的关系,并给每个格确定了名称,例如直接格(主格)、间接格(包括属格、与格、宾格),还有呼格。后来这些名称在拉丁语法中巩固下来,并被逐渐运用到其他语言的语法中去。

由此可见,古希腊哲学家对语法范畴的认识,一步比一步精确和系统化。不过,他们毕竟是哲学家而不是语法学家,他们关心的是逻辑形式,只是在研究概念和判断的过程中才触及了语言的词和句的问题。因此,他们还只是初步确立了语法范畴。

2. 亚历山大里亚语文学派及其语法理论

公元前4世纪,希腊的统治中心转移到马其顿。马其顿国王亚历山大凭借军事力量,建立了一个横跨欧、非、亚三洲的庞大帝国。亚历山大里亚(Alexandria)就是由亚历山大手下统治非洲的将军托雷密在埃及建立的一座城市,位于地中海沿岸。这个城市逐渐成了地中海沿岸的商业和文化中心。城内有规模巨大的图书馆和博物馆,据说图书馆内收藏了50万卷手稿。因此从希腊本土吸引来大批学者,聚集于此研究希腊古代文献,注释和考证荷马史诗等典籍。很快形成了一些学派,亚历山大里亚语文学派就是当时有较大影响的学派之一。历史上一般把公元前4—1世纪希腊文化通过亚历山大里亚的扩散,称为"希腊化"时期。在这一时期里,亚历山大里亚语文学派的活动,构成欧洲语言学史上的一个重要阶段。

"希腊化"时期也曾经发生过关于语言的争论。有关"类比"和"变则"的争论就是其中之一。斯多葛学派以克拉底斯(Krates)为代表的一批学者提出一种"变则"说。他们认为词与物的关系是不对应的。如 δκόραε(乌鸦)是阳性词,但它既表示雄乌鸦,也表示雌乌鸦。阳性词怎么可以用来表示雌雄两性呢?他们认为这就是一种"变则"现象。这类"不规则"的现象很多,因此他们认为语言是无系统的,不受规则制约的。这一看法当时得到柏加摩斯(Pergamos)学者们的支持。亚历山大里亚学派的语文学家也加入了这一争论。不过,他们与"变则"说者相反,提出了"类比"说。代表人物是当时最著名的语法学家亚里斯塔克(Aristarchos,约公元前 200—前 150)。赞成"类比"说的学者认为,语言是以相似的形式指明相似的范畴,并受一定的规律制约的。很明显,这一争论是早先在雅典展开的"按本质"还是"按规定"的争论在新时期的继续。争论双方开始时各执一端,"变则"论者强调例外的、不规则的现象,"类比"论者则只看到语言中一致的、合乎规则的地方,力图把一切都纳入规则。但争论最后还是以双方逐渐调和而告终,大家都不得不承认"习惯用法"是最重要的。

这场争论的实际结果是,促进了双方系统而深入地去观察、分析语法现象。因为为了证明自己观点的正确性,为了说服对方,就必须有充分的例证。结果无论是例外的现象还是规则的现象,都搜罗了不少,从而促使了语法的系统化。还有一点很值得注意,那就是,与雅典时代不同,"变则"说与"类比"说的支持者主要不是哲学家,而是语文学家。当时聚集在亚历山大里亚和柏加摩斯的大批学者(包括亚里士多德的一些学生),主要从事古代文献的校订、注释工作。这就必然遇到大量的语言问题,迫使学者们从语言角度去研究这些问题,因此语文学也就应运而生了。正是这些语文学家,由于实践的需要,并受到"变则"和"类比"的争论的推动,大大地推进了语法研究。

"希腊化"时期,语法研究在亚历山大里亚得到了空前的发展。亚里斯塔克对形态学作了相当详尽的研究,已确定了八大词类,即:名词、动词、分词(兼有名词和动词的特点)、冠词、代词、前置词、副词和连接词。后来出现了特拉克斯(D. Thrax,公元前 170—前 90)的《语法术》(Téchuē Grammatiké),形成了比较系统的语法体系。特拉克斯是亚里斯塔克的学生,他的语法著作实际上是对柏拉图以来直至他的老师的研究成果的归纳和系统化。《语法术》共 15 页,分为 35 节,扼要地描述了希腊语的结构。在该书的开头特拉克斯指出:"语法是诗人和散文家通常使用的实用的知识。它包括六个部分:(1)考虑到韵律的、大声而正确的朗读;(2)对作品中文学熟语的解释;(3)关于用语和研究主题的评注的汇编;(4)词源探索;(5)类比规则的确定;(6)文献考订(或校释、校勘),此为语法最重要的部分。"①由此可见,亚历山大里亚学派的语法研究,范围相当宽泛,当时的语文工作和语言教学的实际需要决定了他们的语法研究的语文学性质。不过,在《语法术》所包含的上述六部分中,第五部分最为详尽,也正是这一部分,后来发展成为语法学的中心。同时,这也充分证明了亚历山大里亚的语法研究与"变则"、"类比"讨论的关系是十分密切的。

特拉克斯提到语法的两个基本单位,即句子和词。他把句子看作语法描写的最大单位,是"完整思想的表达",词则是最小单位。他对亚里斯塔克确定的八大词类逐一下了定义,从而形成了较完备的词类理论。他所下的定义如下:

名词:有格的曲折变化,表示人或事物;
动词:没有格的曲折,但有时态、人称和数的变化,表示动作或过程(完成的或正在进行的);
分词:兼有动词和名词的特征;
冠词(成分):有格的曲折变化,位于名词的前面或后面;
代词:代替名词,标指特定的人;
前置词:在复合构词法和句法中位于其他词的前面;
副词:没有格的曲折,用来限定动词;

---

① 参阅 R·H·罗宾斯《语言学简史》,上海外国语学院外国语言文学研究所译,安徽教育出版社,1987 年,第 36—37 页。译文略有改动。

连接词:连结话语和填补表达中的空缺。①

此外,特拉克斯还对名词作了性、数、格的说明。他把形容词列入名词一类,因为它像名词,具有性、数,而没有动词那样的时态变化。对动词则作了时、人称、数和态的描写,态分主动态、被动态,时分现在时、过去时和将来时。

特拉克斯发现了一些新的语法范畴,对八大词类的定义也比前人提得明确多了,因此形成了一个比较完整的语法体系。这一语法体系,后来经过拉丁语法的中介,先后被套用到许多别的语言的语法分析中去,在一千多年里几乎没有多少改动。正如汤姆逊所说:"大致应当说,欧洲的语法体系直到十九世纪,都是奠基于希腊人的语言学及其在罗马国土的变体之上的。这方面的证据之一就是语法术语,其中大多数术语都与古时相同。"②特拉克斯语法体系的主要缺点是缺少句法的研究,这一不足之处,两个世纪后方才由狄斯柯利(A. Dyskoli)弥补上。

总的说来,亚历山大里亚语文学派对语言学的发展是起了推动作用的,这是因为:

(1) 他们确立了语文学观念。当时的语法研究包括阅读、理解、注释等等在内,主要目的是考证和解释当时人已很难读懂的古希腊典籍,尤其是荷马的著作。在实际工作中,学者们认识到,要继承古代的文化遗产,首先必须认真钻研古代文献资料的语言和文字,他们的语法著作正是为此目的而编写的。

(2) 与上面一点相联系,他们的语文学工作提出了语言研究的新角度和新方向。以往的语言研究主要是由哲学家从哲学(逻辑)角度进行的,其目的主要是分析思维形式,现在则主要由语文学家从语

---

① 参见罗宾斯《语言学简史》,第40页。
② 汤姆逊《十九世纪末以前的语言学史》,科学出版社,1960年,第23页。

言(文字)的角度来研究了,目的是寻求对语言、文字本身的理解。由此就促进了真正的语言学的诞生。特拉克斯的《语法术》就是第一部真正的希腊语描写语法。从特拉克斯给词类所下的定义也可以看出,他确定词类的标准是形态和语义结合的标准,这也是语法研究脱离逻辑学范围,进入真正的语言学范围的主要标志之一。

然而,值得注意的是,亚历山大里亚语文学派的语言研究还有一个目的,那就是想保护希腊语,不让"庸俗粗鄙"的人把它败坏,这一态度却成了双重错误的根源:一是对口语与书面语关系的错误认识,二是对语言演变问题的错误看法。①

3. 古罗马的语言研究

自公元前146年起,希腊本土全归罗马统治。罗马的文明程度远不如希腊,但在最初阶段,希腊哲学和其他文化学术向罗马的传播,受到罗马学者的顽强抵抗。很大程度上,只是通过亚历山大里亚的媒介(作为希腊大帝国一部分的埃及托雷密王朝,直至公元前30年才被罗马征服),罗马才逐步认识到希腊文化的优越性。在语言研究方面也是如此,由于亚历山大里亚语文学派的影响,罗马学者才把希腊的语言理论和一些争论引到拉丁语的研究中来。

马可·泰伦梯乌斯·瓦罗(M. T. Varro,公元前116—前27)是古罗马著名学者之一,他同马可·图利乌斯·西塞罗一起制定了新罗马哲学和逻辑学术语。他提倡九艺,主张教九个学科:语法、伦理学、修辞学、几何、算术、天文学、音乐、医药和建筑学(据说最后两种学科后来被卡西奥多拉〔Cassiodorus〕砍去,因此中世纪时只有七艺)。他是第一个真正的拉丁语语法学家。

瓦罗著有《论拉丁语》(*De lingua latina*)一部,全书共25卷,留

---

① 参阅 J. Lyons, *Linguistique générale*, Librairie Larousse. 1970 P. 11.

传下来的只有第 5 至第 10 卷,以及其余部分的一些片断。但从现存的部分,我们仍可看到罗马前期语言研究的一般情况。从书名可知,瓦罗的这一著作是研究拉丁语语法的专著,但其中也涉及一些语言理论方面的问题。例如,他强调,"为了了解原始词的来源,我们有必要了解历史,因为只有借助于历史的事实,我们才可能弄清这种来源"。又说应该"寻找把 equitātus(骑兵)、equites、eques 和 equus(马)联系在一起的正确的派生关系",认为"这对科学是十分有用的"。他的这些想法无疑是正确的。他曾经把 foedus(联盟)跟 fides(忠实)、fido(我信任,古拉丁语为 feido)相比较,还说"via(道路)之所以得名,是因为人们在它上面搬运东西(vehehant)",这些都是有根据的。可惜他并未能彻底摆脱希腊"词源学"的不良影响,在他的著作中,也有不少对词语的来源的随意猜测。例如他根据他的老师斯底洛(A. stilo)的意见,说 ornatus(被装饰的)是由 ab ore natus(由脸产生的)而来,因为据说用某种东西装饰妇女,总是指装饰脸而言。

当然,瓦罗的《论拉丁语》中最有价值的部分还是关于语法的研究。他认为,语法是"绝大多数诗人、历史学家和演讲家的习惯的系统的知识"。该书分三大部分:词源学、形态学和句法学。他仔细地考察了拉丁语的性、数、格的变化体系和结构功能,把有屈折变化的词分为四类,即:有格的变化的,有时的变化的,既有格又有时的变化的,既没有格也没有时的变化的。为了解释和捍卫类比原则,他对一些动词的变化作过认真的分析。他说:"在某些动词的时态变化中,类比规则似乎看不到了,例如 legi(我念过)、legō(我念)和 legam(我将要念),其中第一个是完成体,后面两个是未完成体。其实,只要把这个动词的几个时态的类型重新整理一下,就可以得出一个完全符合类比规则的划分。例如,未完成体的时态是 discēbam,discō,discam,完成体的时态是 didiceram,didici,didicero。我们可以看到,动词并没有破坏类比规则。如果看来有某种变则现象的话,那是因为有些人故意混淆了三种时态。"

他随后又指出:"人们还经常把完成体和未完成体混淆起来,例如把 fui, sum, ero 置于同一横列。其实,完成体 fui 就其自身的变格体系以及它跟 fueram 和 fuero 的亲缘关系来说,是符合类比规则的。未完成体也是有规律的,例如,sum(以前是 esum)、es、est;eram、eras、erat; ero、eris、erit。把时态这样归类之后,我们就会处处看到类比规则。"①

由此可见,瓦罗不仅把亚历山大里亚学派的语法体系完全搬到了拉丁语的研究中来,而且对"类比"和"变则"的争论也很有兴趣。他发现,只要先把动词的完成体和未完成体分开,然后再来看各个时态的变化,类比规则就显得十分清楚。他以具体语言材料的分析为根据而提出的对"类比"说的论证是颇有说服力的。据说,瓦罗的同时代人,罗马著名统帅恺撒(G. J. Caesar),在出征高卢途中还写过一本《论类比法》(*De Analogia*)的书,参加关于"类比"与"变则"的论战,可见这场争论当时是吸引了不少人的注意的。正是在这本著作中,恺撒指出拉丁语中存在一种新的格,他称之为"离格",瓦罗把它称为第六格。

瓦罗之后,罗马的著名语法学家有巴拉斯蒙(R. Palasmon,公元前 1 世纪)、昆底连(Quintilien,公元 1 世纪)、多纳图斯(Dunatus,公元 4 世纪)、普里西安(Priscian,公元 6 世纪)等人。巴拉斯蒙发现了叹词。这类词没有明确的含义,只表示感情。后期最重要的是普里西安,他写过一部巨著,名为《语法规则》,共 18 卷,有 1 000 多页。这是一部汇集古希腊罗马语法研究成果,系统而通俗的教科书,对拉丁语法的教学和广泛传播起过很大作用。

总的说来,古罗马在语言研究方面很少有新的创造,除了去掉了冠词,增加了叹词和第六格外,在语法体系上,拉丁语法几乎完全跟

---

① 上述三段中的引文均见瓦罗《论拉丁语》第 8 章,转引自 G. Mounin, *Histoire de la linguistique des origines, au xxe siècle*, P. 100。

希腊语法一样。在拉丁语和希腊语之间，罗马学者也很少进行比较，反而错误地把拉丁语当作被损坏了的希腊语变体。例如瓦罗就几次说到拉丁语是希腊语爱利亚(Eolia)方言的变体。因此他们认为，要建立拉丁语语法体系，只需把希腊语法已有的规则系统搬过来就行了。总之，罗马语法学家的贡献不在于创造新的理论和术语，而在于把亚历山大里亚学派的语法体系拉丁化，编写出系统而实用的语法教材，并通过教学，使它得到了极为广泛的传播。

第三章 Chapter 3
中世纪初至18世纪末的欧洲语言学

1. 中世纪语言研究概况和思辨语法学派

中世纪是欧洲历史上4至14世纪的封建社会时代。习惯上以12世纪初为界,把中世纪分为前后两个时期。在语言研究方面,总的说来,中世纪进展不快,但后期由于经院哲学的影响,产生了思辨语法学派,在某种程度上推动了语言学的发展。

中世纪语言研究的一个显著特点是受到基督教的巨大影响。拉丁语是基督教的宗教语言,也是教会学校的教学语言。当时基督教控制着欧洲各国的政权,也垄断了文化,因此拉丁语成了欧洲各国知识阶层的实用工具和国际交际语,谁想在教会阶层、思想界、学术界维持一定的地位,一个先决的条件是必须学好拉丁语。在教会学校里,拉丁语法是首先必须学习的"三学科"(语法、逻辑、修辞学)之一,在这之后再学习"四学科",即算术、几何学、音乐、天文学,总称"七艺"。学习语法,主要的目的是学会准确地读、写古典拉丁文。就语言研究而言,当时实际上只研究一种语言,即拉丁语。就是对拉丁语,也只局限于摘录、编纂特拉克斯、多纳图斯、普里西安等人的著作,实际上并没有什么真正的研究。欧洲各民族的其他语言是被传教士们蔑视的;在他们的眼里,只有拉丁语才称得上是真正的语言,其他语言则都是粗俗语言,也就是"没有确切语法的语言"。正因为如此,在整个中世纪,"语法"和"拉丁语法"竟然成了同义词。例如,中学,有一个时期在英国叫grammar school(语法学校),在丹麦则干脆称为latinskole(拉丁语学校)。拉丁语的这种特权地位,阻碍了对欧洲各民族通俗语言的研究,也大大推迟了比较的、历史的研究工作的开展。此外,由于只把拉丁语看作正宗语言,因此后来在描写欧洲各种语言时,也总是以古典拉丁语语法作蓝本,造成了千篇一律的模式。

值得注意的是,意大利著名诗人但丁(Dante,1265—1321)十分重视民族语言问题,并认真地研究过意大利方言。他第一次提出了民族语言理论,并为我们留下了极珍贵的中世纪语言资料。为了让不懂拉丁文的人也能欣赏他的作品,他用意大利语(托斯堪方言)写下了不朽的名著《新生》和《神曲》,这在他所处的中世纪中期,应该说是一种具有革命意义的大胆尝试。此外,他还专门写了《飨宴篇》(1304)和《论俗语》为俗语辩护。在《飨宴篇》中,他说拉丁语"斜晖将逝",而意大利语却是"旭日方升"。他写道:"这是一绪新的光辉,一个将升的旭日,平素的太阳已经是日暮斜晖,黯然无光了。这新的光辉将照耀黑暗中的人们。"[1]在《论俗语》一文中,他更进一步强调了"俗语"(指意大利语)和"文言"(指古典拉丁语)的区别。他认为俗语具有优越性,并更为高尚,因为"我们所说的俗语,就是从婴儿开始能辨别字音时,从周围的人们所听惯了的语言,说得更简单一点,也就是我们丝毫不通过规律,从保姆那儿所摹仿来的语言"[2],因此是自然的语言,而文言却是矫揉造作的语言。但丁在"俗语"和"文言"的对比中,肯定了活语言的重要性,这就为在俗语基础上建立民族语言找到了根据。在《论俗语》里,但丁分析了意大利的十四种方言的特点,提出通过综合各种方言的优点的方法建立意大利民族语言,他把这种理想的民族共同语叫作"光辉的语言"。尽管但丁所提的方案是不现实的,也不符合语言发展的规律(事实上,意大利的民族共同语

---

[1] 转引自缪朗山《西方文艺理论史纲》,中国人民大学出版社,1985年,第277页。
[2] 转引自朱光潜《西方美学史》(上),人民文学出版社,1979年,第141页。

正是由于但丁的影响,是在托斯堪(Toscan)方言的基础上形成的),但他对俗语的赞扬和关于建立民族共同语的主张,却明确地显示了他跟宗教拉丁语的霸权相对抗的立场,在欧洲各国发生了巨大的影响,其积极作用是应该肯定的。

中世纪的后期,主要是13、14世纪,是经院哲学的繁荣时期。在经院派的哲学研究中,语言研究占据一定的地位。经院派语言研究的结果形成了一个思辨语法学派。这一学派的理论和研究方法颇具特色,构成了西方语言学历史上不可忽略的阶段。

思辨语法,就是哲学语法,它的产生和发展是跟当时经院哲学中实在论与唯名论的争论密切相关的。经院哲学内部围绕共相(一般)和殊相(个别)的关系进行过长期的争论。实在论者认为一般概念是先于事物而实际存在的东西,或认为是在事物之中的实际东西。唯名论者则认为,一般概念仅仅是个别事物的名称,它不先于事物存在,也不在事物之中存在,而是在事物之后产生的。这一争论在语言研究方面的反映是:实在论者认为词是思想的体现,在词和思想之间存在着内在的关系。而唯名论者认为词不是事物,只是事物的名字、符号,是通过协商而确定的。

经院语法学家在哲学立场上显然是站在实在论一边的,他们脱离个别语言而研究语言的一般特点,一般采用 Grammatica speculatira(思辨语法)或 De modis significandi(表示意义的方式)为研究题目,因此被称为思辨语法学派,也称为摩迪斯泰学派(Modistae)或方式派。思辨学派把语言看成思辨的对象,而不是观察的对象。他们不研究和描写任何一种具体语言,特别是不触及语音,而主要是从哲学角度对多纳图斯、普里西安等人的语法体系作解释。

经院哲学家在论及人的认识问题时说,人的灵魂有某种主动的活动,就是主动理智的活动,它能从印象中抽象出一般的概念,也就是说能从个别印象中揭示出蕴含的形式。经院语言学家根据这种哲学观点提出了关于三种方式的理论,即:事物本身的存在方式(modi essendi)、精神的理解方式(modi intelligendi)、语言的表示方式(modi significandi)。按照他们的理解,事物具有各式各样的存在方式(也就是说事物具有各种特性)。理解方式则分为两种:主动的理解方式(指人的抽象能力)和被动的理解方式(指被精神所理解的事物的本质)。表示方式也分两种:主动的表示方式(指语音,即词的声音)和被动的表示方式(指词的意义,即对事物本质的表示方式)。他们认为,总的过程是:精神从事物中抽象出存在方式,然后把它作为理解方式脱离开事物进行考察,语言则借助于表示方式使考察的结果得以交流。

在这套术语中,对语言研究来说,"表意方式"是一个关键的术语。思辨语法学派对语言学的独特贡献也就主要在于对"表示意义的方式"这一概念的提出和阐发。思辨语法学家认为,语法的范畴(例如词类)不是借其所指来定义的,而应通过这一所指所涉及的方式(即反映现实的某种特殊观点、角度)来定义。语法理论则首先应该是这类反映现实的可能方式的总汇和分类。因此他们说,在法语中"痛苦"这个意思既可以用动词(souffrir)表达,也可以用形容词(souffrant)、名词(douleur)等形式表达,这些词的区别不在于表达对象的不同(它们标指的是同一现象),主要在于表达的方式不同。思辨语法学家(爱尔富特的)托马斯在其《思辨语法的表示方式》(1350)一书中,就是根据每一类词借以表示意义的一种特殊方式来给词类下定义的。例如,他说,"动词以表明与实体分离的时间过程的方式表示意义","名词以表明存在物或某种具有区别特征的方式表示意义"。他还根据表示意义的方式的不同,把名词和形容词区别开来。他认为名词是有句法独立性的词类,形容词则必须跟一个名词相结合(即附加在名词上)才能表示意义。

思辨语法学者是从逻辑角度研究语言的,他们对词类的定义就是参照经院哲学的范畴确定的。因而他们特别强调哲学(逻辑)在语法研究中的重要意义。12世纪中叶,埃利(P. Helie)就曾说过:"不是语法学家,而是仔细地观察事物的特殊性的哲学家发现了语法。"从逻辑角度研究语言的结果之一,就是导致了普遍语法观念的产生。例如早期的语言思想家罗吉尔·培根(Roger Bacon,约1214—约1292)就认为:"所有的语言的语法基本上是同样的,尽管它有各种偶性的变异。"①

思辨学派的语法理论对语言学的发展是有推动作用的。自希腊化时代的亚历山大里亚学派以来,语法大致上总被认为是一种正确地讲和写的知识,但思辨语法学家库尔泰(S. de Courtrai)却认为,"语法是语言的科学,其研究对象是句子及其变化,目的是用形式正确的句子把精神的观念表达出来"。这说明该学派的学者对语法的看法已有所改变,向"语言的科学"迈进了一步。思辨学派着重研究"表示意义的方式",其目的就是力图建立一种科学的语法。他们参照逻辑范畴解释语法范畴,则开创了把逻辑研究与语法研究结合起来,从逻辑角度研究语法的新尝试。他们的主要缺陷是在于语法的逻辑化,以逻辑代替语法,在注意到逻辑与语法的共同点的同时,却忽略了逻辑与语法的区别。此外,他们是从语义角度研究"表示意义的方式"的,因此他们确定语法范畴的标准基本上是语义的,这就不可能准确地反映语言的真实面貌,建立起真正科学的语法。思辨语法学派的上述特征,对后来的语言学,尤其是对16、17世纪的唯理语法学派,曾发生了明显的影响。

2. 经验语法与唯理语法

14世纪从意大利开始的文艺复兴运动,大大提高了欧洲各民族的自觉程度。随着基督教势力范围的不断扩展,教会为了宣传教义,

---

① 引自 G. Mounin, *Histoire de la linguistque, des origines au xxe siècle*, Paris, 1970, P. 128。

不得不使用当地语言,甚至为没有文字的语言创制文字,以便把《圣经》译成各种民族语言。这些都刺激了各民族对自己的语言的兴趣,促进了各民族对俗语(活语言)的调查和研究。此外,当时地理上的大发现,殖民掠夺的开始,以及印刷术的传入西方,都为西方学者积累世界各地的语言资料创造了条件。

自文艺复兴运动开始,活语言的地位就在一步一步地提高,拉丁语的地位则不断下降。在意大利,但丁的理论和实践早为俗语的发展奠定了良好的基础。在法国,近代文学的奠基人之一贝雷(Joachin du Belly)于1549年发表《保卫和发扬法兰西语》一文,号召为法兰西民族语言的统一而奋斗。由此,用俗语写作的人越来越多,一改过去一切以拉丁语为标准的旧传统。研究各民族活语言的学者也渐渐多起来了,各国的经验语法也就相继诞生,例如,《德语语法》(1451)、《匈牙利语法》(埃尔德西著,1539)、《法兰西语法》(拉米伊,1562)、《论两本书的字母》(马提底亚,1586)、《斯拉夫语法》(西莫特利斯基,1648)、《英语语法》(乌阿利斯,1653)、《斯洛文语语法》(齐扎尼,1656),等等。同时,随着对各大洲非印欧系语言了解的增多,也出版了有关秘鲁、巴西及中国等地的语言的语法。上述这些语法有一个共同的特点,那就是对语音和形态方面都十分重视,有许多细致的观察,较能反映各民族语言的实际状况和特点。

在欧洲各国兴起经验语法的同时,另一条路线的语法研究也开始迅速发展起来,那就是唯理语法的研究。文艺复兴开始后,欧洲许多国家虽已开始了对活语言的研究,可是不少学者仍然沿袭中世纪的老路。他们仍以拉丁语的研究为主,对其他语言的研究,则往往照搬拉丁语的规则和格式,机械模仿的风气十分盛行。拉丁语没有的,别的语言也不能有,拉丁语有的,似乎别的语言不能没有。例如,英语、法语、意大利语的名词,早就没有格的变化了,可是因为拉丁语名词有六个格,因此一些语法学家也硬要给这些语言区别出几个格来。同时,中世纪思辨语法学派从逻辑角度研究语法的路子以及他们已初步形成的普遍语法观念对文艺复兴时期的语法学家也颇有吸引力。所有这些,都为唯理语法的发展提供了条件,到17世纪中期,在法国就正式形成了唯理语法学派。

法国唯理语法学派又叫波尔·罗瓦雅尔语法学派,这是因为该学派的代表作,即阿尔诺(A. Arnauld)和朗斯洛(Cl. Lancelot)的《普遍唯理语法》,是在巴黎郊区的波尔·罗瓦雅尔(Port-Royal)女修道院里编成的。《普遍唯理语法》(Grammaire générale et raisonnée),又名《波尔·罗瓦雅尔语法》,出版于1660年,全书共约四万字,是一部专门从逻辑角度研究语法的专著。从序言可知,作者是以确定"说话这种艺术的真正基础"和"寻找对所有语言共同的某些现象以及只是其中某些语言所特有的某些现象的原因"为目的的[①]。作者在该书的题解中指出,说话就是用符号表达思想,"我们可以从两方面来考虑这些符号。首先,它们的本质是什么,也就是说,作为声音和文字来考虑。其次,它们的意义,也就是说,人们运用这些符号来表达他们的思想的方式"。作者论述的重点是在第二方面(即书中的第二编)。

第二编的标题为"词所表达的意义采取各种不同的形式所依据的原则和理由"。值得特别注意的是,其中在分析词类时,作者阐述了他们在语法方面的不少独特的观点。

他们首先把词分两大类,一类表示思维的对象,包括名词、冠词、代名词、分词、前置词和副词,另一类表示思维的形式和方法,包括动词、连词和叹词。在谈到实体名词和形容词的区别时,他们指出:

"我们的思维对象或者是事物,如地球、太阳、水、木头,这些平时称为实体(substance);或者是事物的样子或变化方式,如是圆的,是红的,是硬的,是有学问的,这些称为附属性质(accident)。

---

① 本节有关《波尔·罗瓦雅尔语法》的引语,均见胡明扬《〈波尔·罗瓦雅尔语法〉简介》一文,刊《国外语言学》,1980年第3期。

"在事物或实体和事物的样子或附属性质之间有这样的区别:实体独立存在,而附属性质的存在则依赖于实体。

"正是这种区别造成表示思维对象的词之间的主要区别。所以那些表示思维对象的词称为实体名词,而那些指出含有这些附属性质的主体,表示附属性质的词称为附加名词〔=形容词〕。

"这是实体名词和附加名词〔=形容词〕的第一个来源。但是进一步考虑我们就发现,着重点并不在于表示什么意义,而是在于表示意义的方式。因为实体是独立存在的,所以人们就把在话语中不需要别的名词的帮助而独立存在的所有的词都称为实体名词,尽管事实上这些词有的表示的是附属性质〔如'智慧'、'白色'、'颜色'〕。反之,那些表示实体的词由于其表示意义的方式需要在话语中附加在别的名词上,结果就称为附加名词〔如'人类的'、'肉体的'〕。"

在论述动词及其本质的一章里,他们说,"动词是主要功用为表示肯定(affirmation or assertion)的词"。他们批评一些语言学家没有认识到动词的这一主要功用,而误把动词的附属性质当作动词的主要功用。

从后来产生的影响来看,《普遍唯理语法》最重要的部分,是作者重点阐述语言逻辑化理论的部分,这正是该书最有特色的部分。波尔·罗瓦雅尔学派认为,人类的理性和思维规律是一致的,而语言的结构是由理性决定的,因而所有语言的结构规律本质上应是相同的。它们在表面形式上的不同只是同一体系的变体而已。因此他们竭力想揭示隐藏在不同语言的语法背后的共同的东西,希望建立起适用于所有语言的一般原理。《普遍唯理语法》在这方面的分析应该说是相当深入的,例如他们对名词和形容词的区别的阐述就颇有启发性。罗宾·雷柯夫(R. Lakoff)指出,《普遍唯理语法》的作者之一朗斯洛对桑克底乌斯(Sanctius)的《米纳娃》(*Minerva, Seu de causis linguae latinae*, 1587)一书十分熟悉,波尔·罗瓦雅尔语法中最精彩的部分几乎都来源于这一著作,而桑克底乌斯看来又是得益于中世纪的思辨语法的①。这一看法很有道理。我们从《普遍唯理语法》的内容可以明显地看出，它是中世纪思辨语法传统的继续。该书作者对语言符号的意义方面的研究十分重视，并特别指出，"着重点并不在于表示什么意义，而是在于表示意义的方式"，这正是思辨语法学派（方式派）的主要观点。我们把该书作者对词类的定义跟思辨语法学家的定义比较一下就可以发现，他们都是以"表示意义的方式"作为确定词类的主要根据的。自然，波尔·罗瓦雅尔学者的认识比思辨学者深刻而系统得多。不过，他们也存在着与思辨学者类似的缺陷，即把语言结构的一般规律当作形式逻辑规律一样看待，强调语言中一切服从逻辑，服从理性。此外，他们在研究普遍语法规律时，局限于比较拉丁语和法语，对当时已知的非印欧语系的语言，甚至对欧洲各国的其他语言，都很少提到。这就阻碍了对语言的更为客观的思索以及对各种语言的语法特点的发掘。

在相当长的一段时期里，经验语法和唯理语法在欧洲是平行发展的，经验语法在英国发展较快，唯理语法则主要在法国发展。但从总的趋势看来，唯理语法占着主导地位。研究语法的这两种倾向之间，在相当长的时间里存在着矛盾和斗争，这是当时哲学界经验论和唯理论的斗争在语言研究方面的反映。例如在英国和法国，都有坚持语言的"合理化"、"正确性"和强调语言的"习惯"和"活用"的矛盾。这种对立也反映在对拉丁语法作用的看法上。唯理语法学家竭力证明在拉丁语中存在着适合全人类语言的语法公式，而经验语法学家则认为每一种语言都有自己的特点，因而否认拉丁语公式对建立各民族语言语法有普遍指导意义。然而，经验语法和唯理语法又都是为了适应当时社会实践和各民族语言规范化的要求而产生和发展的，因此都曾对语言学的发展起过推动作用。经验语法的产生和发

---

① 参见 H. Aarslaff《语言学史与乔姆斯基教授》，《国外语言学》，1981 年第 3 期，徐烈炯译，第 13—14 页。

展,为现代科学的描写语法的发展提供了良好的基础,唯理语法则对语言与思维、语法与逻辑的关系作了比较深入的探索,发掘了一些语法和逻辑的共同之处,从而为研究语言普遍现象创造了条件。经验语法和唯理语法对后来语言学的发展都有较大的影响,因此在西方语言学的发展史上都应占有一定的地位。

3. 17、18 世纪欧洲学者对语言问题的探索

17、18 世纪是欧洲各国哲学发展史上的重要阶段,当时在认识论的研究方面,经验论者和唯理论者展开了对人类知识起源的讨论。哲学家在讨论这一问题时,时常涉及语言问题,并特别就语言的起源和普遍语言问题进行了热烈的争论。

A. 关于语言起源的争论

哲学家之所以对语言问题发生兴趣,主要是为了了解语言和思想的关系。当时的一些大哲学家,如弗兰西斯·培根、笛卡儿、洛克、莱布尼茨等人都把语言视作思想的标记,因此要讨论知识的起源,就必然要联系到语言的起源问题。

最先详细论述对这一问题的看法的,是英国哲学家洛克(J. Locke, 1632—1704)。洛克于 1690 年出版《人类理解论》,词语是他在第 3 卷中的论题。孔狄亚克曾指出,尽管洛克自己说他在写作这部著作时"丝毫不曾意识到有必要来对词语作什么思考",但他确是"第一个以真正哲学家的风度对这一题材进行写作的人"[①]。此书以研究人类知识的起源、可靠性和范围为中心。洛克认为知识有两个来源,即感觉和反省。外界事物作用于感官的结果就是感觉,反省是指人脑自身的活动(心理活动)。他在考察人类理解能力的发展过

---

① 参见孔狄亚克《人类知识起源论》,洪洁求等译,商务印书馆,1989 年,第 8、9 页。

程时,特别注意儿童和语言这两个方面。他说:"当儿童通过反复不断的感觉把概念固定于记忆之中,他们便逐渐地学会使用符号。而当他们一旦学会运用发音器官发出清晰语音的技巧时,他们便开始运用语词向别人表达自己的观念。"(Ⅱ,Ⅺ,8①)他还谈到语词在思维抽象过程中所发挥的积极作用。他指出,语词不仅是简单的观念的标记,还必须是概括的观念的标记,"因为每一个特殊的事物如果都需要一个特殊的名称来标记它,则字眼繁杂伙多,将失其功用。为了避免这种不利起见,语言中恰好又有进一层的好处,就是,我们可以应用概括的字眼,使每一字来标记无数特殊的存在"(Ⅲ,Ⅰ,3)。洛克还说过这样一段话:"我自然承认,在语言初创时,原是先有了观念,然后才有名称;我自然承认,就是现在,也是先形成了新的复杂观念,然后才有新的名称,然后才有新的文字。"(Ⅲ,Ⅴ,15)看来他是赞成语言和思维可以分离,思维可以先于语言而存在的看法的。

在谈到代表抽象观念的语词的来源时,洛克说:"……在各种语言中,许多名称所表示的事物虽然不是被感官所知觉的,可是我们如果追溯它们底来源,就会看到,它们亦是由明显而可感的观念出发的。由此我们可以猜想,初创语言的那些人心中所有的意念都是什么样的,都是由哪里来的。我们由此可以看到,即在事物底命名方面,自然亦于无意中给人指出他们一切知识底起源和原则来。"(Ⅲ,Ⅰ,5)因此他认为我们可以"借事物底名称来追寻人们观念的起源"(Ⅱ,ⅩⅤ,4)。这样一来,对人类理解能力的探索就很自然地转化为对语言起源的探索了。值得注意的是,洛克虽然主张由事物的名称追溯人类观念的起源,但他并不赞同"按本质"论者对词与物的关系的看法。他指出,"语言所以能标记各种观念,并非因为特殊的音节分明的声音和一些观念之间有一种自然的联络,因为若是如此,则一

---

① 指洛克《人类理解论》的卷、章、节,下同。中译文见关文运译《人类理解论》,商务印书馆,1981年。

切人底语言应该只有一种。语言所以有表示作用,乃是由于人们随意赋予它们一种意义,乃是由于人们随便来把一个字当做一个观念底标记"(Ⅲ,Ⅱ,1)。由此可见,他是赞成"按规定"论的,并且他已经看出了语言符号的任意性特征。

洛克的《人类理解论》出版不久,德国哲学家莱布尼茨(G. W. Leibniz, 1646—1716)就开始写作《人类理智新论》(1704年完稿,但直至1765年才公开发表)。莱布尼茨此书几乎是逐章逐节地跟洛克《人类理解论》的观点辩论的。在关于语言问题的认识方面,他们的观点既有相同之处,也有不同的地方。跟洛克一样,莱布尼茨也认为语词是一种记号(标记),他也赞同通过对语词的分析探索人的理智活动。他说:"语言是人类心灵最好的镜子,而对于语词意义的一种精确分析,将会比任何其他事情都更好地使人认识理智的活动。"(Ⅲ,Ⅶ,6[①])他与洛克的不同主要在下列两个方面。其一是,与洛克认为抽象名词也起源于明显可感的观念相反,他认定"几乎所有的语词其起源都是一般名辞,因为人们无缘无故地发明一个特有的名称来指示某一个体,这样的事是极为罕见的"(Ⅲ,Ⅲ,1)。其二是,在对词与物的关系的认识上,他与洛克也有明显的不同。他虽然承认语词并不都为一种自然的必然性所决定,但认为"它们也还是受一些理由所决定,这些理由有时是自然方面的,在这里偶然性有某种作用,有时是精神方面的,在这里就有选择在起作用"(Ⅲ,Ⅱ,1)。他并且说,有许多称呼"证明在语词的起源方面有某种自然的东西,标志着在事物和声音以及发音器官的运动之间有一种关系",虽然"由于许多偶然的原因和变化,大多数语词已比起它们的发音及原本的意义来有了很大改变和离得很远了"(Ⅲ,Ⅱ,1)。这两方面的不同正是洛克的经验论立场与莱布尼茨的唯理论立场的对立的反映。

18世纪中叶,法国的孔狄亚克和卢梭也曾对语言来源问题开展

[①] 指莱布尼茨《人类理智新论》的卷、章、节,下同。商务印书馆,1982年,陈修斋译本。

过讨论。孔狄亚克(Condillac，1715—1780)的《人类知识起源论》(1746)的第二卷第一篇是专论语言的。卢梭(Rousseau，1712—1778)的《论人类不平等的起源和基础》(1755)的第二部分也专门讨论到语言的起源问题。此外，他还专门写了《论语言的起源》一书，不过直到1782年才出版。他们两人对语言起源问题的探索还是遵循洛克的路线，即从人类认识发展的角度着眼。卢梭的研究则完全是以孔狄亚克的观点作为出发点的。

他们两人都注意到了语言与思维之间的密切关系。孔狄亚克认为词是观念的符号，他的《人类知识起源论》第一卷第四篇第一章的标题就是"论我们对我们的观念加以符号的心灵活动"①。卢梭则把词和观念的联系看得更为紧密。他说，"概括的观念只有借助于词才能输入人的心灵中，而理解概括的观念则必须通过词句"②。同时，他们又都注意到了语言与思维的关系的复杂性。孔狄亚克说："如果人们不是已经有了足够的反省能力来选择制定信号，并把它们附加到观念上去的话，似乎是不会知道如何使用制定信号的。或许有人要反诘我说，那么，反省的运用难道只有通过使用这些制定信号才能获得吗？"③卢梭则说："如果说人们为了学习思维而需要语言，那末，他们为了发明语言的艺术则更需要先知道如何思维。"(第90页)这儿所提出的难题，实质上就是语言和思维孰先孰后的问题，他们两人并未作出令人满意的答复。

在谈到人类最初的语言的起源问题时，孔狄亚克假定语言起源于"自然的呼声"。他说，有一些"自然信号(les signes naturels)，或者说，某几种呼喊声，这些呼喊声是大自然为了表达欢乐、恐惧、痛苦

---

① 孔狄亚克《人类知识起源论》，洪洁求等译，商务印书馆，1989年，第90页。
② 见卢梭《论人类不平等的起源和基础》(勒赛尔克评注)，法律出版社，1958年，李常山译，第93页，下文凡引该书，只夹注页码。
③ 孔狄亚克《人类知识起源论》，1989年，第46页。

等感情而给予我们的"。人类天赋的反省能力正是从这种"自然的呼声"得到启发，从而创造出"制定信号（les signes dînstitution），或者说，是由我们自己选定的一些信号，这些信号和我们的观念之间只有一种人为的联系。"①

卢梭对这一问题的看法如何呢？有一点他跟孔狄亚克是一样的，他也认为人类最初的语言是一样的，"人类最初的语言，也就是说……所使用的最普遍的，最有力的，唯一的语言，就是自然的呼声"（第91页）。然而，卢梭对孔狄亚克认为人最初创造语言是为了表达他们的需要的看法持否定态度。他认为语言的最初发明应归功于激情，而不是需要②。卢梭说，后来人类的观念逐渐扩展和增多，人们之间的来往更加密切时，便想要制定更多的符号和一种更广泛的语言。于是人们增加了声音的抑扬，并且加上了手势；由于手势受到种种限制，人们最终设法用声音的音节代替手势。卢梭认为，"这些音节虽然同某些观念并没有同一关系，但它们却更适于作为制定的符号来代表所有这些观念"（第92页）。按照卢梭的社会契约论，他认为一个社会要用"制定的符号"来代表观念，是必须经过社会的约定的。由此看来，卢梭的语言起源理论实际上有两部分，一部分与语言起源的自然阶段相关，是感叹论，另一部分与语言起源的理性阶段相关，属于社会契约论。不过，他发现，若要约定，就必须说明理由，所以似乎在通过约定而制定语言的时候，语言应当已经存在了。因此，他感到上面所说的"代替"过程也实在是难以理解的。他认为在"自然的呼声"和社会所使用的完善化的语言之间，似乎有一条不可逾越的鸿沟。

类似上面这样的难题，卢梭发现了不少。最终他把语言看作是一种"崇高的艺术"，认为我们距离它的起源已经太远，因此对它如何终于达到了完善的程度已无法研究。他甚至宣布："至于我，已被越

---

① 孔狄亚克《人类知识起源论》，1989年，第39页。
② 参阅让—雅克卢梭《论语言的起源》，洪涛译，上海人民出版社，2003年，第15页。

来越多的困难吓住了,我相信:语言单凭人类的智能就可以产生并建立起来几乎已被证明是不可能的事。"(第95页)卢梭之所以最后归结到这种语言起源的不可知论,是由于他对原始人的看法根本就是错误的。他的一个基本的假定是:"野蛮人是孤独的"。既然是孤独地生活的,就没有交际,也根本不需要交际的工具,因此要说明语言的起源就成为不可能的事。相比之下,孔狄亚克的理论要有价值得多,其影响也大得多。尤其是他相当明晰地表述了符号任意性的观点,认为语言符号是"制定"出来的,"是由我们自己选定的","和我们的观念之间只有一种人为的联系"。

1769年,普鲁士科学院发起关于语言起源问题的有奖征文,这也足以证明当时的学术界对语言起源问题有多么强烈的兴趣。结果,赫尔德(J. G. Von Herder, 1744—1803)以他的一部题为《论语言的起源》的专著得了奖。该书于1772年出版。赫尔德强烈反对语言神造的观点,而认为语言是人的悟性的产物。他说:"当人处在他独有的悟性状态之中,而这一悟性(思考能力〔reflexion〕初次自由地发挥了作用,他就发明了语言。"[1]他举例说,当一个人看见一只羊时,他那练习着思考的心灵在寻找一个特征。羊的咩咩的叫声突然给了他一个强烈的印象,这样反复多次之后,心灵便找到了特征。他说:"羊儿咩咩的叫声由人的心灵知觉为羊儿的标志,并且由于这种意识活动而成为羊的名称。人从这叫声上识认出羊儿,叫声是一个听到的符号(zeichen),心灵通过它想到一个明晰的观念。这不正是词吗?整个人类语言不正是这样一些词语的集合么?"[2]值得特别注意的是,他十分强调声音区分特征在创造语言中的作用,认为感觉是心灵的知觉方式,通过声音区分特征,心灵形成观念,"与区分特征一道,便产生了内在的语言"[3]。由此可以看出,赫尔德跟认为语言是粘

---

[1][2]　赫尔德《论语言的起源》,姚小平译,商务印书馆,1999年,第28页。
[3]　同上书,第50页。

附于思想(观念)上的符号的传统看法有很大的不同,他肯定了语言与思维的不可分离性,认为两者有共同的起源,是平行地发展的。他不再把语言看作是神造的,或者人为的东西,而是把它视为人类心灵的自然禀赋。正是在这个意义上,他说"人类是天生的语言生物"①。

赫尔德的理论对当时和后来的学者曾经产生过深刻的影响。他强调语言的发生、发展同思维的发生、发展的联系,认为语言是个人心灵的创造行为,这些看法后来对洪堡特等人都有影响。此外,他认为语言与思维不可分离,民族的精神与民族的语言紧密相关;要了解一个民族的思想和文学,就得通过他们所使用的语言,因此他特别重视研究口头诗歌,民俗文学。这些看法,不仅对歌德和其他浪漫主义作家发生了明显的影响,而且也给了格里木等人不少启发,推动了下一代的语言研究者去开辟新的研究园地。

类似上述这样的对语言起源的探索,在 18 世纪还有不少。例如,意大利的历史哲学家维柯(G. G. Vico, 1668—1744)在其所著的《新科学》(1725)一书中,就曾详细论及语言起源问题。他认为,人类发展经历过三个阶段:神的时代,英雄的时代和人的时代,相应的,语言也就有神的语言、英雄的语言和人的语言。他还认为词类的产生经历了一个长期的发展过程,即:摹声词→感叹词→代词→分词→介词→名词→动词。英国学者亚当·斯密(Adam Smith, 1723—1790)于 1759 年发表了一篇专论,题为《关于语言的最初形成、原始语言和混合语言的不同本质的一些想法》。在这一论文中,他提出语言最先产生的是表示整个事件的词。他说,"一个词就代表一个事件"。他还说,"没有一句话能没有动词。表达事件或事实的'词'应该是动词。只是到了较晚的时期,随着表示事物的符号的分解出来,才有可

---

① 参阅胡明扬《乔姆斯基〈笛卡儿语言学〉评介》,《国外语言学》,1981 年第 2 期,第 57 页。

能说'熊来了'、'狼来了'之类的话"①。这就是说,在他看来,动词首先产生,然后才出现名词、形容词、代词等等。但是,作为表示事物的符号的名词、形容词之类究竟是从哪儿来的,他所说的最先出现的动词又是如何分解出来的,他都没有说明。18世纪下半叶,西欧各国还出版了好几部关于语言起源的专著,如法国布洛士(De Brosse)的《论语言的机械构成》(1765),英国蒙波多(Monbodd)的《语言的起源和进步》(1774),德国许斯梅尔希(Suss-milch)的《人类语言起源是神的证明》(1776),意大利切萨罗蒂的《论语言哲学》(1785)等等。

从上面的叙述可以看出,17、18世纪的学者们在解决语言起源问题时,由于哲学立场的不同,是有他们各自的特点的:洛克和莱布尼茨分别代表了经验论和唯理论的立场;孔狄亚克是完全支持洛克的观点的;卢梭主要倾向于从社会需要中寻求语言发生和发展的解释,强调"社会约定",反映了他的社会契约论观点;赫尔德则强调语言受制于个人思维的发展状况,而不以社会的需要为转移。显然,这里经验论和社会约定的观点较多倾向于唯物主义,另一些则是主要倾向于唯心主义的。不过,由于受材料和整个认识水平的限制,总的说来,当时学者对这一问题大都仍抱着猜测的态度,解释常常显得过于简单化,因此还不可能得出真正科学的答案。然而,这决不等于说哲学家们在这方面的探索是没有意义的。他们提出的解释语言起源的种种观点,给了后来的研究者很多有益的启示。值得注意的是,他们对语言起源问题的讨论,并不局限于起源问题,实际上涉及对语言的本质的认识。特别是他们对语言符号、符号的任意性特征以及语言与思维的关系的阐述,触及了语言理论的一些基本问题,对普通语言学的产生是有推动作用的。

---

① 引文见 С. Д. Каинеяьсои 的《亚当·斯密的语言类型学观念》,郭谷兮译,《国外语言学》,1986年第2期。

B. 关于普遍语言的讨论

17、18 世纪欧洲学者所关心的语言问题中,除了语言起源问题外,还有一个普遍语言问题。所谓普遍语言,就是哲学语言,理想语言。当时不少学者对现存语言的歧义和不确定性等等产生不满,引起了改革、甚至创制理想语言的想法。

对这种普遍语言的创制,笛卡儿、莱布尼茨等哲学思想家曾产生过很大的兴趣。笛卡儿曾申明要创造一种语言,使它同数学一样通行世界。法国的梅桑纳(Mersenne)可能是受到笛卡儿的启发,提出过创造一种理想语言的建议。英国的达尔格奴斯(G. Dalgarnus)1661 年在一本著作中提出了创制一种普遍语言的设想。1668 年,威尔金斯(J. Wilkins)在英国皇家学会作题为"论真正的文字及哲学语言"的报告,也提出了一套人造语的设想。他所提出的"真正的文字"方案,是一套与音乐符号相类似的符号。莱布尼茨对这件事也十分热心,他一生都在探讨普遍语言的观念,认为没有一种普遍的文字,就永远找不到一种普遍的科学。为此他曾花了不少时间,做了不少准备工作,虽然没有得出最终的成果,但在《人类理智新论》中曾经提出了一种"普遍文字"的初步设想。他说:"如果我们用一些小小的图形来代替字,它们用轮廓线条来表现那些可见的事物,并且对那些不可见的事物也用伴随着它们的可见事物来表现,再加上某些其他的符号以便使人懂得那些语形变化和质词(所代表的意思)的话,这首先就可以有助于和隔得很远的民族容易相沟通;但如果我们在我们自己人之间也引进这种文字而又不放弃通常的写法的话,这一种书写方式也会有很大的用处,可以丰富想象,并可以给人一些不像我们现在所有的思想那样无声的或口头的思想。"(Ⅳ,Ⅵ,2)莱布尼茨这儿所提出的,实际上是一种逻辑的符号论。

除了用符号逻辑来构造一种普遍语言系统外,还有一种设计辅助性的国际语言的想法也很早就产生了。两种想法有所不同,并且各有不同的目的,但从心理角度来说却有点相似。莱布尼茨最先认识到这两个问题的重要性;他既看到了它们之间的相互联系,也看到了它们之间的相互区别。因此他在以符号逻辑原理构造"普遍文字"的同时,也曾考虑过设计一种辅助语言作为国际交往的手段的可能性。他设想以拉丁语为基础来创制这种国际语言,并设法使这种语言具有一种简单的和规范的语法结构。[1]莱布尼茨的第二种设想后来在柴门霍夫(L. L. Zamenhof)等人创始的世界语(Esperanto)等许多国际语设计方案中得到了实现。

普遍语言观念的产生和发展,一方面是实际需要的反映,另一方面则是出于一种对理性能力的深信。文艺复兴以后,拉丁语已逐步丧失了原有的类似国际语的地位,而各地的交往在不断扩大,因此人们希望有一种适应时代需要的新的国际共同语言。然而人们对现存的语言并不满意,因此便开始从事改善语言的工作。最彻底的主张,就是创造一套新的符号系统,使之能表达万物的本性和本质,能直接地普遍地表达思想。人们希望通过这个方法,把逻辑分类的好处和通用编码(数码、人造符号等等)结合起来,使这种新的系统能具有逻辑符号和数学符号那样的效能。显然,这种想法是以唯理哲学为支柱的。同时,提出这种设想的学者也必然受到中世纪思辨语法和17世纪波尔·罗瓦雅尔唯理语法的影响。思辨语法提出过普遍语法的概念,唯理语法更是以确立适用于一切语言的普遍语法体系为目标的,创制普遍语言的设想可以很自然地从普遍语法观念中引申出来。值得一提的是,汉语和汉字的特点,在普遍语言观念的产生中曾起过一定的作用。17世纪欧洲学者接触汉语不久,对汉语、汉字尚缺乏深入的了解,一些学者认为汉语有独一无二的、极其简单的结构,认为汉字是最理想的表意符号,可以直接表达思想。例如,威尔金斯在上面提到的那篇文章中,就流露出对古汉语语法结构的钦佩心情,说汉字是最好的表意符号。这类对汉语、汉字的误解和模糊认识,引起

---

[1] 参阅卡尔纳普《卡尔纳普思想自述》,上海译文出版社,1985年,第113—114页。

了一些人企图以汉语为模型创制普遍语言的尝试。17、18世纪这种创造理想的普遍语言的想法,尽管是一种良好的愿望,然而终究是一种不切实际的空想,因而最终并未能得出什么积极的结果。

4. 语言视野的扩展和语言材料的积累

我们在前面说过,中世纪只重视拉丁语,拉丁语是基督教的宗教语言,也是各类学校所教授的唯一语言。基督教的传教士为了布道,不得不学习当地的语言和方言,并把圣经和祈祷文译成各种语言和方言。但这完全是为了宗教宣传的目的,对语言学实在并未带来什么好处。传教士也收集和整理过一些材料,但大多数只是用各种语言和方言翻译的祈祷文的汇编。只有对希伯来语的注意,才可以说开始使人们的语言视野有所扩展。基督教源于犹太人,因此随着基督教势力的增长,犹太人使用的希伯来语以及与希伯来语同属一种语系的一些闪语,较早受到了欧洲研究者的注意。因为希伯来语是一种与欧洲语言不同类型的语言,因此对希伯来语的了解,使人们多少扩大了一点眼界。然而,随之而来的,是"希伯来母语说"的提出。例如,圣经翻译者圣杰罗姆就说:"全部古代文献证明,写成《旧约》的希伯来语是人类最早的语言。"这样一来,在一段很长的时间里,对希伯来语的误解又成了不少谬论的根源。

语言视野的真正扩展是在进入文艺复兴时期之后。随着古希腊语文学的复兴,美洲新大陆的发现,扩张殖民地的野心的发展,欧洲人开始广泛地接触到许多新的语言。15、16世纪,在欧洲就出现了亚洲、美洲的许多语言的语法书和辞典。欧洲人对梵语的了解也是从16世纪开始的。17世纪,欧洲人所了解的语言的范围更扩大了,包括了汉语、满语等亚洲语言以及不少非洲语言。

随着语言视野的不断扩展,对世界各地语言的调查和语言材料的搜集工作也就开始了。有意识地在世界范围内采集语言标本,是由莱布尼茨开始的。莱布尼茨坚决反对希伯来母语说,提出了"一切民族都是同源的并且有一种原始的根本语言"(《人类理智新论》第三卷第二章第一节)的观点。他最早预感到了语言间的亲缘关系。为了对语言进行比较研究,他又第一个致力于世界活语言的搜集工作。利用他在学术界的崇高声望以及他跟世界各国学者的广泛联系,通过通信及其他一切可能的办法,他组织了广泛的调查。在这个过程中,他得到了各地学者、传教士、旅行家、外交官员,甚至亲王、皇帝的支持,搜集了大量的材料。在这方面表现得特别积极的,还有俄国女皇叶卡捷琳娜(А. Екатерина, 1729—1796)。她极其赞赏莱布尼茨的计划,决心编一部汇集世界各种语言标本的"比较词典"。她亲自参与调查表的拟订工作。这份表格包含286个最常用的俄语词,从"上帝"开始,还有"人"、"父母"、"兄弟"、"姐妹"等等。表格被寄到各地要求译成当地语言。这一工作,在俄国境内由帝国政府机关进行,调查表由各地首席行政官或政府秘书签字,在国外,由外交人员配合进行。例如,俄国驻君士坦丁堡的大使,就曾在耶路撒冷大主教的协助下,编纂了阿比西尼亚语的翻译本。在美国,她甚至直接请求华盛顿总统帮助。华盛顿曾为此专门召开州长会议,要他们协助翻译北美的印第安语言。类似这样的搜集工作,当时还有一些学者和传教士也在进行着。

这类语言标本搜集的直接成果,是几部多种语言对照词典的出版。最著名的有:(1)《全球语言比较词汇》,由叶卡捷琳娜女皇主持。第一版由巴拉斯(P. S. Pallas)协助,1786—1787年在彼得堡出版,包括286个词的200种语言的对译材料。第二版由米里耶和(J. de Miriewo)协助,于1790—1791年出版,语种增至280种(主要增加了非洲和美洲语言)。(2)《各民族语言目录》,由西班牙传教士海尔伐斯(Heras)编纂,出版于1800年。他在其他一些传教士的帮助下收集了300多种语言标本,其中包括很多美洲语言。(3)《米色雷达提斯》(*Mithridates*),这是一部汇集了用近500种语言翻译的主祷文的对照词典,共四卷,由阿德隆(J. C. Adelung)和伐特尔(J. S. Vater)合编,出版于1806—1817年。

　　在语言标本的搜集和汇编过程中,一些学者已开始了初步的比较和分类工作。例如,斯加里谢(J. J. Scaliger)的《欧洲语言论集》(1610)把欧洲语言分为十一种基础语(四种大基础语,七种小基础语)。莱布尼茨1710年写过一篇题为《略论根据语言证据确定的种族起源》的论文,文中把欧洲大陆语言分为闪语组和雅弗语组,后一组再分为斯基泰语组(包括希腊语、拉丁语、日耳曼语、斯拉夫语)和克尔特语组(乌拉尔—阿尔泰语)。不过,17世纪前后,比较的思想尚在孕育之中,人们对具体语言的起源和关系的认识,还只有相近、类似这样的概念,而不是发生学的概念。人们大多还只着眼于词汇的收集、比较。这些比较是表面的,有些比较则是类型学、甚至修辞学的概念。例如,德国学者邢尼希(J. Jenisch)1794年写了一篇题为《十四种古代和现代语言的哲学的和批判的比较与评论》的文章,其中就认为在语言中以一定的方式显示出人类整个智慧和精神的类型。尽管如此,在这段时间里,语言材料的收集和整理工作,不断地激发着人们去了解和研究语言的兴趣,为19世纪语言学的蓬勃发展准备了条件,因此还是有一定的价值的。

第四章　Chapter 4
普通语言学的奠基人——洪堡特

1. 洪堡特的生平

威廉·洪堡特(Wilhelm von Humboldt, 1767—1835)是德国杰出的政治家和语言学家。他的胞弟亚历山大·洪堡特(Alexander von Humboldt, 1769—1859)是著名的地理学家、旅行家,在自然科学领域享有盛名。W·洪堡特则主要由于他在语言学理论方面的贡献而著称于世。

W·洪堡特1767年6月22日出生于波茨坦。1787—1788年,先后在(奥得河畔)法兰克福大学和哥廷根大学学习语文学、历史学和法学。1797—1801年间,他在巴黎学习了近两年时间。1802—1808年,作为普鲁士常驻罗马教廷的代表,在梵蒂冈生活了六年。1809—1819年期间,他在政府内政部的文化教育署任过一年署长,并先后出任过驻维也纳和伦敦的大使。1819年底,他辞去了一切官职,退居于他的特格尔(Tegel)城堡,潜心从事语言研究工作,直至1835年4月8日逝世。有三段时间,对作为语言学家的洪堡特来说特别重要:在巴黎逗留的两年,他最终决定了研究语言的志向,并获得了进行语言研究的具体方向和基本原则。在梵蒂冈的六年,职务本身对他并没有什么吸引力,但却十分清闲,使他有充分的时间用来研究他的弟弟A·洪堡特考察美洲时带回来的大量珍贵的语言材料,同时也使他有机会仔细查阅了梵蒂冈图书馆保存的、由被从南美、东南亚等地驱逐的耶稣会士带回的丰富资料。这些对他后来的语言研究工作有十分重要的意义。此外,一生的最后十五年,对他来说,当然是最重要的。在这段时间里,他集中精力整理所获得的语言资料,思考了一系列语言理论问题,写下了大量的笔记和书稿。

洪堡特的学术研究活动涉及政治学、美学、人类学和语言学等好几个领域,大致可以 1800 年为界分为前后两个阶段。前一阶段,他的兴趣主要在政治学和美学方面,发表了《论国家作用的范围》(1792)、《歌德的赫尔曼和豆绿苔》(1798)等论著。但洪堡特对语言问题早就发生了兴趣,在 1790 至 1800 年期间,就曾写了许多札记,论述了他的语言学思想,其中特别涉及语言与思想的关系,语言的符号特性等等。1800 年左右,也就是在巴黎的时候,洪堡特的兴趣完全转到语言学方面来了。他由对法兰西民族特性的探索开始思索语言的多样性问题。在跟巴黎学者的交往中,他接受了孔狄亚克及其追随者的观念派理论,开始考虑语言的主观性问题。总之,从这个时候开始,他的学术研究就集中到对语言问题的思考上了。然而,他的最主要的语言学论著都是在 1820 年后写成的,如《依照语言发展的不同时期论语言的比较研究》(1820)、《论语法形式的产生及其对观念发展的影响》(1822),《论双数》(1826),《致阿·雷米萨先生的信,论语法形式的一般属性和汉语的特性》(1826),《论爪哇岛上的卡维语》(共三卷,1836—1840 年出版)。其中,《论爪哇岛上的卡维语》的导论《论人类语言结构的差异及其对人类精神发展的影响》(*Uber die Verschiedenheit des menschlichen Sprachbaues und ihren Eihfluss auf die geistlge Entwicklung des Menschengeschlechts*),是他的代表作。在这一长达 300 多页的导论中,他从语言哲学、人类学、语言类型学等角度,深入探索了语言的本质、语言活动的机制、语言结构与人类精神的关系、语言的类型等重要问题,提出了不少独特的理论见解。

跟同时代的语言学家相比,洪堡特的视野更为开阔。他极重视活语言的调查和分析,注意比较各种语言的结构特点,从而进行理论概括。他的眼光并不局限于印欧语系语言，相反特别注意非印欧系语言的特点。他是欧洲最早开始对世界各地的语言进行深入研究的语言学家之一。在巴黎学习期间，他曾先后两次，共花了半年多时间，去比利牛斯山地区的巴斯克人居住地，实地考察当地的语言、文化传统和地理环境等等。他虽然未能像他的弟弟 A·洪堡特那样遨游世界，调查各地的语言，但通过分析研究大量的实际材料，对美洲和南亚的许多语言，仍获得了相当深刻的了解。值得特别提出的是，1826 年前后，有一段时间洪堡特还曾认真地研究过汉语。正因为这样，除了欧洲古典语言之外，他还熟悉梵语、匈牙利语、巴斯克语 (basque)、塔塔尔语(tatar)、一些闪语、好些印第安语、汉语、日语、卡维语、缅甸语等等，这为他进行普通语言学理论的研究准备了较好的条件。

2. 洪堡特的语言理论

把语言看作为一种不间断的创造活动，是洪堡特语言理论的核心。在《论人类语言结构的差异及其对人类精神发展的影响》这一导论中，他说："语言绝不是产品(Werk[Ergon])，而是一种创造活动 (Thätigkeit[Energèia])。因此，语言的真正定义只能是发生学的定义。语言实际上是精神不断重复的活动，它使分节音得以成为思想的表达。"①他并且说，这样的定义当然只是就每一单个的言语活动而说的，但实际上，语言正是这类无数言语活动的综合投影。整个说来，洪堡特认为，语言活动是一种创造能力，这种语言创造能力是人类精神的一种基本特性，它使说话者能够无限地运用他们所掌握的有限的语言手段。

---

① 洪堡特《论人类语言结构的差异及其对人类精神发展的影响》，姚小平译，商务印书馆，1997 年，第 54 页。下文凡引此书，仅夹注页码。

因为洪堡特把语言看作"一种正在进行的活动",因此,他认为语言中没有什么静止的东西,"语言就其真实的本质来看,是某种连续的、每时每刻都在向前发展的事物。即使将语言记录成文字,也只能使它不完善地、木乃伊式地保存下来"(第54页)。在他看来,由语言整体分割而成的词和语法规则等等,只是一种人为分析的无生气的东西,犹如变冷了的熔岩石。若想真正理解语言的活的本质,就应该在无数话语的锁链中去了解它,从生成的角度去认识它。

因为语言活动被视为人类精神的基本特性,因此洪堡特认为语言活动的产生首先是由于精神发展的需要。他说,"语言产生自人类的某种内在需要,而不仅仅是出自人类维持共同交往的外部需要,语言发生的真正原因在于人类的本性之中。对于人类精神力量的发展,语言是必不可缺的;对于世界观(Weltanschauung)的形成,语言也是不可缺的,因为,个人只有使自己的思维与他人的、集体的思维建立起清晰明确的联系,才能形成对世界的看法。"(第24页)可见,在他看来,不是社会交际引出语言,而是语言根据某种内在的必然性"产生了"交际。

以往的语言学家,大多把语言看成一种已经完成的、机械的东西,一种人为的创造物,洪堡特却把语言视为一种不断重复进行的活动,一种精神的创造。这显示了他对语言本质的新理解,是颇有启发性的,它促使人们从不同的角度去认识语言。然而,他为了强调语言的思维功能的首要地位,把交际功能放在从属的地位,甚至颠倒过来说是语言产生了交际,则显然是站不住脚的。这说明他对语言的社会本质缺乏透彻的理解。

在深入探索语言创造活动的特征的过程中,洪堡特提出了"语言内部形式"(innere Sprachform)的概念。他指出:"在把分节音转化为思想表达的精神劳动中,存在着某种恒定不变的、同形的元素,而正是这些元素,就其全部的关系和整个系统而言,构成了语言的形式。"(第56页)在这里,语言形式被看作为精神劳动的特征,而这一特征又被确定为某种经常的、一贯的因素。洪堡特认为,这种语言形式是一种属于语言内在的特征,因此他常常称之为"语言内部形式"。

"内部形式"这一概念,在18世纪末、19世纪初是一个相当流行的概念,在赫尔德和歌德研究艺术和诗歌的著作中,就可找到对这一概念的阐述。A·W·史勒格尔当时提出过"机械形式"和"有机形式"的区别并引起了学者们的争论,洪堡特可能也从中得到了启发。以往的语言学家一般认为语言形式就是语法形式,甚至简单地理解为变格变位的形式。洪堡特的"语言内部形式"概念则根本不同,它指的实际上是一种语言的语法结构和语义结构的系统。洪堡特认为,这种结构系统,深藏在语言内部,是每一种语言所特有的东西,它应该是语言研究的真正的对象,但又十分难以接近。他的这一看法,跟康德《纯粹理性批判》中的模式论极其相似。康德说,存在于意识概念基础上的模式,实在"是一种艺术,深藏在人类的灵魂中间,它动作的实在方式,我们是极不容易发现并暴露的"[1]。洪堡特在谈到语言结构的总特点时,曾多次说过一种看法,即认为语言似乎是来源于同样的模式的。这一观点在他1822年给A·W·史勒格尔的一封信里说得十分清楚。他说:"不可否认,只要我们不是停留在表面,而是深入到内部结构去研究,就可以看出,在语法平面上,所有的语言显示出深刻的类似性。"[2]他把语言看作人类本性的组成部分,由于人类本性相同,因此自然会产生人类的语言具有相似的形式的看法。然而,有时他又认为,每种语言的内部形式反映了使用该语言的人们对事物的表达方式,包含着一定的主观见解,因此是产生语言结构的差异和语言多样性的根源。洪堡特的"语言内部形式"概念,对后来的语言学有较大影响,但也是常有争议之处。

关于语言的相关性原理,也是洪堡特语言理论的一个要点。他

---

[1] 康德:《纯粹理性批判》,胡仁源译,商务印书馆,第146—177页。
[2] 见 N. Chomsky, *La linguistique Cartesienne*, Editions du Seuil, 1969, P. 59。

认为理智活动借助语音而物质化的过程,亦即语言的不间断的创造过程,是在个人言语行动的具体形式下进行的。当然,他并非没有看到社会因素在语言活动中的作用。他把语言视作个人与社会之间的纽带。然而,在他看来,语言创造活动,其基础毕竟是个人的创造。因为语言创造与艺术创造是相类似的,"在这里比在它的任何其他部分,语言在其进展的较深刻的、难以表明的方式上都更类似于艺术。雕刻家和画家也是把观念结合到材料里的,他们的作品成功与否,也是根据这个结合、这个内心的深入来判断它是真正天才的作品还是雕刀和画笔把割裂的观念艰难痛苦地复写到材料上的"①。洪堡特认为语言活动正是这样,它首先是一种类似于艺术创造的个人活动,是把语言形式与语音结合起来形成综合作品的过程。正因为这样,他反复强调语言具有深刻的主观性。

相关性(relativity)是近几十年才出现的语言学术语,但语言的相关性原理却首先是由洪堡特提出来的。它指的是这样一种观点:说话者的语言通过语言系统中可能存在的语法范畴和语义分类,决定着说话者的世界观(或用德语来说是"Weltanshauung"),这种语言系统是说话者同他的本族文化一起继承下来的。②洪堡特提出语言相关性原理的主要依据,就是他所强调的语言主观性。不过,首先提出语言有主观性这一看法的,却不是洪堡特,17、18世纪的一些哲学家早就表述过这种观点了。自柏拉图以来的欧洲语言学有一个传统的观点,即认为语言是世界的事物和存在的观念的简单的、直接的、被动的反映(好像镜子一样),也就是说,认为词是以某种方式直接反映事物的。洛克的看法与此不同,他认为词并不与对象直接相联结,而是与人们关于对象的观念相联系的。这种观念,不同的民族可能

---

① 转引自克罗齐《美学的历史》,王天清译,中国社会科学出版社,1984年,第169页。
② 参阅 R·R·K·哈特曼,F·C·斯托克《语言与语言学词典》,黄长著等译,上海辞书出版社,1981年,第296页。

不同,同一语言共同体内不同的集团,甚至个人之间都可能有差异。他曾说过,一个词好比是几个观念聚集在一起的一个结。后来孔狄亚克也说过,"大家都认为,每一种语言都显示出说这种语言的民族的特性。"由此自然会导出关于语言主观性和语言相关性的认识。洪堡特的语言相关性理论,正是对上述哲学家的有关观点的引申和发挥。他的独特之处是在于,他具体阐述了"语言世界观"的观点。这从下面一段话中可以看得很清楚:"对事物的全部主观知觉都必然在语言的构造和运用上得到体现。要知道,词正是从这种知觉行为中产生的。词不是事物本身的模印,而是事物在心灵中造成的图形的反映。任何客观的知觉都不可避免地混杂有主观成分,所以,撇开语言不谈,我们也可以把每个有个性的人看作世界观的一个独特的出发点。但个人更多地是通过语言而形成世界观……而由于在同一个民族中,影响着语言的是同一类型的主观性,可见,每一语言都包含着一种独特的世界观。"(第70页)由此,"人从自身中造出语言,而通过同一种行为,他也把自己束缚在语言之中,每一种语言都在它所隶属的民族周围设下一道樊篱,一个人只有跨过另一种语言的樊篱进入其内,才有可能摆脱母语樊篱的约束。"(第70页)①

从上面洪堡特对"语言世界观"的阐述中可以看出,他的相关性原理是与民族语言的特性问题紧密相联系的。18世纪末、19世纪初德国的浪漫主义思潮对当时的语言研究曾经产生过明显的影响。浪漫主义者认为每一种语言都有自己的结构,每一种语言都反映民族精神和文化特性。赫尔德因此提出语言和民族之间存在着某种同一关系。洪堡特接受了赫尔德的观点,把相关性原理与浪漫主义思想结合起来,更加鲜明地提出了民族语言与民族精神相等同的看法。

---

① 参阅 H. Aarsleff, "Guillaume de Humboldt et la pensée linguistique des ideologues", dans *La grammaire générale de modiste aux ideologues*. Publcations de l'université de Lille III, 1977。

他认为,语言是形成思想的工具,它表达和陶冶着民族的灵魂。"语言仿佛是民族精神的外在表现,民族的语言即民族的精神,民族的精神即民族的语言,二者的同一程度超过了人们的任何想象。民族精神和民族语言怎样一起产生自我们认识所不可企及的同一个源泉,这对我们来说是一个无法破释的谜。"(第50—51页)他还说,"虽然我们不想去断定上述二者中哪一方占据主导地位,却有必要把民族的精神力量看作真实的解释原则,看作决定着语言差异的实际原因。因为,唯有这种力量才活生生地、独立自主地存在于我们面前,而语言则仅仅是依赖于这一力量的现象"(第51页)。洪堡特认为,正是这种与民族精神融合成一体的民族语言,反映着世界的特殊图像。

就这样,洪堡特从探索语言活动与思维的关系开始,把他对语言主观性以及关于民族语言与民族精神的一致性的认识糅合在一起,形成了他的颇有独特性的语言相关性理论。这一理论提出了语言的主观性和客观性及其相互关系的问题,还提出了语言的差别性与不同语言反映不同的"世界图景"之间的关系问题,是十分有意义的,值得认真地加以研究。然而洪堡特所得出的结论,难以令人信服,因此引起后来学者的不少争论。洪堡特认为,世界的客观性是由语言的主观性所赋予的,不同的"世界图景"是由语言的差别构成的。最终他认为,语言决定思维,语言构成世界。洪堡特最后之所以得出这样的结论,那是跟他对语言、思维与客观现实三者关系的独特理解有关的。洪堡特说,"正如个别的音处在事物和人之间,整个语言也处在人与那一从内部和外部向人施加影响的自然之间。"(第70页)他认为语言是处于人的思维与客观现实之间的一种特殊的中间世界,人和事物的关系完全受语言的制约。这不仅歪曲了语言、思维和客观现实三者之间真实的依从关系,而且夸大了语言的作用。语言是思维的工具,它在人的思维和认识活动所指向的客观现象之间起媒介作用,而不是决定作用,因此说语言构成人的世界观,在理论上显然是站不住脚的。

洪堡特语言理论的另一个重要内容,是关于语言类型分类的理论。随着语言视野的不断发展,欧洲学者对语言结构的多样性的印象日益加深,加上18世纪相继出现的一些自然界类型分类法(如林耐分类法)的影响,18世纪已有一些人提出按照结构类型对语言进行分类的想法。到19世纪初,F·史勒格尔于1808年提出了语言类型二分法,把语言区分为带词缀的语言与带词尾变化的语言。之后,他的哥哥A·史勒格尔又于1818年提出三重类型分类法。他说,"我们地球上不同民族以前和今天所说的语言,可以分为三类:没有任何语法结构的语言、使用词缀的语言和具有屈折变化的语言"①。洪堡特强调语言是一个"有机的整体",认为"结构性是一切语言最一般、最深刻的特点"②,因而他跟史勒格尔兄弟一样,也主张根据语言的结构类型为语言分类。

洪堡特在1822年和1835年的著作中,多次论及语言分类问题。他主要根据作为语法单位的词的占优势的结构状况,把语言分为三种类型,这就是现在大家熟悉的类型三分法:孤立型、粘着型和屈折型。粘着(Agglutination)这一术语就是他首先提出来的。除了这种分类方法外,洪堡特又根据句子结构的类型,提出了一种类型四分法,即一类像汉语这样的语言,语法关系的表达依靠词序或者其他词的添加,一类像梵语这样的语言,语法关系由词形变化表示,一类像美洲印第安语这样的语言,句子的语法关系被编插在一个单词之中,另一类是像土耳其语那样的粘着型语言,语法关系由语言成分的自由组合来表示。此外,洪堡特有时又像F·史勒格尔一样,只承认语言的两种极端的类型,即纯粹的孤立语和高度发达的屈折语,他分别以汉语和梵语为例。他认为世界上其他一切语言可根据它们倾向于孤立型和屈折型的不同程度,依次排列于这两个极端类型之间,形成

---

① 转引自R. H. Robins《语言分类史》,林书武译,《国外语言学》1983年第1期,第34页。
② 转引自兹维金采夫《普通语言学纲要》,第327页。

一个连续的阶梯。由此可见，洪堡特对类型分类的看法并不是很确定的，他提出的几种具体分类法，存在着交叉重叠的毛病。

洪堡特的上述类型分类方法，像史勒格尔兄弟的分类法一样，都是共时描写性的。但洪堡特的看法又有跟史勒格尔兄弟很不一样的地方，那就是他把孤立型——粘着型——屈折型看作一种发展顺序，认为它反映了人类精神向着充分实现人类语言的潜在可能的方向发展和进步的一种过程。在《论语法形式的产生及其对观念发展的影响》(1822)一文中，他对这种发展顺序作过如下说明：第一阶段，语言活动只表示对象，让听者自己去猜测它们的关系。第二阶段，词序逐步固定下来，有些词原来的用法及语音独立性消失，语法关系借助于词序和某些摇摆于具体意义和形式意义之间的词来表示。第三阶段，上述摆动的词变成了词缀，但跟词根的结合尚不牢固，接缝处还很明显；词缀与词根还未成为一个统一体，而只是集合体。到了第四阶段，过程才告完成，词成了一个统一体，语法关系靠屈折变化表示，形式词不再受具体意义的任何扰乱，只表示关系。不过，洪堡特尽管承认共时的不同类型反映着类型发展的顺序，但又拒绝"汉语是最古老的语言，梵语是最晚期的语言"的说法，他一再说明，他所说的语言的连续阶梯，只是语言结构类型的阶梯，而不是具体语言历史发展的阶梯。[1]他认为，人和语言是一起诞生的，语言活动是人类精神固有的特性，原始人类靠神奇的创造能力，一下子创造了语言，不同类型的语言是由不同类型的思维创造力造成的。

洪堡特的类型分类理论的另一个重要特点，是由对语言类型阶梯的认识，引出了类型优劣的看法。尽管他说过，"任何一种语言都不应遭到指责和鄙视，即使是最野蛮的部落的语言，因为每一种语言都是言语活动的自然赋性的表现"[2]。然而他还是坚持认为，作为精

---

[1] 参阅 R. H. Robins《语言分类史》，《国外语言学》，1983 年第 1 期，第 35—36 页。
[2] 转引自 O. Jespersen, *Nature, évolution et origines du langage*, Payot. P. 57。

神活动的工具的语言,不同的类型毕竟是有高低优劣之分的。尽管他承认原始语言形成阶段的个别优点,还特别强调过古汉语有某些特殊的优点(如说古汉语抛弃了一切无用的附属装置,从而使句子跟思想的简单明确的顺序密切对应),但最终还是认为只有屈折语才是最发展、最进步的语言。他提出,在研究语言时,"应揭示出所有能被想到的形式中更好地和语言目的吻合的一个形式",更靠近语言的理想的形式,"真实存在的语言的优缺点应根据它们远离还是靠近这个理想而被评判"。①他的结论是,梵语这样的屈折语言最靠近语言的理想,它们的屈折形式赋予词真正的内部一致,最适合于具体而精确地表达思想。至于被视作处于类型另一极端的汉语,虽说有某些特殊的优点,但终究被他认为是"排斥所有的语法形式"(第311页)的、只靠上下文和词义作为理解句子的基础的语言,因而是比较低级的语言。至于其他语言,洪堡特则拿它们来跟梵语或汉语相比较,从而决定它们的优劣程度。

总的说来,洪堡特从结构特点对语言进行类型分类的研究,从共时描写的角度说,对后来的类型学研究是有推动作用的。但他的把语言类型分为历史的和评价的等级的观点,却是毫无价值的东西。他的语言进化和语言优劣的观点,后来虽经葆朴、施莱歇尔等人进一步发挥,但从未得到验证,纯属缺乏科学根据的推理。作出这种错误推理的原因之一,是洪堡特存在着某种"欧洲中心主义"的偏见,自觉或不自觉地以欧洲语言作为评判的标准。对于这种偏见,后来有不少学者曾提出过批评。例如,萨丕尔就曾尖锐地指出,"实则任何分类只要是从固执的评价观点出发,或者只是为了满足情绪,就自己注定是不科学的……要了解语言的真正内情,就必须清除固执的'评价'"②。

---

① 转引自克罗齐《美学的历史》,第167页。
② 萨丕尔《语言论》,陆卓元译,商务印书馆,1985年,第111页。

以上是洪堡特语言理论的要点。通观洪堡特的语言学论著,除了以上几点之外,还有两点也值得注意:(1)他研究语言的目的是为了更深入地研究人类学。1795年他发表《比较人类学计划》一文,开始显示出对"比较"的兴趣。然而,他所说的"比较"跟当时正在兴起的"历史比较语言学"的"比较"并不是一个意思,他指的是对各种不同类型的语言进行结构比较。洪堡特把语言视作人类精神的特性,认为研究某种语言就是研究某种人类精神,对不同语言的结构进行分析、比较,就可以达到比较各个民族的精神的特点的目的,因此他认为应该把语言研究看作人类学研究的最重要的部分。(2)洪堡特语言理论的哲学背景相当复杂。洪堡特生活在18世纪末和19世纪初的历史转折时期,从早期的教养和所受的影响来看,他基本上是一个18世纪类型的人物。自1788年开始他系统阅读康德的哲学著作,尤其是《纯粹理性批判》一书,曾反复钻研,因此他受康德哲学思想的影响是十分深刻的。他的"语言内部形式"是一种神秘的先天机制,显然根源于康德的先验论。他对语言主观性的强调,以及认为客观世界是由人的主观精神构成的等等,很明显都是来自康德的。此外,他又受到18世纪理性主义,尤其是法国启蒙运动思想家的理性主义的不少影响。同时又接受了19世纪初德国浪漫主义思潮的不少观念。不同的哲学背景形成了他的语言理论观点缺乏应有的一贯性,其中包含着不少犹豫不决和矛盾之处。例如,他一方面强调语言是思维的工具,认为在逻辑思维和语言之间存在着本质上的一致性,另一方面又说语言多样性就是世界观的多样性。同样,在语言的主观性和语言的社会制约性面前,他也常常表现出左右为难的情绪。这些都是他头脑里理性主义和浪漫主义两种思想的矛盾的反映,显示出他在对精神统一的怀念和对语言多样性的确认之间的无所适从。正因为这样,他的语言理论使一些后来的学者常常困惑不解,具有不同思想倾向的学者对之往往有不同的理解。

3. 洪堡特的汉语观

洪堡特在 1826 年前后曾对汉语作过一番相当认真的研究,这跟他的语言学一般理论观点的确立是密切相关的,因此值得专门提出来讨论一下。

洪堡特对汉语的专门研究,起因于他自己的一个学术报告。1822 年 1 月,他在柏林科学院宣读了一篇题为《论语法形式的产生及其对观念发展的影响》的论文,其中谈到词序问题时他说:"单靠词序本身只能生成很少的变化,而且,要想避免一切可能引起歧义的情况的话,就只能表达很少的关系。"①在"语法形式的影响"这一节里谈到汉语时,他说,汉语的"语法关系仅仅由词序或独立的词来表达"②。在他看来,像汉语这样的只靠语序表达语法关系的语言,是不完善的语言,它不能像那些具有丰富的屈折形态的语言那样适应思想的发展。

洪堡特的上述报告发表后,法国皇家学院汉语教授阿贝尔·雷米萨(Abel Rémusat)于 1825 年发表《论语法形式的起源》一文,对洪堡特的观点提出异议。与洪堡特相反,雷米萨认为汉语跟别的语言一样,同样存在着"清楚、稳定而确实的规则",它"可以用跟希腊语一样清晰的方式,表达柏拉图的学说和印度婆罗门玄学的精妙"。③他还进一步指出,像汉语"这样一种语法体系跟别的语言的差别如此之大的语言,如果在对语言的总体考察中被忽略了,那不能不说是一种缺陷"④。他认为像洪堡特这样一位有崇高声望的学者,在探索语言

---

① 洪堡特:《论语法形式的产生及其对观念发展的影响》,见姚小平译《洪堡特语言哲学文集》,第 45 页。湖南教育出版社,2001 年。
② 同上书,第 60 页。湖南教育出版社,2001 年。
③ A. Rémusat, "Sur l'origine de formes grammaticales", *dans Melanges asiatiques*, tome I, 1825, P. 265, Librairie orientale de DONDEY—D—UPRE PERE ET FILS.
④ 同上文,P. 264。

理论时,十分有必要亲自研究一下汉语,而不应轻信几个世纪以来一些西方传教士对汉语的错误看法。他深信洪堡特通过对汉语的研究,一定能发现许多新的、值得思索的材料,可以大大扩大普通语言学的研究范围。洪堡特看到此文后,欣然接受了雷米萨的建议。不久,他就开始认真钻研雷米萨所编的汉语教科书《汉文启蒙》(*Eléments de la grammaire chinoise*)以及《中庸》的法文译注本,研究汉语语法。在后来的几年中,他跟雷米萨等法国汉学家一直通过书信讨论汉语问题。巴黎的几位学者一再请求洪堡特公开发表研究汉语的成果,他最后才同意发表他于 1826 年 5 月写给雷米萨的一封信。在 1826 年第 9 期《亚细亚杂志》(*Journal asiatique*)上首先刊载了这封信的摘要(共 9 页),第二年全信以单行本形式出版,定名为《致雷米萨的信,论语法形式的一般属性和汉语的特性》(*Lettre à M. Abel Rémusat sur la nature des formes grammaticales en général et sur le génie de la langue chinoise en particulier*)。全书共 126 页,正文 93 页,其余为雷米萨写的序言和 22 条评论性注释。在这封长信中,洪堡特全面阐述了他对汉语的认识,特别是对汉语的语法特点进行了深入的分析。此后,在他晚年的巨著《论爪哇岛上的卡维语》的长篇导论中,洪堡特也多次谈到汉语的特性,特别是从类型学角度分析了汉语的结构特点。

通过认真的研究,洪堡特对汉语的看法究竟如何呢?概括地说,主要有下列六点:

(1)认为汉语没有形态,也没有词类。在致雷米萨的信的开头,洪堡特就指出:"我认为可以把汉语跟其他语言的区别归结为基本的一点,那就是,汉语不用语法范畴表示句子里词与词的联系,也不以词的分类作为语法的基础,它是用另一种方式来确定连贯的思想中语言成分间的种种关系的。"[①]他所说的"语法范畴",有时指语法意

---

① G. d. Humboldt, *Lettre à M. Abel Rémusat, Sur la nature des formes grammaticales en général et sur le génie de la langue chinoise en particulier*, 1827, P. 2, Paris, A la librairie orientale de DO—NDEY—DUPRE PERE ET FILS. 下文凡引此书,仅在引文后注页码。

义(主要是词类),有时又指语法形式(主要是表明词类区别的屈折形态),因此,在他看来,汉语是既没有词类,也没有形态的语言。

(2) 认为汉语用来表示词的联系的两种手段,即虚词和词序,并非语法形式的标记。洪堡特认为,"汉语的虚词并不以表明语法范畴为目的的,而只是表示由思想的一个部分向另一部分的过渡"(第38—39页),因此不能像别的语言中的虚词一样,起到弥补屈折变化之不足的作用。他认为汉语词序的作用仅在于显示句中词与词的限定关系(分规定关系和引导关系两种),也并不真正表明词的语法形式。

(3) 认为汉语的语法绝大部分是隐性的,对形式关系的表达采取非语音化的手段。洪堡特并不否定汉语跟别的语言一样也是有语法的,但他认为,"在汉语里,跟隐含的语法相比,明示的语法所占的比例是极小的"(第42页)。他又指出,别的语言一般都采用语音标志作为表达形式关系的手段,而汉语却常常让读者(听者)从词的位置,从意义,甚至从上下文的意思去推断语法变化。

(4) 认为汉语由于缺乏语法形式标记,必然迫使使用这种语言的人进行大量的精神操作。洪堡特指出,"在汉语里,上下文的意思是理解的基础,语法结构常常要从上下文的意思中推导出来。甚至于动词也只能从它的动词意义才可辨认出来。学习希腊语或拉丁语时所使用的方法,即在词典中进行词的研究之前,先进行语法的工作和结构的研究的方法,绝不能应用于汉语的学习。对汉语来说,始终应从词义开始"(第42页)。他认为,尽管汉语表面上看来缺乏语法规则,但实际上讲汉语的人对同一语句的理解还是相同的。不过,汉语往往让读者(或听者)填补大量的中介意思,由此就迫使他们做大量的精神工作。

(5) 认为汉语既有特殊的优点,又有明显的缺点。洪堡特说过,跟别的语言相比,汉语可以它表达思想的方式的单纯、果断、简洁而取胜,在这方面,那些形式十分完美的语言都无法与之媲美。然而,他又强调,"尽管有这一长处,但作为思维的工具,汉语无疑比那些具有与之相对立的一定程度上完善的体系的语言要低级得多"(第65—

66页)。他还认为,汉语的长处"是以牺牲别的更为重要、更为根本的长处的代价而取得的"(第70页)。他得出的结论是:汉语远不如希腊语、拉丁语等西方语言那么完美。

(6) 认为汉语离开了语言发展的常规道路,因而形成了一种特殊的结构。洪堡特相信,一定有某种原因使汉语离开了语言发展的常规道路,并使之走上了一条新的发展道路。但究竟是何原因,他也说不清楚,只说可能跟汉字和汉语的语音结构有关。

由上面的概述可以看出,洪堡特对汉语的观察和分析是相当深入的。正如雷米萨所预料的那样,洪堡特在深入研究汉语的过程中,越来越感觉到汉语的重要性。他在致雷米萨的那封长信的结尾处指出,"汉语显现出来的现象是很值得注意的,仔细地观察这些现象,对语言的比较语法的研究有十分重要的意义……"(第92页)。他这儿所说的"比较语法"(grammaire comparative)跟历史比较语言学家所说的"比较语法"(grammaire comparée)不是一码事,他指的是不同语言的语言结构的对比研究。洪堡特特别有兴趣的是,他感到汉语提供的大量材料,必然会扩大普遍语法研究的领域,有可能引出许多带有普遍理论意义的结果。他的这一看法,对欧洲学者颇有影响,这正是洪堡特汉语研究的最重要的意义。

洪堡特的汉语观,看来既有受欧洲早期汉学家的错误认识束缚的陈旧的一面,也有他自己的某些新的有价值的发现。洪堡特认定汉语没有形态,大致上是指汉语没有形态变化,这应该说是符合汉语的实际情况的。他指出,汉语语法以隐性的居多,走的是与形态变化相对立的非语音化道路,认为缺乏语法标记(或说无标记)是汉语的重要特点,这些看法是颇有启发性的,很值得我们思考。他还认为汉语使用者必须有较多的精神操作,看来也并非没有一点道理。我国学者在谈到汉语的特点时,也常说"意会"、"意合法"等等,意思是说汉语的理解往往要依赖推理,与洪堡特所说的"精神操作"的含义大致是一样的。以上这些观点,触及了汉语的特点,无疑有助于扩大普通语言学的研究领域,因而是有积极意义的。然而,洪堡特根据汉语没有形态变化的特点,得出了汉语没有词类区别的结论,却是继承了西方一些老汉学家的陈旧观点的结果。此外,他的关于汉语完善程度和特殊发展道路的议论,也大都是没有科学根据的臆测,是站不住脚的。在这方面,当时与洪堡特一起讨论汉语特性的一些法国学者就曾对他提出过批评。如雷米萨就曾指出,洪堡特之所以跟某些人一样,把汉语看作不完善的语言,是因为他对语言的完善性形成了一个错误的概念,他完全是以希腊语、拉丁语的形式特点作为判别其他语言完善与否的准则的。①萨西(Silvestre de Sacy)则针对洪堡特认为汉语脱离常规道路的说法,指出他的假设不仅缺乏根据,而且回避了他自己提出的问题。因为,既然像洪堡特认为的那样,汉语缺乏形态的原因是由于汉族人民生来没有把原始的单音节组合成带形态变化的多音节体的习惯,那就有必要进一步追究,为什么只有使用汉语的人民违反了常规,没有走世界各民族遵循的"共同发展道路"呢?对此,洪堡特并没有回答。②由于洪堡特是西方第一个从普通语言学角度深入探讨汉语特点的语言学家,加上他在欧洲学术界的声望很高,因此,上述他的汉语观的积极方面和消极方面对西方汉学家及普通语言学家都产生过一定的影响。

4. 洪堡特的理论引起的反响

丹麦语言学家叶斯丕森曾赞扬洪堡特是"语言学领域里最伟大的思想家之一"③。洪堡特的语言学思想确实博大精深,影响深远。

---

① A·Rémusat, "Observations sur lettre precedante",附于 Humbodt 的 *Lettre à M. Abel Rémusat*……之后。

② S. d. Sacy, "Notice de l'ouvrage intitule: Lettre à M. Abel—Rémusat……", dans *Journal des Savants*, Février et Mars. 1828.

③ O. Jespersen, *Nature, évolution et origines du langage*, Paris, Payot, 1976, P. 56.

不过,值得注意的是,他的理论在同时代学者中的反响却并不大。19世纪初,历史比较语言学在欧洲诞生之后,发展十分迅速,很快就成为西方语言学的主流。洪堡特同时代的语言学家的兴趣,大多集中于对语言的发生学问题的探索上。他们认为,发生学的问题一旦解决了,似乎其他一切问题也就迎刃而解了,因此对洪堡特在语言结构比较方面所进行的开创性工作不感兴趣。

洪堡特的理论的影响,首先是在19世纪中叶语言学中的心理学派的产生和发展过程中开始显示出来的。语言学中的心理学派的创始人斯坦达尔(H. Steinthal, 1823—1899),是洪堡特学术思想的主要继承人之一,他在《洪堡特关于语言哲学的著作》(1848)、《语法、逻辑学和心理学,它们的原理和相互关系》(1855)等论著中,努力阐发洪堡特的理论。他赞同洪堡特的观点,竭力把语言活动和逻辑活动分开,强调语言不属于逻辑学而属于心理学。他和洪堡特一样,认为语言起源问题实质上就是语言本性问题,也就是它在个人精神中的地位问题。他说:"因为民族的精神只存在于个人之中,它离开了个人精神就不复单独存在,所以个人心理能更近似地解释那些既存在于人民精神之中,也存在于个人精神之中的基本过程。"①因此,他主要着眼于分析语言活动的个人心理基础。语言心理学派在俄国的代表人物波铁布尼亚(А. А. Потеъия, 1835—1891)也十分赞赏洪堡特的理论。他非常强调一点,即认为语言是一种活动,在活动过程中不断产生着语言的更新。他把词看作个人精神创造的、无法再现的行为,认为无论是说出或理解一个词,每次都不能具有一个以上的意义。他完全是从心理角度去理解洪堡特所说的语言创造过程的。后来,浮士勒(Vossler)和克罗齐(Croce)在发展他们的唯美主义和理想主义的语言理论时,也是以洪堡特关于语言不是产品,而是不间断的创造活动的观点为基础的。

---

① 见康德拉绍夫《语言学说史》,杨余森译,武汉大学出版社,1985年,第76页。

新洪堡特学派的出现，毫无疑问应该说是洪堡特理论的最深刻的反响。这个学派力图用洪堡特的观点解决"语言与民族"的问题。该学派的代表人物魏斯格贝尔(L. Weisgerber)通过分析具体语言的词汇材料，以语言在认识过程中的作用的问题为中心，寻求解决民族语言学问题的办法。他的核心观点是，语言是一个中间环节，是处于主体和客体之间、人与外界之间的特殊世界。他说："语言不是'结果'，不是完成了的处于平静状态的构成物，而是'活力'，是处在经常活动中的力。语言学家从这样一个原理出发，来确定语言最重要、最本质的功能：语言之所以是精神的构成力量，是因为它从现实和人的精神的前提中形成思维的中间世界，在这一中间世界的精神'现实'中反映出人的有意识的活动。在这里我们谈的是把现实世界'改造'成'精神财富'，这一改造从洪堡(特)那时起，就被看作是语言存在的唯一基础，这一'改造'的结果表现在具体语言的世界观中。洞察语言的世界观对所有类型的语言研究来说，都是使工作富有成效的前提。从这个原则出发，也可以确定今后从运动上研究语言的任务：把语言作为形成文化的力量来研究。因为正是语言是创造人类文化的必要条件，并且是形成文化成果的参与者。这一原则也规定把语言理解为创造历史的力量，因为语言……包括了并在精神上刺激着历史生活的经常体现者——人民。"[①]从这段话可以看得十分清楚，魏斯格贝尔的理论是直接导源于洪堡特的。他全盘接受了洪堡特关于"语言世界观"的观点，并作了透彻的发挥。不过，他不光停留在理论的阐发上，还很注意用具体语言材料来论证自己的观点。例如，他通过分析德语中的星座名称和植物名称，说明现实存在与它在人的意识中的反映这两者并不完全吻合。他认为，原因就在于，在进行认识活动的人和人的认识活动所针对的客体(客观现实)这两者之间，有一个借助于语言而形成的"思维的中间世界"。因此在他看来，有多

---

① 转引自兹维金采夫《普通语言学纲要》第 329 页。

少种语言,就有多少种世界、多少种世界观。魏斯格贝尔的这些看法,引起了不少人的兴趣,也常引起争论。有些人完全赞同他的看法,有些人则持全盘否定态度,也有些人认为他的理论虽然从总体看来是主观唯心主义的,但也有合理的内核。此外,卡西尔(E. Cassirer)的语言理论也属于新洪堡特主义的一部分。卡西尔在三卷本《符号形式的哲学》的第一卷《语言》中,大量引证洪堡特的观点作为立论的依据。他一方面吸收康德的批判哲学并加以扩充,把理性批判改为文化批判,另一方面,他又把文化视为符号功能的总体,认为符号功能包括艺术、宗教、神话、知识、语言等等,其中语言有特殊的重要性。他跟洪堡特一样,也认为每种语言都有一种世界图像。①卡西尔的这种看法,在西方哲学界,尤其在文化哲学研究领域颇有影响。

苏联语言学家绍尔(Р. ШОР)指出,尽管19世纪学者对洪堡特提出的一系列语言矛盾(二律背反)学说并不十分理解,只是接受了与历史比较语言学发展的一般趋势相投合的个别原理,特别是关于语言是个人活动的原则,"但是十九世纪的语言学理论,毕竟是在洪堡特的思想影响下发展起来的"②。苏联另一位语言学家巴赫金在《马克思主义与语言哲学》一书中谈到洪堡特时也说:"可以说,整个洪堡(特)以后的语言学至今仍受到他的一定影响。"③美国著名语言学家萨丕尔也认为,"洪堡特的著作开辟了语言学思想新的前景"④。上述这些评论,都可以证明洪堡特的语言理论所引起的反响是极其深刻的。

---

① 参阅 OLE HANSEN—LØVE, "Larévoluiion copernicienne du langage", *dans l'oeuvre de Wilhelm von Humboldt*, Librairie. Philosophique J. VRIN, 1972, P. 8.
② 见汤姆逊《十九世纪末以前的语言学史》,科学出版社,1960年,第127页。
③ 巴赫金《马克思主义与语言哲学》,张杰译。见《巴赫金全集》第二卷,河北教育出版社,1998年,第391页。
④ 转引自R·Jakobson《二十世纪欧美语言学:趋向和沿革》,顾明华译,见《国外语言学》,1985年第3期,第5页。

第五章 Chapter 5
历史比较语言学的产生和发展

1. 历史比较语言学产生的前提

19世纪初,跟普通语言学研究同时产生的,还有一股更为汹涌澎湃的潮流,那就是历史比较研究。很快形成了一门运用历史比较法研究语言的亲属关系及其历史演变的新学科,即历史比较语言学。这一新学科发展非常迅速,在整个19世纪,几乎一直是西方语言学的主流。

历史比较语言学之所以在19世纪初产生,是由一些前提条件决定的:

首先,前几个世纪,特别是18世纪对语言标本的大量搜集,为历史比较研究准备了具体材料。材料积累得多了,必然会引起排比、分类和研究的兴趣。我们前面已经提到,斯加里谢、莱布尼茨已对欧洲语言作过分类的尝试。马克思曾经指出,在维柯(Vico)的学说中,已有比较语言学的原理(虽然是幻想的)的萌芽,并且一般说来有不少天才的流露[①]。最初的比较研究是从19世纪初对日耳曼语族、罗曼语族、斯拉夫语族内部各种语言的比较开始的,而比较的材料却是前几个世纪的学者逐步累积起来的。比较的观点也早已萌生了。恩格斯在谈到自然科学的发展过程时曾说:"在上一世纪末以前,自然科

---

① 参阅罗森塔尔、尤金编《简明哲学辞典》,生活·读书·新知三联书店,1975年,第654页。

学主要是搜集材料的科学,即研究既成事物的科学,但是在本世纪,自然科学在本质上已成为整理材料的科学,即研究过程、研究这些事物发生和发展、研究那把自然界这些过程结合为一个伟大整体的联系的科学了。"①这里谈的虽然是自然科学,但语言学的发展情况也正是这样。

其次,别的领域,特别是自然科学领域的研究方法输入语言学,引起了语言研究方法的彻底革新。18世纪末、19世纪初是思维方法和研究方法发生急剧变化的时候,当时,一些人文科学和社会科学纷纷从先进的自然科学移植研究方法,历史比较语言学所采用的历史比较法正是由自然科学移植过来的。恩格斯在《自然辩证法》一书的导言中说,在生物学领域,由于从18世纪上半叶开始的有系统的科学旅行和探险,积累了大量的材料,"使得应用比较的方法成为可能而且同时成为必要"②。因而,比较解剖学、比较植物学、比较自然地理学相继诞生。这些新学科因采用比较方法而获得了辉煌的成就。这使不少语言学家着了迷,因而很快把比较法引入了语言学。比较方法的采用,对后来历史比较语言学的迅猛发展来说,具有决定性的意义。正如马克思、恩格斯在谈到比较解剖学、比较植物学和比较语言学时所说的,"这些科学正是由于比较和确定了被比较对象之间的差别而获得了巨大的成就,在这些科学中,比较具有普遍意义"③。同时,19世纪初哲学、社会学和法学等领域开始广泛运用的历史分析方法对语言学也很具有吸引力,很快被吸收为语言研究的一种重要方法。梅耶在谈到研究方法时曾说:"对历史原因进行研究的方法乃是十九世纪所获得的卓有创见的最新成就。在此以前,力学、物理

---

① 恩格斯《费尔巴哈与德国古典哲学的终结》,人民出版社,1959年,第35页。
② 恩格斯《自然辩证法》,见《马克思恩格斯选集》(第三卷),人民出版社,1966年,第500页。
③ 马克思、恩格斯《德意志意识形态》,人民出版社,1961年,第508页。

学、化学用阿基米德、伽利略、牛顿的方法曾获得许多新成果,只是方法本身已经发展到顶点,后来所作的只不过是愈益准确地将它运用于它所能及的一切对象罢了。但是到十九世纪却创造了历史阐释的方法……比较语法只是十九世纪对自然现象和社会现象的历史发展所作的系统研究的一个部分。"① 19 世纪初的语言学,正由于上述比较分析法和历史分析法的引入,才形成了自己独特的研究方法——历史比较法,从而进入了一个崭新的发展阶段。

再次,如果说上述材料和方法的准备,还只能说为历史比较语言学的产生提供了一般前提的话,那么,梵语的发现则可以说是历史比较语言学诞生的直接前提。虽说自 16 世纪起,欧洲人对"婆罗门教的祭神的语言"已开始有粗浅的了解了,但是真正对梵语有所认识,却要等到 18 世纪。18 世纪的许多传教士为了传教的目的,开始学习梵语。他们发现梵语中有许多跟拉丁语相似的词,并指出这两种语言间存在相同的语法结构。

英国东方学家威廉·琼斯(W. Jones, 1746—1794)是欧洲第一个深入钻研梵语的学者。他是加尔各答最高法院的法官,加尔各答"亚洲学会"的创始人。1786 年,他在该学会宣读了一篇题为《三周年演说》的论文,其中说到:"梵语的动词词根和语法形式,同希腊语和拉丁语有着十分明显的亲密关系——不可能是偶然产生的巧合。的确,任何一个语文学家要是把这三种语言仔细考察一番,就会相信它们出于共同的来源,不过这个共同的来源也许不存在了。同样理由,尽管证据不如上述的明显,可以假定峨特语和克尔特语虽然掺杂了很不同的语言成分,也跟梵语来自同一渊源。"②在这里,琼斯已十分明确地提出了研究语言亲属关系的任务了。

琼斯的论文引起了欧洲学术界极大的兴趣。当时在启蒙运动哲

---

① 转引自兹维金采夫《普通语言学纲要》,第 110 页。
② 转引自裴特生《十九世纪欧洲语言学史》,商务印书馆,1958 年,第 18 页。

学和浪漫主义思潮的影响下,许多学者把眼光引向过去,探索各民族的起源和史前史,古代的语言也是系统研究的对象之一。现在既然发现远在印度的梵语跟欧洲的古老语言有亲缘关系,因此自然会引起人们对梵语的好奇。19世纪初,英、法等国已积聚了相当多的梵语材料,尤其是法国巴黎图书馆保存了不少梵语手抄本文献,因此吸引了不少学者去那里学习和研究梵语。德国浪漫主义文学批评家、语言学家弗·史勒格尔(F. Schlegel, 1772—1829)是1803年到巴黎研究梵语的。1808年他出版了一本书,名为《论印度人的语言和智慧》。他写这本书的目的主要是介绍印度文化,但其中不少地方谈到梵语。他说,梵语跟拉丁语、希腊语、德语、波斯语的相似处"不仅存在于大量的共同词根之中,而且展延到这些语言的内部结构,直至语法基础"①。正是在这一著作中,弗·史勒格尔第一次提出了"比较语法"这一术语。他指出,"比较语法可以给我们一个关于语言系谱的焕然一新的知识,它和比较解剖学给自然历史放一异彩有异曲同工之妙"②。

　　欧洲人开始真正认识梵语,对语言学的发展来说,有十分重要的意义。比较语法的创始人葆朴曾说:"由于新的语言世界的发现——即指梵语,我们欧洲语言的研究进入了一个新的时代。"③这是因为,好多世纪以来,欧洲人满足于认为拉丁语是一种变坏了的希腊语,至于其他欧洲语言与希腊语、拉丁语的相似之处,则被解释为是由于拉丁语长期来在欧洲占有文化上的优势的结果。然而,现在出乎意料地在遥远的亚洲冒出了另一种古典语言——梵语,使用这种语言的民族的社会文化状况与操希腊语、拉丁语的民族的社会文化状况是

---

① 转引自 G. Mounin, *Histoire de la linguistique* ..., P. 163。
② 转引自裴特生《十九世纪欧洲语言学史》,第19页。
③ F·葆朴《梵语、禅德语、阿尔明尼亚语、希腊语、拉丁语、旧斯拉夫语、峨特语和德语的比较语法》(靳平妥译),见《语言学译丛》,1960年第2期,第55页。

那样的不同,但这三种语言之间却有许多相同之处,这该如何解释呢?除了假设它们"出于共同的来源"之外,似乎没有什么别的可能。琼斯就是这样说的。这种假设就肯定了语言亲属关系的存在。随后学者们又发现,这种语言亲属关系的假设是可以通过用历史比较法确定的对应关系来证实的:一些现在看来很不相同的语言,通过历史比较的研究,有可能确定它们彼此间的亲缘关系,追溯到一个共同的来源。这就使人们看到了历史比较法的重要性,由此,历史比较语言学就应运而生了。

2. 拉斯克

对历史比较语言学的叙述,从拉斯克开始似乎是比较合理的。这是因为,拉斯克实际上是西方第一个进行语言的比较研究,并取得出色成绩的人。其次也因为,拉斯克的语言学说和研究方法,与18世纪的潮流保持着较多的共同点,从他身上,我们可以更加清楚地看到19世纪与18世纪的区别与联系。

拉斯姆斯·拉斯克(R. Rask, 1787—1832)是丹麦语言学家。主要著作有《冰岛语入门》(1811)、《古代北方语或冰岛语起源的研究》(1814年完稿,1818年出版)以及西班牙语、弗里斯语等十六种语言的描写语法(共十六部)。此外,他还留下了近150册笔记,几乎全是具体语言的描写语法的草稿或提纲。

在拉斯克短暂的一生里所留下的众多学术遗产中,与历史比较语言学有密切关系的,主要是《古代北方语或冰岛语起源的研究》一书。正是这本著作所包含的丰富内容可以充分证明,拉斯克不愧为比较语言学的奠基者之一。这是一部应征之作。1811年丹麦科学院发起一次论文竞选,规定的论题是:"用历史的批判方法,用确切的例证,探讨并说明怎样才能最有把握地推求古斯干的那维亚语的渊源,叙述这个语言的特点,并从古代起,通过中古,(说明)它跟斯干的那维亚语的和日耳曼语的诸方言的关系;正规地规定一些基本原则,而这些语言里的派生和比较应该建立在这些原则上面。"①拉斯克于1814年在冰岛完成了这一应征著作,寄往丹麦科学院,后来得了奖。

从竞选题目看来,丹麦科学院强调"用历史的批判方法",是希望采用不同于上一世纪那样的思辨方法探索语言的渊源。所提的具体要求,则完全是与当时的浪漫主义思潮适应的。拉斯克从冰岛语的研究入手,把冰岛语与欧洲的许多语言进行比较,得出的结论是:冰岛语或古代北方语来源于"古色雷斯语",而由于古色雷斯语的"最古老的和唯一的残余便是希腊语和拉丁语,因此,这两种语言应该认为是冰岛语的来源"②。然而他又指出,希腊语、拉丁语并非冰岛语的决定性来源,更为深刻的来源还须进一步寻找。

拉斯克的这一著作之所以获奖,一方面是由于他对语言亲属关系判断的正确,得出的结论有说服力,另一方面也由于他的著作的内容和结论都是符合时代潮流的。然而,这部著作的真正价值,其实并不在于他所得出的具体结论,而在于他所论述的原理和方法。在探索古代北方语的渊源时,拉斯克重点阐述了语言比较的方法,并以极端敏锐的眼光注意到语音对应的事实,发现了语音转换的规则,这才是最有科学价值的部分。

在该书的绪言中,拉斯克首先指出,比较语言时应特别注意语法对应关系。他说:"……特别不要忘记语法,因为经验证明,词汇对应是极不可靠的。在各族人民相互交际时,非常多的词会从一种语言转到另一种语言,不管这两种语言的起源性质和类型怎样。"③他认为,"语法对应是亲属关系和起源共同性更为可靠得多的标志,因为

---

① 转引自裴特生《十九世纪欧洲语言学史》,第244页。
② 拉斯克《古代北方语研究或冰岛语的起源(绪言)》,周嘉桂译,《语言学译丛》,1900年第2期,第63页。
③ 见《语言学译丛》,1960年第2期,第59—60页。

大家知道,跟其他语言相混杂的语言是极少或者更确切些说是从来也不模仿那种语言的变格和变位形式的,但相反地却宁肯失去自己固有的变格和变位形式。"①不过,他接着指出,注意那些表示最必需的概念、事物的最原始最不可少的词的对应性,同样具有极重要的意义。他说:"一种语言,无论它怎样混杂,只要构成这种语言的基础的最重要、最具体、最不可少和最原始的词跟其他语言的词是共同的,那它就与其他语言一起属于同一个语族。"②拉斯克强调语法对应和最不可少的原始词的对应这两个方面,实质上已经抓住了语言比较方法的核心,由此保证了他的比较工作的科学性。

在讨论"色雷斯语"的一章中,拉斯克又指出:"如果我们从语法和单词的观点出发,把色雷斯语群(它的主体和支裔拥有如许丰富的无上珍贵的古代文化遗产)跟峨特语和立陶宛语来比较,那么,具有丰富知识的考证家便能发现不仅许多单词在形式和意义上有某种程度的相似,并且发现从许许多多的相似点可以归纳出字母转换的法则,两种语言整个的结构也差不多能证明是相同的。"③在这里,尽管跟当时其他语言学家一样,拉斯克也未能将字母与语音明确区别开来,他讲的是"字母转换的法则",但实际上指的是语音转换法则。他明确表示,如果发现两种语言中最不可少的原始词有对应关系,并且数量很多,由此可以归纳出若干语音转换的规则,而且在形式和结构中能看出一些对应来,那么这两种语言间便一定存在着密切的亲属关系。由此可见,拉斯克已清楚地看到语音转换法则对证明亲属关系的重要意义。更为可喜的是,他除了从理论上论证了语音转换法则的重要性外,还在实际分析中第一次指出了不少语音转换条例。在对比色雷斯语(即希腊语和拉丁语)和古北欧语这两个语族时,他曾列举了近400个词的对应关系,并借此提出转换条例,如:

---

①② 见《语言学译丛》,1960年第2期,第60页。
③ 转引自裴特生《十九世纪欧洲语言学史》,第247页。

p > f	希腊语 patér	古北欧语 faðir "父亲"
t > th	希腊语 treĩs	古北欧语 þrir "三"
k > h	拉丁语 cornū	古北欧语 horn "号角"

此外，还有 d > t, g > k, ph > b, th > d, kh > g 等等。

在西方语言学的历史上，拉斯克是第一个认真进行语言比较的人，他对比较的原则和方法已经提出了如此明确而清晰的说明，这实在是难能可贵的。尤其是他的语音转换规则，可以说是语言研究中发现的第一条规律，有极重要的科学价值。可惜，他的著作是用使用范围较小的丹麦语写成的，并且直到1818年才正式出版。只是到了1822年才有人把其中关于"色雷斯语"的一章译成德文，出了个薄薄的单行本。因此他的影响远不如历史比较语言学的另外两位奠基人葆朴和格里木那么大。

仅就《古代北方语或冰岛语起源的研究》而言，拉斯克被视为历史比较语言学的奠基人是当之无愧的。然而这只是他的学术功绩的一个方面，而且恐怕并非主要方面。因此，仅仅把他看作为历史比较语言学的奠基人之一，显然是不全面的。就本性而言，拉斯克实在不是一个历史主义者，而是一个忠诚的理性主义者。他的兴趣并不在于语言的历史，建立历史比较语言学也并非他所追求的目标。他最关心的是语言的结构及系统，一生孜孜不倦地努力于建立一部普通比较语法。不过，他所希望建立的普通语法，并非17、18世纪那种先验的普遍语法。他认为，真正的普遍语法应该"从真实的语言中抽取出来"①。因此他把对各种具体语言的准确描写视为建立普通比较语法的先决条件。他的已经出版的十六部描写语法以及留下的大量手稿，正是为了实现这一总目标而进行的准备工作的一部分。

汤姆逊在谈到拉斯克的理性主义倾向时，曾经说过："拉斯克首先是个系统分类论者。"② 事实确实如此，拉斯克无疑主要是18世纪

---

①② 转引自 G. Mounin, *Histoire de la linguistique ...*, P.171。

类型的学者。他想建立一种系统分类的语言学,在这方面,他明显地受到林耐植物分类法的影响。他说:"语言是一种自然的对象,对语言的认识如同对自然史的认识一样。语言为我们提供了哲学考察的两个对象:1)各客体之间的关系,亦即系统;2)这些客体的结构,亦即生理学。"①因此,他的研究不以探求语言的谱系联系为目的,而是以考察语言的结构和系统为目的。他确实想为语言分类,但他所想的不是语言谱系的类族,而是语言结构的类型。从历史角度看的语言谱系观念,实际上在拉斯克的时代还不存在。拉斯克也研究语言的亲缘关系,但并不是谱系学的亲缘关系,而是结构的亲缘关系,类型学的亲缘关系。

  青年时代,拉斯克确实曾受到浪漫主义思潮的影响,充满着激情去探索斯堪的纳维亚民族的古代史,包括古代语言的历史。正是在这个时候,他写出了那部应征的著作。然而,正如叶尔姆斯列夫所指出的那样,拉斯克的得奖,也就是他的不幸的开始②。由于得了奖,科学院就提供一笔经费,要求他循着当局指定的路线,开始一次以印度为目的地的科学考察,去寻找冰岛语的真正的根源。然而,这对拉斯克来说,却是一次违心的活动。这是因为,拉斯克很快就摆脱了浪漫主义的影响(在书信中他甚至说他厌恶浪漫主义),放弃了语文学和历史学的研究,而努力把自己培养成为一名理性主义的语言学家。他对科学院指定的漫长的旅行并不感兴趣,曾经自荐去一所大学任教。然而当局拒绝了他的要求,敦促他成行。由于他对这次考察索然无味,因此随身携带了大量的书籍,潜心研究他自己感兴趣的问题。一路上走走停停,仅在斯德哥尔摩和彼得堡两地,就各停留了十五个月。实际上,在这次长达七年之久的考察旅行中,他基本上没有

---

① 转引自 L. Hjelmslev, "Commentaires sur lavie et l'oeuvre de Rasmus Rask",见 *POR-TRAITS OF LINGUISTS*, Vol. 1, Indiana University Press, 1967, P. 185。
② 见上引 L. Hjelmslev, "Commentaires sur la vie et l'oeuvre de Rasmus Rask ..."。

按照科学院和同时代学者所希望的那样去进行历史的研究,而是深深地沉浸于普通语法的探索之中。在普通语法这个总题目下,他甚至花大量精力去研究共通语、正字法等等。考察回去后,他没有发表任何有关冰岛语历史渊源的文章,而是一本一本地出版具体语言的描写语法。可悲的是,当时那些同辈学者,在时代潮流的影响下,只希望他成为一名东方学家,并且只以东方学的角度来评判他的论著,而对他花费了大量精力所从事的其他研究成果不屑一顾,这使他十分苦闷。由于在极端不利的条件下所进行的长期旅行几乎耗尽了他的精力,加上许多事情不顺心所造成的极度痛苦,他终于抵挡不住折磨,患了精神迫害妄想症而过早地去世了。

拉斯克的一生,实在是一个悲剧,他的语言学才华和理想得不到同时代人的理解,而终于抑郁早逝。就是在他去世后的长时期里,人们也一直对他充满着误解。大多数学者,包括他的祖国的著名语言学家,如裴特生(H. Pedersen)和汤姆逊(V. Thomsen)等人,都是从他们所处的那个时代的眼光,即历史比较语言学的眼光来判断他的功绩的。只是到了叶尔姆斯列夫发表了长篇评论《评拉斯克的生平和著作》①之后,我们才开始看清他的真实面貌。正是通过叶尔姆斯列夫的评论,我们才看到,拉斯克不仅是历史比较语言学的先驱,而且在语言的描写分析、结构比较方面作出了卓越的贡献。这后一方面长期来被人们误解和忽视了,因此更值得引起我们的注意。

3. 葆朴

弗朗兹·葆朴(F. Bopp, 1791—1867)是德国语言学家。1812—

---

① L. Hjelmslev, "Commentaires sur la vie et l'oeuvre de Rasmus Rask", 最初发表于 *Conférence de l'Institut de Linguistique de l'Université de paris*, 10, 143—157 (1950—1951), Librairie C. Klincksieck, Paris. 又见于 *PORTRAITS OF LINGUISTS*, Vol. 1, PP. 179—195。

1816年,他在巴黎学习波斯语、阿拉伯语、希伯来语和梵语等等,对梵语尤其精通。他是第一个将梵语用来和其他印欧语言进行系统比较的语言学者。1816年出版的《论梵语与希腊语、拉丁语、波斯语和日耳曼语动词变位系统的比较》,就是他在这方面研究的一个重要成果。在葆朴之前,虽然琼斯、F·史勒格尔等人都已确认梵语与许多欧洲语言之间存在着亲属关系,但他们还只是开始发现这种关系,并未进行仔细的比较。真正理解这种比较的普遍意义及其重要性,应该说是从葆朴开始的。索绪尔曾经指出:"葆朴虽没有发现梵语同欧亚两洲的某些语言有亲属关系的功绩,但已看到了亲属语言的关系可以成为一门独立科学的材料。用一种语言阐明另一种语言,用一种语言的形式解释另一种语言的形式,这是以前还没有人做过的。"① 葆朴的研究目标是探索印欧语的原始语言,在写作上述著作的过程中,他用梵语动词的变位系统与希腊语、拉丁语等语言的动词变位系统进行对比,发现用梵语的形式往往可对其他许多语言的形式作出解释,从而创立了比较语法这一新学科。正如梅耶所说的,就像哥伦布寻找通往印度的航道而发现了美洲新大陆一样,葆朴是在探索原始语言的过程中发现比较语法的。不过,葆朴之所以能有这一重要发现,跟梵语的特殊性也很有关系。梅耶在谈到这一点时曾指出,"精通梵语对建立比较语法在两个方面具有决定性的意义:首先,梵语保留了古老的词法和辅音系统,这就使我们对印欧语曾经是怎样的能有个概念,没有这一切,这种语言的许多重要特点,我们将永远无法了解,或者不能清楚地了解。其次,印度的语法学家对这种语言的语音和语法分析得极其详尽……梵语在很大程度上代表了印欧语的语音和词法,因而也在相应的程度上产生了不依赖于希腊理论的印欧语的语法分析,它建筑在观察到的事实的基础上,并足以更

---

① 索绪尔《普通语言学教程》,高名凯译,商务印书馆,1985年,第19页。

新语言学的概念"①。正因为梵语有这些特点,因此在被葆朴引入比较语言学之后,就迅速推动了这一新学科的发展。由于洪堡特的推荐,1821年葆朴成为柏林大学的梵语教授。之后,他不断扩大比较研究的范围,比较更多的语种,比较语言的各种语法形式。1833—1852年间,他出版了三卷本的巨著《梵语、禅德语、阿尔明尼亚语、希腊语、拉丁语、立陶宛语、古斯拉夫语、哥特语和德语的比较语法》。

我们上面说过,探索原始语言是葆朴的主要目的。然而,如何才能弄清原始语言的状况呢?他认为唯一的办法是追溯语法形式的来源。他说过,"探讨语言间的亲属关系不仅本身是个目的,而且也是洞悉语言进化的奥秘的一个手段"②。可见,在他看来,语法比较也应视作探索语法形式的起源和变化的一种手段。葆朴看到梵语比其他欧洲语言保存着更多的原始形式,因此竭力想通过梵语来追溯原始印欧语的最初状态。他指出,"首先需要了解古印度语的动词变位系统,然后将它与希腊语、拉丁语、日耳曼语和波斯语的动词变位加以比较研究,找出它们的同一性,并且认清单一的语言机体的逐渐的阶梯式破坏过程以及以机械的联结代替单一的语言机体的趋向,因而给人造成一种印象似乎这是一种新的机体,但在实际上这里是有旧的但已不易认出的因素的"③。他在三卷本的《比较语法》里,正是这样进行的,即:以梵语为出发点,在与其他许多语言的比较过程中,努力追溯语法形式的发展过程,寻找语法形式的根源。

值得特别注意的是,在语法形式起源的研究中,葆朴曾提出过两种理论观点:

(1) 葆朴坚信,任何语言的句子都是以主语——系词——宾语

---

① 转引自康德拉绍夫《语言学说史》,武汉大学出版社,1985年,第44—45页。
② 转引自裴特生《十九世纪欧洲语言学史》,第254页。
③ 葆朴《论梵语与希腊语、拉丁语、波斯语和日耳曼语动词变位系统的比较》一书的绪言,见《语言学译丛》,1960年第2期,第55页。

的方式构成的,由此他认为,任何动词形式都包含"是"的观念;在任何动词的词尾里,都可找到含有"是"的意义的形式。因此,凡是发现词尾 s,他就认定必然是由词根"是"(梵语 as-,拉丁语 es-)变化而来。例如,对梵语的 adikscam(我指出),拉丁语的 dicsi(我说了),他的看法是:由丧失了独立性的助动词"是"变成的后缀-s-,已被粘附于具有独立意义的动词词根 dik-之上了。要是找不到词尾 s,他就解释说是由于省略的缘故。很明显,这是一种唯理主义的观念,可见葆朴受波尔·罗瓦雅尔唯理语法的影响是很深的。

(2) 葆朴认为,从起源看来,词的屈折形式曾经是一个独立的词。他由此而提出了粘着理论。他提出一种假设:印欧系语言的词最初都是由单音节的词根组成的。词根有两类:一类是动词词根,由这种词根产生了动词、名词和形容词;一类是代词词根,由这种词根产生了代词及最初的前置词、连接词、语气词。他认为现有的词的形式都是由这两类词根粘合而成的,动词词根构成词的具体意义部分,代词词根则是词的屈折形式的来源。

葆朴的粘着理论虽然具有一定的启发性,对后来的学者也产生过一些影响,然而,这一理论终究是一种假设,带有臆测性。尤其因为葆朴的假设并不以语言历史的具体事实的考察为根据,而是从唯理主义的一般概念出发,因而更显得牵强附会,缺乏说服力。可是,葆朴却对自己的研究充满自信,他认为通过对粘着词根的剖析,已接近于发现印欧原始语言语法形式的原始形态了。因此,他在《比较语法》第一版序言中说:"由于我们的语言学眼界的扩展以及对比了有亲属关系的那些现象(这些现象在数千年的过程中是彼此隔开的,但仍然有无可怀疑的亲属关系的痕迹),在大多数情况下语法形式的最初的意义以及语法形式的起源自然就能找到了。"[1]

---

[1] 葆朴《梵语、禅德语、阿尔明尼亚语、希腊语、拉丁语、旧斯拉夫语、峨特语和德语的比较语法》第一版序言,见《语言学译丛》,1960 年,第 2 期,第 55 页。

对葆朴在语法形式起源的研究方面表现出来的神秘主义和乌托邦空想,后来的学者曾有激烈的批评。例如梅耶就曾指出,他的关于语法形式起源的观念是陈旧的,他的理论带有臆测性、投机性。因此,在这一方面,他"是旧观念的信徒,而决不是新学说的创始人"[①]。为了证明这一点,梅耶还拿葆朴跟拉斯克作比较。他指出:"拉斯克没有涉及梵语,在这方面他比葆朴大为逊色,但他指出了相近语言固有的同一性,而没有企图对原始形式作徒劳无益的解释;例如,他满足于确定冰岛语的每一个词尾都能在希腊语、拉丁语中找到,虽然有的明显,有的则不甚明显。故而在这方面他的书比葆朴的著作更加科学,更少陈旧感。"[②]梅耶的批评应该说是击中了葆朴的要害的。科学研究当然免不了会有假设,然而葆朴的假设完全是建立在陈旧的唯理语法的基础之上的,是以逻辑为根据而不考虑语言事实的,因此毫无科学价值可言。

除了形式起源问题之外,葆朴还常常把语言比拟为一种活的有机体,由此引申出语言演变过程中有什么语言形式的创造时期和衰落时期,同样显示出他的语言观的陈旧性。

从理论角度看,葆朴在下述两方面倒还有点新意,值得一提:首先,与同时代的语言学家相比,他是浪漫主义色彩较少的一个。当时德国的不少学者喜欢用"印度——日耳曼语"这一浪漫主义味道很浓的术语,他却在《比较语法》的序言中表示:"我不能赞成印度——日耳曼语这一表述,我不清楚为什么要以日耳曼作为我们大陆所有民族的代表。"[③]其次,葆朴是最早主张划清语言学和语文学的界线的学者之一。梵语,这在当时大多数人的心目中,是通向原始世界的一

[①] 转引自 A·B·捷斯尼切卡娅《印欧语亲属关系研究中的问题》,劳允栋译,科学出版社,1960年,第32页。
[②] 转引自康德拉绍夫《语言学说史》,第49页。
[③] 转引自 G. Mounin, *Histoire de la linguistique* ... , P.178。

把钥匙,也就是说,主要是被当作语文学的工具使用的。然而葆朴在谈到梵语时却说,"对我来说,最重要的,这是语言。……"①。在1833年的《比较语法》序言中他更直截了当地指出,"……在这本书里所谈论的那些语言是为了它们自己即作为一种对象来论述的,而不是作为一种认识手段来论述的"②。这句话无疑是与传统语文学决裂的宣言,意义是很重大的。这是他有别于18世纪学者的主要之点,它标志着"语言学"概念的真正确立,对后来的语言学曾产生过重要的影响。

当然,葆朴的主要功绩还是在比较语法研究的实践方面。尽管他的比较研究很不全面,尤其是对语音对应现象几乎没有触及,但是,他第一个把大量相似相关的语法事实搜集起来,进行详细的比较,从而有力地证明了印欧系语言的亲属关系。尤其重要的是,他把梵语引进了比较领域,从而创立了比较语法,使欧洲语言的研究进入了一个新的时代,这确实是他的一大贡献。现在看来,他的著作的大部分内容已显得陈旧,但是印欧系语言的比较语言研究是在他建立的基础上进行的,例如,狄兹(F. Diez)的《罗曼族诸语言的语法》(三卷,1836—1844)、米克洛斯(F. Miklosich)的《斯拉夫语比较语法》(四卷,1852—1874)、邱斯(J. K. Zeuss)的《凯尔特语法》等等,都是葆朴的研究方法的发展。因此,他的开创之功是不可磨灭的,他的著作在语言学史上将永远保持其应有的地位。

4. 格里木

除了拉斯克、葆朴之外,格里木对历史比较语言学的建立也作出过特殊的贡献。雅各布·格里木(J. Grimm, 1785—1863)也是德国

---

① 转引自 G. Mounin, *Histoire de la linguistique* …, P. 179。
② 葆朴《比较语法》序言,见《语言学译丛》,1960年第2期,第56页。

学者。早年,他深受德国浪漫主义思潮的影响,热衷于收集和研究德国民间故事和传说,跟他的弟弟威廉·格里木一起,先后合编了《儿童和家庭故事》(两卷集,1812—1814)和《德国的传说》(两卷集,1816—1818)。后来转而研究语言,主要从事日耳曼语言的历史研究,先后出版了《德语语法》(四卷集,1819—1837)和《德语史》(两卷集,1848)等重要著作。

从进入语言研究的阶段开始,格里木就十分强调研究民族语言的重要意义。在一篇评论拉斯克的《冰岛语入门》的文章中,他指出,即使是一种最小最被人忽视的方言,也应该被认为是神圣的,应得到尊重,"因为它必然比最为人熟知、最受人赞美的语言具有更多的奥秘"①。他认为,探索语言的奥秘,对了解民族的历史来说有特别重要的作用。在《德语史》中他写道:"有一种比骨骸、武器和墓穴更为生动的东西可以证明民族的历史,那就是它们的语言……就古代史而言,这种保留下来的遗物使我们惶惑莫解,而别的史料又付诸阙如,这时除了详细研究我们的语言和土语亲疏关系中的千丝万缕的联系之外,就再也没有什么办法可以帮助我们了。"②因此他特别强调"从语言研究中取得对于阐明历史的好处"③。在1851年于柏林科学院宣读的《论语言的起源》这篇论文中,他更明确地提出了一个口号:"我们的语言——这同时也是我们的历史。"④同时,从着手研究语言的时候起,格里木就对语言有一种历史主义的理解。在《德语语法》初版序言中,他写道:"语言具有一种天然的特性,那就是不知疲乏的性质……语言的进展是缓慢的,但是也和自然的进程一样不可遏止的。语言在实质上从不停留于静止之中,也很少倒退。"⑤在

---

① 转引自 O. Jespersen, *Nature, évolution et origines du langage*, P. 43。
②③ 转引自汤姆逊《十九世纪末以前的语言学史》,第139页。
④ 格里木《论语言的起源》,张会森译,见《语言学译丛》,1960年第2期,第69页。
⑤ 转引自汤姆逊《十九世纪末以前的语言学史》,第138页。

该书的二版序言中,他又说:"……当有可能把晚近的事实和中古的事实联系起来,把中古的事实和上古的事实联系起来的时候,于是截然的变迁就不存在了。与此同时,我发现了所有同族语之间有着令人惊异的相似之处,也发现了它们之间在此以前从未被发现过的不同之点。我认为,详尽入微地探究并描述这一毫未间断的日益扩展的联系,是一件极为重要的工作。"① 他的四卷本《德语语法》就是以历史主义眼光研究日耳曼族语言的一部开创性著作。他对日耳曼语族的十五种语言的已得到证实的材料(从最古形式起直至现代形式)进行了比较,揭示它们的语音、词法和句法的联系及变化的规律性。由此我们可以看出,从历史发展的角度研究语言,通过语言研究阐明民族的历史,这就是格里木的宗旨,也是他的语言研究工作的主要特点之一。

"语音演变规律"(Lautverschiebung,通常称为格里木定律)的确立,是格里木研究中最突出的成就。实际上,把格里木在《德语语法》中所归纳的语音变化规律称作"格里木定律",是很不公允的。因为格里木之所以能确立这一规律,完全是受了拉斯克启示的结果。《德语语法》第一卷刚完稿时,格里木看到了拉斯克的那本获奖著作,他立即在该书序言中表示,他对拉斯克的分析方法十分欣赏。《德语语法》第一卷初版于1819年,全部是形态学,没涉及一点语音学。由于受到拉斯克语音分析的启发,格里木没有接着写作第二卷,而是回过头来修订第一卷。很快于1822年出版了第一卷的第二版。这一版与初版比较,样子大变,增加的语音分析部分有595页之多,其中特别引人注目的,就是对日耳曼语和其他印欧语之间辅音对应关系的系统描写。

对于辅音的分析,格里木完全是以拉斯克的工作为基础的。前面我们已经提到,拉斯克已经清楚地看到希腊语、拉丁语与古北欧语

---

① 格里木《德语语法》序言,张会森译,见《语言学译丛》1960年第2期,第64页。

之间 p＞f、t＞p、k＞h 等对应关系,并举出了不少词例。格里木所做的工作是:扩充了大量的例子(语种数和词数都大大增加了),加以系统的排比,概括成一个个对应条例,并进而对音变的有条理的性质作出了解释。根据格里木的解释,日耳曼语族母语中自成一体的三组音跟更早的原始印欧语的发音比较,都曾发生过音变,情况如下:

1) 原始印欧语中的浊塞音 b、d、g,变成了日耳曼母语中的清塞音 p、t、k。如拉丁语的 duo("二")、genu("膝"),在古冰岛语中变成 tveir、kné。

2) 原始印欧语中的清塞音 p、t、k,变成了日耳曼母语中的清擦音 f、th、h。如拉丁语的 pater("父")、tu("你"),在古冰岛语中是 faðir、þu。

3) 原始印欧语的送气浊塞音 bh、dh、gh,在日耳曼母语中变成了浊塞音 b、d、g。如梵语的 bhrāter("兄弟"),在英语中为 brother。

也就是说,在格里木看来,这三组辅音的演变情况,有点像绕圈子抢座位游戏(示意图见下一页)。①

框内的音符代表原始印欧语(可以保留了这些音的希腊语、拉丁语为代表),框外的音符代表因音变而出现于日耳曼母语中的音(可以保留了这些音的哥特语为代表)。第三组辅音的演变情况较为复杂一点,早期原始印欧语的送气浊塞音 bh、dh、gh(尚留存于梵语中),在印欧语后期演变成了 ph(f)、th(f)、h(可以希腊语、拉丁语为代表),这组音在日耳曼语中成了 b、d、g。

以上的辅音转换条例,通常称为"第一次辅音转换"。后来,格里木进一步发挥这一原则,进而把三组音在高地德语中的进一步变化

---

① 示意图引自 J. H. Herndon《语言研究二千年》(*Two Thousand Years of Language Study*),支顺福译,见上海外国语学院外国语言文学研究所编《语言学和外语教学资料》,1984 年第 4 期,第 22 页。

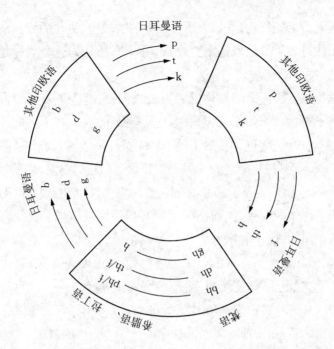

联系起来分析。例如,古冰岛语的 tveir 在高地德语为 zwei;希腊语的 thugater("女儿"),在英语里是 daughter,德语里却是 Tochter。这一由日耳曼母语到高地德语的变化,通常称为"第二次辅音转换"。把"第一次辅音转换"和"第二次辅音转换"连接起来,就可得出下列转换公式:

原始印欧语	p b bh	t d dh	k g gh
日耳曼母语	f p b	th t d	h k g
高地德语	b f p	d ts t	g kh k

格里木在比较过程中发现有些地方与他的公式不完全相符,他常以转借或偶然相似解释。但还有不少例外现象,例如,拉丁语的 t,在哥特语中有时为 þ(th) 有时为 d(如拉丁语的 frater〔兄弟〕→哥特语的 broþar;拉丁语的 pater〔父〕→哥特语的 fadar),究竟是什么缘故,他无法解释。因此他声明这个语音转变虽然是个重要的规律,可

是并没有贯彻始终;有些词停留在古老的阶段上,进化的潮流从它们边儿上流过去了。他跟拉斯克一样,并不坚持认为这个规律是不容许例外的①。

就格里木所提出的具体的转换公式而言,有些地方与语言实际情况并不符合。例如,高地德语中并没有跟希腊语、拉丁语的 p 及哥特语的 f 相对应的 b(如希腊语的 poûs〔脚〕,哥特语为 fōtus,高地德语为 Fuss)。其他地方还有一些别的错误。但总的说来,格里木在这方面所做的工作,是十分有意义的。这是因为,他把所确立的对应理解为语音转换的结果,从而证明了语音变化的规律性。正如布龙菲尔德所指出的,这一规律所涉及的虽说是语言历史事实上的一些细节问题,但其意义却异常重大,"因为由此证明,从整体来看,人类的行为并不完全是随随便便的,而是按照规律进行的……"②格里木所确定的这一语音转变规律所产生的影响是巨大的,后来学者在研究印欧语言的关系时,都不能不以这一规律作为分析的基础。"语音演变规律"的发现,使人们看到了一个崭新的语言学领域,应该说这是格里木对语言学发展的最重大的贡献。

在《德语语法》第一卷的二版序言(1822)里,格里木明确表示拒绝使用一般逻辑概念,因为他认为,逻辑概念尽管似乎可使定义严谨、精确,但却会妨碍观察。他说:"而观察,在我看来,乃是语言研究的灵魂。观察以其事实的确定性使一切理论受到怀疑;谁若是不重视观察,那他在认识语言的难于理解的真意方面就永远不能有什么成就。"③从这段话我们一方面可以看出,格里木对以往几个世纪中那种语法逻辑化倾向并不赞同。同时也可看到,在他的语言研究活动的前期,他对一般语言理论的探索一点没有兴趣,所关心的只是对

---

① 参阅裴特生《十九世纪欧洲语言学史》,第 259 页。
② 布龙菲尔德:《语言论》,商务印书馆,1986 年,第 15 页。
③ 见《语言学译丛》,1960 年第 2 期,第 65 页。

语言事实的详细观察和描写。然而，值得注意的是，在后期，格里木对语言理论问题引起了注意，1851年他在柏林科学院宣读的《论语言的起源》①一文就是最好的证明。对这篇著名论文的观点，我们有必要作点评述。

论文的开头，格里木首先指出了古典语文学的局限性。他说："过去对于古典语言进行研究的性质，关于语言间的相互关系这个问题从来没有作出过——哪怕是偶然的——一般性的和有决定性意义的结论"。他认为，"古典语文学对于理解言语习惯，诗歌艺术和作品内容的范围之外还有哪些因素这一点，是漠不关心的；而在所有比较细致和周密的观察中，几乎只有那些以某种方式有助于建立比较坚实的鉴定文章的规则的观察，古典语文学才认为是珍贵的。语言的内部构造本身很少受到注意……"接着他指出，从19世纪初开始，人们的观点和方向逐渐起了变化，从而使语言学经受了彻底的改造。他特别强调，由于梵语的发现，"使一切在语言的海洋里航行的人们找到了可以据以测定方向的罗盘"，从而使人们眼前出于意外地、异常鲜明地闪现出了一条直接联系着这一印度语言及其亲属语的链条。他还特别指出，语言史的研究收到了惊人的、深刻地揭示问题本质的效果。通过对印欧语所进行的历史研究，可以对人类语言的一般发展途径，以及人类语言的起源等问题提出最详尽的解释。格里木的这些论述，不仅强调了区分语言学和语文学的必要性，指出语言学必须注意研究"语言的内部构造本身"以及语言的历史，而且提出了作出"一般性的有决定性意义的结论"，也就是进行一般理论探讨的重要性，这无疑标志着他对语言学的对象和性质的认识已大大提高了一步。

接着，格里木花了不少篇幅驳斥了那种认为语言是"人的天生的

---

① 格里木《论语言的起源》，张会森译，中译文见《语言学译丛》1960年第2期，第65—70页，下引此文，均见该刊。

本能",或者是"上天启示的结果"的错误观念。他认为,"语言就其发生与发展来看乃是人类后来才获得的,是人类用纯属自然的方式完成的一项发明"。他说,语言是由人们的思维中直接产生的,它适应于思想,于是成了所有人共同的财富和遗产。人们离开了语言就不能生存,就像离开空气就不能生存一样。因此,"语言是最伟大、最崇高和最不可少的财富"。他得出的结论是:"语言是人类的创造物。"格里木强调了语言与思维的密切关系,以此批判错误的"语言天生"、"语言神授"等说法,并证明语言是人类自己创造的,应该说这是有说服力的。

在具体分析语言起源问题时,格里木提出了"语言发展三阶段论"。他设想人类语言发展共经历了三个阶段,"第一阶段——即所谓词根和词的创造、成长与形成阶段;第二阶段——达到完善地步的词尾繁盛的阶段;第三阶段——致力于明达思想的阶段,此时词尾由于不能满足人们的需要,又日益被摈弃"。他认为具体过程可能是这样的:起初,词和思想的联系是原始的,不受任何东西的约束,它们给人清晰明朗和无拘无束的印象,但同时又负荷过重。渐渐地,那种不自觉地起作用的语言精神不再给予次要概念以重大意义,于是次要概念便以一种短缩的、似乎轻便的形式,作为一个共同体的组成部分而附加于基本观念之上。这时,词尾由指向性的活动的限定词的结合中产生出来。到最后,连词尾也衰退了,变为完全的符号了。语言最终失掉了自己的弹性部分,但却获得了表达无限丰富起来的思想的正确手段,从而使词和思想的关系变得更为自觉。

格里木的这一"三阶段"理论,显然是与洪堡特的语言发展观及葆朴的"粘着理论"有联系的。他对语言发展三阶段的划分以及对三阶段渐进过程的描述,就跟洪堡特在《论语法形式的产生及其对观念发展的影响》一文中的看法几乎是一样的。就在对汉语的认识上,他与洪堡特、葆朴也犯了同样的错误,即认为没有词尾变化的汉语是停滞在语言发展的第一阶段。格里木的"三阶段"理论是 19 世纪前半期学者普遍把语言视为与生物一样的有机体这一错误看法所引出的必然结果。不过,他跟同时代学者也有一些不同,他不同意语言衰退论,认为语言"乃是处于永恒的不可遏止的提高状态中"的。不少学者把某些语言中词尾的逐渐丢失视作语言衰退的标志,格里木却有不同看法。他认为,在思想的自由发展看来受到完善而优美的形式的束缚时,语言的灵活性竭力摆脱形式的约束,最终又抛弃了词尾,这应该说是一种进步。他说,"语言的古老的威力由于语言的古老的能力和手段被新的东西所代替,而减少了,但这新的东西的优点同样也是不可低估的",因此,在他看来,语言总是处于前进的过程中。然而,总的说来,正如我们在前面已说过的那样,语言发展阶段论缺乏事实根据,纯属猜测,充满着神秘的色彩,因此是不可信的。

5. 施莱歇尔

在历史比较语言学奠基人拉斯克、葆朴、格里木确立了历史比较法的原则,并在实际应用中取得一系列成果之后,涌现出了一批杰出的语言学家,他们把历史比较法扩大运用于许多语族和许多领域,使历史比较语言学取得了进一步的发展。例如,狄兹(Diez)著《罗曼语族语法》(1836—1838),奠定了罗曼语研究的基础;波特(Pott)著《印欧语词源研究》(1833—1836),开创了科学的词源学研究;库恩(Kuhn)创办《比较语言学杂志》,开展语言古生物学研究,为推动语言的比较研究做了不少工作;古尔替乌斯(Curtius)著《希腊语词源学纲要》(1858)、《希腊语动词》(1873)等书,为填平比较语法和古典语文学之间的鸿沟作出了重要贡献。而曾经对历史比较语言学的发展起过决定性的推动作用的,则是施莱歇尔的理论与实践。

奥古斯特·施莱歇尔(August·Schleicher)1821年2月19日生于德国迈宁根城。早年曾准备攻读神学,后转而研究语文学。1846年起,先后在波恩、布拉格和耶拿的大学任教,1855年起兼任彼得堡科学院通讯院士。施莱歇尔于1868年12月6日去世。他的一生十分短暂,却留下了许多研究著作,最主要的有:《语言比较研究》(1848—1850)、《德语》(1860)、《印欧语比较语法纲要》(1861)、《达尔文学说和语言学》(1863)。他的研究对象主要是日耳曼语、斯拉夫语和立陶宛语,同时也十分重视语言理论的建设。他提出了自然主义语言观,开创了自然主义学派。由于他所提出的理论无论对他自己的研究实践来说,还是对同时代人来说,都产生了很大的影响,因此,对他的评述最好从剖析他的理论观点开始。

施莱歇尔的自然主义语言观主要有以下几方面内容。

(1) "语言有机体"理论

施莱歇尔并非第一个把语言看作有机体的人。19世纪初的一些学者已有类似的看法。F·史勒格尔把语言分为有机语和无机语。洪堡特则说过,"语言就是机体,也应当作为机体而在其内部联系之中来加以研究"[①]。葆朴也接受了洪堡特的"语言机体"这一术语。然而,这些学者所说的"语言机体",大多带有哲学意味。例如洪堡特强调"语言就是机体"的目的,主要是为了反对把语言看成是不变化的构造的错误观点。真正系统地提出"语言有机体"理论的,是施莱歇尔。他是从这一术语的生物学意义上使用这一术语的。施莱歇尔对植物学一直有浓厚的兴趣,特别是达尔文学说产生后,更促使他十分认真地把语言与植物、动物相比。他说:"语言是天然的有机体,它们是不受人们意志决定而形成,并按照一定规律成长、发展而又衰老和死亡。"[②]因为作为语言学的对象的语言是自然有机体,因而他认为,语言学家是自然主义者,他与语言的关系如同植物学家与植物的关系一样,语言学的方法也与其他自然科学方法息息相关。正因

[①] 见汤姆逊《十九世纪末以前的语言学史》,第138页。
[②] 转引自袁杰《奥古斯特·施莱歇尔》,见《国外语言学》,1986年第1期,第44页。

为如此,他认为动物学和植物学中所采用的分类原则,也适用于语言学,因为它们所依据的都是形态学特征。例如,他说自然科学中的属——种——亚种——变种——个体的分类,在语言学中相应的就是语系——同一语系中的不同语言——方言、土语——次方言、小方言——个人的语言。晚年,他把达尔文主义引进语言学后,他的语言生物学理论就更加系统化了。在《达尔文学说和语言学》一书中他提出,达尔文用来解释动植物起源的进化论,完全适用于语言学,甚至生存竞争观点亦可用来解释语言的变化和发展。

施莱歇尔强调语言是自然有机体,他的目的之一是为了突出语言的物质性。然而,他把语言跟生物有机体等量齐观,就从根本上抹杀了语言的社会性。因而,他所采取的实质上是一种庸俗唯物主义的立场,当然不可能正确地揭示语言的特性。

(2) 语言生命的"两个时期"的假说

施莱歇尔说:"语言的生命和动植物等其他机体的生命并没有什么本质上的区别,它和这些有生命的机体一样,都有成长的时期和衰老的时期。在成长时期,它们由简单的结构变成更复杂的形式;在衰老时期,由它所达到的最高点逐渐衰退,它的形式也受到了损害。"[①]他认为,语言发展的上升阶段是在人类的史前时期,从有史时期开始,语言的历史就是一部衰落史。那么,语言发展的最高点在哪儿呢?就印欧语来说,他把他所构拟的印欧"母语"看作最高阶段。按他的想法,进入有史时期后,这一"母语"就连续不断地分化,它的形式结构逐渐解体,也就是说开始不断退化。因此,他把注意力集中于研究"母语"阶段,力图恢复印欧"母语"的原始状况,然后再分析随后的衰退变化。

施莱歇尔的"两个时期"假设,显然是以他的"语言有机体"理论

---

① 转引自康德拉绍夫《语言学说史》,第69页。

为根据的。因为生物有生长时期和衰老时期,因而语言也必然有这两个时期。这种假设,也不是施莱歇尔首先提出来的,洪堡特、葆朴都提出过这种看法。不过由于施莱歇尔热衷于将语言跟生物比较,就使得这一假设更加完整,并且似乎更有根据了。当然这种根据是极端幼稚可笑的。从哲学根源来看,施莱歇尔的"两个时期"假设,是19世纪上半叶德国流行的一种唯心史观在语言学理论中的反映。马克思、恩格斯在《德意志意识形态》一书中曾经指出:"德国人认为凡是在他们缺乏实证材料的地方,凡是在神学、政治和文学的谬论不能立足的地方,就没有任何历史,那里只有'史前时期',至于如何从这个荒谬的'史前历史'过渡到真正的历史,我们没有得到任何解释。不过另一方面,他们的历史思辨所以特别热衷于这个'史前历史',是因为他们认为在这里他们不会受到'粗暴事实'的干预,而且还可以让他们的思辨欲望得到充分的自由,创立和推翻成千成万的假说。"①马克思、恩格斯批判某些哲学家毫无道理地把"史前时期"和"有史时期"对立起来的这一段话,同样可以用来有力地揭露施莱歇尔假说的荒谬性。

(3) 语言发展阶段论

施莱歇尔认为,世界上的语言有着共同发展的道路,各种语言是循着共同的轨道,依照一定的阶段发展的。自然,依据他所提出的"两个时期"假说,这种阶段发展只是史前时期的事。他所说的语言发展阶段,具体地说是认为语言的发展经历了三个阶段。这是以语言类型三分法为根据的。施莱歇尔赞同洪堡特和葆朴的意见,主张把所有的语言分为孤立语、粘着语和屈折语三类。他也同意他们认为一切语言的形式起源都相同的看法。他曾说:"一切比较有组织的语言,例如我们所熟知的印欧语系的祖先,显然都以自己的结构表明

---

① 见《马克思恩格斯全集》第 3 卷,人民出版社,1960 年版,第 32 页。

自己是由简单的形式慢慢发展演变而来的。一切语言的结构都证明它们的最古老形式在本质上是与目前某些结构最简单的语言(例如汉语)所保持的形式相同的。"①生物是由简单的生命细胞,经过各个发展阶段,然后产生了各类物种的。施莱歇尔认为语言也是这样,"一切比较复杂的语言形式都来源于比较简单的语言形式,语言的粘着形式产生于孤立形式,而屈折形式又产生于粘着形式"②。他把印欧"母语"的词根比作具有更复杂的发展和变异潜力的生命细胞。这就是说,在他看来,所有的语言都发端于词根语,然后通过辅助词的粘着,最后发展到高级阶段,即印欧语开始衰落时那样的屈折结构形式。③

我们前面说过,洪堡特已经把语言的三个类型视作语言结构类型的连续阶梯,而施莱歇尔以"语言有机体"理论为根据,就更自然地形成了一种进化类型学。这种语言进化观,虽然无法以语言事实来验证,但作为一种假说,也未尝不可,然而施莱歇尔比洪堡特更为坚持语言类型优劣论,这就必然把这种进化观推到了荒谬的地步。

(4) 语言谱系树理论(Stammbaumtheorie)

施莱歇尔在描述印欧语系时,把整个印欧语系比作一棵树,树干就是他构拟的印欧"母语"(即原始印欧语),支干是各种印欧语,细支就是各种印欧语的现代方言。达尔文曾经说过,语言的演变和生物的演变,两者有很多相似之处。在达尔文的影响下,施莱歇尔把生物学中描绘生物进化类别的树形图引进语言研究领域,就变成了语言谱系树④:

---

① 转引自汤姆逊《十九世纪末以前的语言学史》,第134页。
② 转引自杰格捷列娃《欧洲语言学说简述》,商务印书馆,1958年,第10页。
③ 参阅 R. H. Robins《语言分类史》,周绍珩译,《国外语言学》,1983年第2期,第12页。
④ 此图转引自汤姆逊《十九世纪末以前的语言学史》,第88页。此系施莱歇尔1863年的体系。

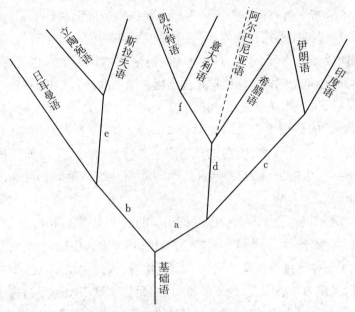

a 亚细亚——南欧语族
b 北欧语族
c 亚细亚语族(印度——伊朗语族)
d 南欧语族
e 斯拉夫——立陶宛语族
f 意大利——凯尔特语族

从图表可见，施莱歇尔把语言的变化看作不断的分化，从他所假定的印欧"母语"(即基础语)起，直至现存的各种印欧语言，似乎是不断地一分为二的过程。

施莱歇尔的谱系树理论第一次明确地提出了关于亲属语言谱系分类(即发生学分类)的问题，他用树形图方法形象而清楚地表达了他对语言相互间的关系的看法。谱系树有一目了然的好处，因此，谱系树理论作为一种解释语言关系的方法是有用的，它对谱系分类的研究确实也起过一定的推动作用。然而，由于这一理论本身包含着根本性的错误，因此终于站不住脚。主要问题在于：施莱歇尔认为，在分权前的某一时期内,语言内部是完全统一的,从分权开始,则完全分裂为两种语言,而且这两种语言似乎从此就没有任何联系,这与语言变化的实际情况并不相符。正是看到了这些明显的缺陷,他的学生施密特(J. Schmidt)很早就对谱系树理论提出了疑义。他在《印欧语言的亲属关系》(1872)一文中指出,在施莱歇尔所说的"母语"时期,实际上已经存在各种方言,因此认为语言的分化起源于统一的母语的观点不能成立。他还确认,每种印欧语都与另外两种印欧语有密切的关系,例如波罗的海语与斯拉夫语和日耳曼语,日耳曼语与波罗的海语和哥特语,这些关系密切的语言之间存在着逐渐的和不易看出的过渡。由此可见施莱歇尔的语言连续分裂观点是缺乏事实根据的,从而促使施密特提出"波浪说"来补充他的老师的谱系树理论。"波浪"模型是由物理学借来的,它把语言形式的扩展视作从某一中心开始的波浪,形成许多同心圆,不断向外传播。"波浪说"的提出,促使人们更加细致地考虑印欧语系各语言之间的各种复杂关系,使人们看清了谱系树理论所带有的幼稚和简单化的毛病,因此是有积极作用的。

由以上几点可见,施莱歇尔的自然主义语言观,带有明显的先验性质,经不起语言事实的检验,因此没有什么理论价值。然而它对后代语言学的影响却不能低估,尤其是经过马克斯·缪勒(M. Müller)《语言科学讲话》一书的通俗而生动的宣传之后,"语言是有机体"等观念在西方曾经流传得很广。

施莱歇尔在语言理论上并没有得出什么积极的成果,但在具体语言的实际研究方面,却做出了出色的成绩。他在《印欧语比较语法纲要》等著作中,对19世纪初以来印欧语言学的研究成果作了系统的总结,改进和完善了研究方法。特别值得注意的是,他创造了构拟方法,把语言的历史比较工作大大地推进了一步。

构拟(reconstruction),亦译"重建"、"重构",是指以留存语言成分的比较为基础,推断共同母语的原始形式的一种方法。构拟的具体方法是，先列出现存的已确定有亲属关系的语言的相关的词的形式，如"马"，梵语为aśva-s，希腊语为hippo-s，拉丁语为equu-s，古英语是eoh，古爱尔兰语是ech，然后通过确定对应关系，把母语中的这个词构拟为*ekwo-s。在构拟的形式前面加*号，表示这并非是有确实历史根据的形式。这种构拟方法，包括在构拟的形式前加星号的方法，是施莱歇尔首创的，他深信用这套方法有可能推导出语言的原始形式。在《印欧语比较语法纲要》里，施莱歇尔用这种方法构拟了印欧"母语"的元音、辅音、词根、词干结构、名词变格、动词变位等等。实践证明，构拟方法确实是一种简明有用的方法，它促使研究者注意语音演变的细节，并把研究结果归纳到构拟的形式中去。同时，有了构拟的形式，也便于说明语言历史演变的情况。正因为如此，构拟方法很快成了历史比较研究中不可缺少的方法。梅耶在谈到这种方法时曾指出，施莱歇尔"采用的方法从那时起就已成为一切语言学家的方法，它支配了后来科学的整个发展"①，可见其影响之深广。

施莱歇尔提出的构拟方法是有用的，但在具体构拟时，他却犯了不少错误。究其根源，主要有以下两点：首先是因为他的"母语"概念从根本上说是错误的。按照他的语言生命的"两个时期"的假说，他把印欧母语阶段看作是语言发展的最高阶段。他认为，此时的语言形式应该是最完整的，未受损伤，未发生销蚀的。这是一个毫无根据的前提。而正是这种错误的假设，居然成了他具体构拟时的一个理论根据。如"母亲"一词，拉丁语为mater，希腊语为mātēr，梵语为mātā（受格为mātaram），立陶宛语的mōtē意为"妇女"，受格是mōter-į。根据这些现存形式，可推测这个词原来大约是*mātē（变格时词干为*māter-）。由这个构拟形式，可解释上述各种语言的形式。可是施莱歇尔却把这个词构拟为*matar-s其中的-s找不到任何历史根据，第二个元音构拟为短元音也没有根据，因为现存形式中都

---

① 转引自康德拉绍夫《语言学说史》，第73页。

是长元音。他为什么这样构拟呢？原因就在于他认定印欧母语的形式必然是最完整的。既然是最完整的形式,那么"母亲"一词的主格就应该包括词干和普通主格的词尾-s。那么,现存形式中为什么不见这个-s呢？他随心所欲地解释说,这是在变化中消失的。至于为什么把第二个元音构拟为短音,他则解释为后来的长元音是由最初的短元音延长而成的。这样的构拟当然无任何科学性可言。其次,施莱歇尔在构拟中之所以常犯错误,也还因为他对构拟的性质的认识是十分模糊的。从构拟所依据的比较材料所能得出的,其实只是语音的对应,正如梅耶所说的,"比较语法的方法所提供的并不是古代口头讲的印欧语的'重建',而是历史上有文献记录的那些语言之间的一种有定的对应系统"①。因此,严格说来,可较精确地构拟出来的,只是较早阶段的某些单个的音。在研究时,我们可把这些通过对等关系构拟出来的个别的声音拼凑成音节或单词,但这实质上只是一种抽象的代数形式,一种公分母。因此,必须在构拟形式之前加 * 号,免得与真实的词形相混。例如,前面所说的"马"的构拟 * eḱwo-s,它在历史上是否确实存在过,是无法证实的。就是对它所含的五个音是否在同一时间存在过这一点,也不得而知。然而施莱歇尔却坚信他有全面恢复"母语"的本领,他甚至用他所构拟的印欧母语编了一则题为"山羊和马"的寓言,刊载在《比较语言学丛刊》上,这真是令人难以想象的事。

6. 历史比较语言学前期的成就和缺点

从 19 世纪初开创比较语法的研究开始,直至 1870 年左右,一般称为历史比较语言学的前期。在这半个世纪左右的时间里,语言研

---

① 转引自莱普斯基《结构语言学通论》,朱一桂等译,中国社会科学出版社,1986 年,第 22 页。

究取得了辉煌的成就。

首先,语言的亲属关系得到了普遍的确认。从拉斯克、葆朴、格里木开始,紧接着有狄茨、波特、施莱歇尔、缪勒等人,他们在分析大量语言材料的基础上,广泛地研究了印欧语系语言的亲属关系问题,取得了无可争辩的成就,这无疑是开辟了"一块富饶的新田地"①。在半个世纪里,一大批学者在这块"新田地"里辛勤地耕耘,大致摸清楚了广泛延伸于欧亚大片土地上的一个语系——印欧语系的情况。对它的一些语族,如日耳曼语族,罗曼语族,斯拉夫语族的比较研究和历史研究,也取得了出色的成绩。

其次,比较方法得到了不断的改进和广泛的运用。历史比较法的产生,在语言学发展史上是一次很大的跃进。拉斯克开始聚集和对比亲属语言的相关材料,指出亲属语言在语音方面存在着对应关系。葆朴则把梵语引入比较范围。由于梵语保存的许多原始特征在不少场合对阐明其他语言极为适宜,因而使历史比较法获得了更为牢靠的基础。格里木对辅音转换规律的阐述,更加证明了历史比较法的重要作用。施莱歇尔使比较方法变得更加严谨。尤其是他开创的构拟工作,第一次把历史比较法推进到史前时期,直至原始语言的研究。比较从而真正变成了一种手段,通过比较,进而构拟,最后达到弄清语言形成的历史过程的目的。

再次,语言学与语文学的分化日益明显,语言学开始取得独立的地位。语言学与语文学的真正分化,是从 19 世纪初开始的。历史比较法的运用和历史比较语言学的确立,引起了语言研究的目的和方法的根本变更。语言并非语文学的唯一对象,而比较语言学家的兴趣却正在研究语言本身。例如,语文学家对早已消亡的哥特语未必有多少兴趣。然而,由于哥特语较为完整地保留了原始日耳曼语的特征,因此在语言学家的眼里,却是大有价值的。比较语言学的几位

---

① 见索绪尔《普通语言学教程》,第 21 页。

奠基人及施莱歇尔等人都十分强调区别语言学与语文学的可能性和重要性。经过他们的努力，语言学终于确立了自身的独立地位。

恩格斯在与杜林争论时，曾批评杜林对葆朴、格里木和狄茨等语言学家缺乏应有的了解，似乎"从来没有听说过近六十年来这样有力地和这样成功地发展起来的全部历史语言学"①。布龙菲尔德也说，由于比较语言学的努力，印欧语的历史比较研究终于成了"十九世纪欧洲科学中主要工作之一，而且是最成功的工作之一"②。可见，19世纪上半叶历史比较语言学的成绩是显著的，是得到公认的。

然而，历史比较语言学前期也存在着一些明显的缺点，最突出的一点就是缺乏可靠的理论基础。"语言是有机体"等观念差不多从一开始就侵入了历史比较语言学的领域，发展到施莱歇尔，就形成了系统的语言生命的"两个时期"和语言发展阶段论等假说。由于对语言的性质及其变化缺乏正确的理解，一段时间里对比较研究的性质和目的也相当模糊。一些学者为比较而比较，并不清楚比较究竟意味着什么。造成这种情况的主要原因是，19世纪上半叶的语言学家，尤其是德国的比较语言学家，在理论方面过于仰仗于时代的哲学和其他科学，缺乏认真概括和独立思考的精神。例如施莱歇尔，在哲学上他是黑格尔的忠实信徒，根据黑格尔的正、反、合三段式，他不顾事实地把许多语言现象也分成三类：语言分三种类型，即孤立语、粘着语、屈折语；基本元音只有三个：a、i、u；辅音也采取三等分制，硬凑成三个一组，即 r、n、m，j、v、s ……同时，他又生搬硬套生物学理论，将语言与动植物相提并论，随意而广泛地使用所谓语言"分裂"原理，推导出语言衰退论等等。所有这些机械唯物主义或唯心主义的理论都在不同程度上给他的实际研究工作造成了损害。

前期历史比较语言学家的另一个比较明显的缺点是，他们的眼

---

① 见《马克思恩格斯全集》第 20 卷，第 346 页。
② 布龙菲尔德《语言论》，第 12 页。

光常常停留在语言的最古阶段,而忽视对活的口语的考察与研究。由于受语言发展阶段论及语言衰退论的支配,他们的研究目标很自然地集中于他们所假定的语言形式发展的最完美的阶段,即所谓印欧"母语"的阶段。葆朴的目的是探溯语法形式的源头,施莱歇尔则要重建"母语"形式。因此,已死的、书面的语言被视为最可靠的根据,越是古的越受重视。正是在这种思想的影响下,梵语在很长的时间里被放在不恰当的位置上,不少学者认为梵语是历史比较中唯一的推论基础,也是构拟母语形式的理想模式。至于各种现代语言和方言,往往被视为"退化的语言"、"腐朽的语言"而得不到重视。由于比较的范围受到限制,毫无疑问会影响到比较的科学性。

上述这些缺陷,给历史比较研究的进一步发展造成了很大的阻碍。因此,到了1870年前的一段时间,历史比较语言学要在原有认识、原有方法下取得进展,似乎已很困难。必须有新的突破才可能有新的发展,而新的突破的到来有待于新人物的出现。

第六章 Chapter 6
青年语法学派

1. 青年语法学派的形成和"宣言"的发表

"青年语法学派"(Junggrammatiker)原来是莱比锡大学里一批跟古尔替乌斯的观点有分歧的学生所用的诨号,1878年勃鲁格曼用来称呼由他和其他几位青年学者发动的一场学术运动,从此就正式成了一个学派的名称。1885年,意大利语言学家阿斯戈里把它译成Neo-grammatici,后来,别的语言大多由这一译法转译。因此,"青年语法学派"又称"新语法学派"。又因这一学派是以莱比锡的一批青年学者为中心形成的,因此亦称"莱比锡语言学派"。该学派的主要成员有德国学者雷斯琴(A. Leskien, 1840—1916)、勃鲁格曼(K. Brugmann, 1847—1919)、奥斯脱霍夫(H. Osthoff, 1847—1909)、保罗(H. paul, 1846—1921)、德尔勃吕克(B. Delbruck, 1842—1922),以及丹麦学者维尔纳(K. Verner, 1846—1896)等人。

青年语法学派形成于19世纪70年代。自拉斯克、葆朴开始的比较研究,虽然确定了不少语音对应关系,也发现了某些语音规律,然而直至施莱歇尔,对语言发展过程的性质仍未能得出明确的认识。到了1870年前后,开始出现新的转机,一批青年学者在语音研究方面取得了新的进展。特别重要的有:阿斯戈里(Ascoli)对印欧语k问题的新解释,维尔纳定律的确立,以及勃鲁格曼、索绪尔等人对印欧系语言元音原始系统的阐述。这些突破使原来显得混乱的印欧语元辅音逐渐理出了头绪,从而使人们对语言发展过程的本质和规律的认识大大前进了一步。这些青年学者的论著反映了对语言性质和研究方法的新认识,形成了一种新的倾向,实际上一个新学派已逐渐形成,这标志着一个新时期的到来。

不过,青年语法学派的正式产生,却是 1878 年的事。事情还得从古尔替乌斯说起。当时古尔替乌斯主编一个杂志,名为《希腊拉丁语法研究》,后来他邀请他的学生勃鲁格曼任副编辑。1876 年编第 9 期时,古尔替乌斯正好外出旅游,因此由勃鲁格曼负责。勃鲁格曼在这一期里编入了他的一篇论文,题为《印度日耳曼基础语的鼻音领音》。古尔替乌斯回来后对编入这篇文章很不高兴,可是当时文章已经印就,无法抽去。最后,他只得在编后记中写了一段话,声明由于他有一段时间不在莱比锡,没能对副编辑的论文发表意见,因此"对他那些不着边际的结论不得不让他单独负责"①。这个杂志出了第 10 期后就停刊了,古尔替乌斯决定另办一种跟勃鲁格曼无关的杂志。勃鲁格曼也与他的朋友奥斯脱霍夫创办了一个刊物,名叫《形态学研究》(*Morphologische Untersuchungen*)。《形态学研究》的创刊号于 1878 年问世,里面刊有勃鲁格曼执笔的一篇"序言"(由勃鲁格曼、奥斯脱霍夫联合署名)。在这篇"序言"中正式用了"青年语法学派"这一名称,提到"青年语法学派的倾向"、"青年语法学派的方法"、"青年语法学派的原则"等等。因此,《形态学研究》的创刊,无疑标志着青年语法学派的正式成立。

《形态学研究》的序言,对老一辈语言学家的观点进行了激烈的抨击,全面阐述了青年语法学派的观点和行动纲领,因此实际上是青年语法学派的一篇宣言。②

勃鲁格曼和奥斯脱霍夫首先指出,相当长的时间以来,人们对人

---

① 见裴特生《十九世纪欧洲语言学史》,第 292 页。
② 《形态学研究》序言的法语译文,见 A. Jacob 所编 *Genèse de la pansée linguistique*(Armand colin, 1973), PP. 127—138。

类语言是怎样存在和发展的,在语言活动中有哪些因素在起作用,以及这些因素怎样影响着语言的逐步发展和改造等等,并无明确的概念。人们只注意研究"语言",而对"说这种语言的人"则漠不关心。他们认为,人类言语机制包含着心理和物理两个方面,近几十年来,由于语言生理学的发展,人们对言语活动的物理方面的研究已有一些进展,然而这一机制的心理方面,却始终未受到重视。由于总的说来对言语机制缺乏研究,尤其是忽视了这一机制的心理方面,给语言的比较研究造成了阻碍。他们说,这正是青年语法学派所要解决的第一个问题。

  勃鲁格曼和奥斯脱霍夫接着指出,以往的比较语言学还有一个更加令人生畏的弊病,那就是始终以重建印欧语母语为中心和主要目的。这样做的后果是,在一切学术著作中,研究的方向总是集中在原始语言这一点上。他们严厉地批判了老一辈比较语言学家把语言发展的晚近时期视作语言的"衰败、毁坏和老化的时代"的错误观点,并提出应该把视线由远古的语言转向现代的语言,转到现代日耳曼语、罗曼语、斯拉夫语的领域里来。他们特别强调,应该注意研究活的民间语言和方言,因为"在一切人民的活的方言中,方言所具有的语音形式通过全部语言材料表现出来,并为使用该语言的成员们在其语言中所严格遵守,而且比从研究古老的、只有通过文字的中介作用才能为人理解的语言中能够见到的要彻底得多,这种彻底性甚至常常反映到极其微细的语音的差别上"[①],因此更易于直接观察和适合于比较方法的应用。他们还十分尖锐地指出,"只有走出那间正在锻造着印欧语母语形式的弥漫着假设的烟雾的作坊,走到可以感到真实性和现代性的新鲜空气中来的人,才能算得上是比较语言学家,才能认识靠枯燥乏味的理论所无法理解的东西。只有那些永远放弃那种过去如此广泛地流行着,至今还如此地护卫着的行事方式(按这

---

① 转引自康德拉绍夫《语言学说史》,第 87 页。

种方式,人们只从纸上考察语言,一切都归结为术语的分类、公式和语法的图解,直至相信,当人们好不容易地为一个事物找到了一个名字之后,也就显示了现象的本质)的人,才有可能对语言的生命及语言形式的转变得出一个正确的看法,并制定方法论的原则。没有这些原则,过去的历史研究只取得了一些不确切的结果。而没有这些原则,要想追溯有历史证据的整个时代,就仿佛在大海上航行而没有指南针"。①

勃鲁格曼和奥斯脱霍夫最后指出:只有这样,一方面研究语言的最近的发展状态和活的方言,一方面具体观察言语活动的心理的和物理的机制,才有可能得到直接的可靠的信息,获得语言生命的真实形象。因此,他们主张毫不犹豫地革新比较语言学的研究方法。而且他们认为,实际上,自薛勒《德语史》(1868)的出版起,这种革新已经开始了。这种革新尽管遭到了一部分固执己见的语言学家的反对,却在一大批青年研究者之间引起了巨大的反响,特别是雷斯琴,经过深思熟虑之后,第一个形成并提出了一系列方法论原则。另外一些青年学者则努力论证和充实他提出的原则。他们指出,青年语法学派所确立的"语音规律无例外"和"类推作用有普遍性"是两个最重要的方法论原则。他们坚信,"只有严密注意语音规律——我们这门科学的主要基础,在进行自己的研究时才会有稳固的立脚点"②。至于类推方法,他们认为是一种能广泛观察心理因素的方式,不仅适用于分析现代语言,也适用于古代、直至最古代语言形式的分析。

以上就是"宣言"的主要论点。由此我们可以清楚地看出,青年语法学派与以往的比较语言学家的根本分歧,是在于对语言本质和语言发展过程的性质有完全不同的看法。该派代表人物在深入研究

---

① 见 A. Jacob 编 *Genèse de la pansée linguistique*,PP. 131—132。
② 转引自捷斯尼切卡娅《印欧语亲属关系研究中的问题》,劳允栋译,第 69 页。

具体事实的过程中,越来越明白,语言并非一个有生长、衰老和死亡过程的独立机体,因此他们坚决摈弃了老一辈学者所提出的"语言有机体"理论,以及与此密切相关的关于语言发展的"两个时期"等无稽之谈。随着对语言性质的看法的根本改变,语言研究的目标和重点也发生了彻底的转变。前期比较学者的兴趣集中于从书面材料探溯语言的最古阶段,目的在于确定印欧语的原始形式,青年语法学派则强调现代语言和方言的重要性,力求尽量精确地观察历史发展中的语言事实,并坚持在分析语言现象时不超过已证实的材料的范围,拒绝对史前时期的无文字记载的语言状况提出任何假设。正如梅耶所指出的,"人们放弃了老的浪漫主义的目标,而严格限制于对事实的实证的研究"①,这标志着一种新的研究方向的开始。应该承认,青年语法学派对老一代学者的错误理论观念的揭露和批判是有力的、正确的。可是,值得注意的是,他们在批判之后,并未能进而提出一种正确的理论来替代之。在"宣言"中他们企图用来代替旧理论的是个人心理——生理主义的语言理论。他们提出了言语机制的两面性,即个体的心理特性和生理特性,认为根据心理和生理原则,就能对语言发展作出圆满的解释。很显然,这种把语言现象完全归结为个人生理——心理活动的个人主义和心理主义观点,也必然成为寻找语言变化的真实原因和规律的新的障碍。

2. 关于"语音规律"

前面已经说过,青年语法学派认为语言的本质有两个方面,即生理方面和心理方面。该学派的创始人之一雷斯琴说,"在一定时期存在的种种语言形式可用两个要素——有规律的语言变化和类推的影

---

① A. Meillet, "Ce que la linguistique doit aux savants allamands", dans *Linguistique historique et linguistique générale*, Tome Ⅱ, Klincksieck, 1951, P. 156.

响——来解释,而且只需要理会这么两个要素。"①下面我们就来分析一下他们所确立的两个原则,首先是关于"语音规律"的原则。

历史比较语言学家对语音规律的认识是有一个过程的。最先是拉斯克发现了语音对应规律,并列出了部分印欧语演变中的辅音转换规则,可以说他已初步发现了语音规律的存在。葆朴不长于语音学,他对语音规律的认识远比不上拉斯克,但他也谈到过语音中的"物理定律"的作用问题,他的意思也就是想指出语言中存在着一定的语言变化规则。格里木在拉斯克的发现的基础上,确立了日耳曼语辅音演变规律(格里木定律),阐明了日耳曼语的辅音系统与印欧系其他语言的辅音系统的历史关系。至此,语音变化规律性的概念已经确立了,这是历史比较语言学发展中的一项重要收获。

历史比较语言学的几位奠基者尽管发现了语音规律的存在,可是他们并没有力图证明这些规律是绝对的。如拉斯克就承认,当辅音处于一个词的内部时,就会出现辅音演变的例外情况。直到施莱歇尔,虽然他曾宣布要"严格地遵守语言规律",但他同时主张规律经常带有无由来的例外。总之,直至 1870 年前后,人们的认识是:语音变化过程中确实存在着规律性的现象,但同时也有许多显著的无规律性实例。例如,就拿施莱歇尔拟定的原始印欧语中的 k 来说,比较一下印欧语系的一些语言,人们就会发现,这个 k 在梵语中有时是 k,有时是 č,有时是 ś,在拉丁语里则是 c(读 k)或 qu,在希腊语中是 k、p 或 t,一切似乎很混乱,谁也不能解释这究竟为什么。因此当时有人提出"没有一个规律是没有例外的"。

进入 19 世纪 70 年代之后,由于语音研究的深入展开,历史比较语言学家对语音规律的认识大大地前进了一步。70 年代初,一些学者开始详细研究语音的性质及其构成方法,积极开展普通语音学的研究,连续获得了许多重要的发现。这些新的发现,其中特别是意大

---

① 转引自汤姆逊《十九世纪末以前的语言学史》,第 144 页。

利学者阿斯戈里在 k 问题(舌后音问题)方面的研究,以及丹麦学者维尔纳所发现的维尔纳定律,使人们对语音规律性的认识发生了根本性的变化。

什么是 k 问题呢？这是指印欧语辅音研究中一个长期来未能解决的难题。葆朴和施莱歇尔都认为,梵语的 k 可以代表原始印欧语的状态,然而我们上面已经提到,后来人们在对比研究中发现,这个 k 在印欧系语言中的对应情况十分复杂,这使大家莫名其妙。阿斯戈里于1870年出版了一本《语言学教程》,其中阐述了他关于 k 问题的新发现。阿斯戈里详细分析了印欧系语言各语族的舌后音对应关系后确定,原始印欧语实际上具有三组不同的舌后音,而不是如葆朴和施莱歇尔所说的那样只有一组。这三组舌后音是:①* k^1,与梵语的 k、希腊语的 p、拉丁语的 qu 相对应,如梵语 katara-s(两个中哪一个),希腊语 pótero-s(两个中哪一个)、拉丁语 quis(谁);②* k^2,与梵语的 ś、希腊语的 k、拉丁语的 c 相对应,如梵语 śatá-m(一百),希腊语 he-katón(一百),拉丁语 centum(一百);③* k^3,与梵语的 č、希腊语的 t、拉丁语的 qu 相对应,阿斯戈里举的例子是梵语的 ča(并且),希腊语的 te(并且),拉丁语的 que(并且)。阿斯戈里发觉,原来问题在于葆朴、施莱歇尔所确定的出发点是不正确的。他们盲目地认为梵语的 k 保持了原始印欧语的状况,没有想到在这一点上梵语跟原始印欧语的状态实际上相距很远,别的一些语言却保持了较多的原始色彩,例如伊朗语在这方面就显得比梵语古老而清楚得多。阿斯戈里确定原始印欧语有三组 k,尽管后来的学者有的同意,有的不同意(认为只有两组),还有人指出,他所举的第三组的例子是错误的,因为梵语 ča 中的 č,其实是 k,因受后面 e 的影响才变成了 č(e 后来又变成了 a),因此问题还不能算彻底解决。然而他的观察和分析有十分重要的意义,他基本上理清楚了印欧语舌后音的对应情况和这些音在印欧语系各语族中发展的规律。此外,人们由此懂得,过去一些并不明白的现象,原来是由于定错了起点,这就启发人们更细心地去研究实际材料,揭示真实状况。

所谓"维尔纳定律"又是什么呢?这是指丹麦语言学家维尔纳所发现的一个语言规律。"格里木定律"确定后,人们发现,这些定律虽然与事实大致是相符的,但也发现了不少例外。例如,按"格里木定律",拉丁语的 t 在日耳曼语中的对应形式应是 þ,但实际上却有时是 þ,有时是 d,如下例:

| 拉丁语 | frāter(兄弟) | pater(父) | māter(母) |
| 哥特语 | broþar(兄弟) | fadar(父) | mōdar(母) |

这类例外,在长时间里使语言学家深感困惑。有一天,维尔纳偶然发现,梵语的 bhrátar(兄弟)和 pitár(父)这两个词的重音的位置不同。这引起了他的注意。他想,日耳曼语中的例外音变是否可能与重音的位置有关呢?后来他搜集了不少例子,果然证实了自己的想法。1875 年他把这方面的新发现写成《第一次辅音变化的一个例外》一文,刊载于《比较语言学杂志》第 23 卷(1876)。在论文中他令人信服地指出,当古印欧语的重音落在非词首的擦音前的元音上面时,原始印欧语的 p、t、k,在日耳曼语中变为清擦音 f、th、h,如果重音落在非词首的擦音之后,那么日耳曼语中与原始印欧语的 p、t、k 相对应的是 b、d、g,例如:

梵语 bhrátar—(兄弟)	pitár—(父)	matár—(母)
拉丁语 frāter(兄弟)	pater(父)	māter(母)
哥特语 brōþar(兄弟)	fadar(父)	modar(母)

因为梵语保存了原始印欧语的重音系统,因此拿梵语跟日耳曼语的形式一比较,就能很清楚地看出这一区别。这种重音系统在日耳曼语言中已消失了 1 500 多年,但通过跟梵语的比较,仍可在辅音的变化中发现它的遗迹。维尔纳的这一发现,消除了许多比较学者的疑问,使人们十分佩服。这一重要发现后来被称为"维尔纳定律"。它揭示了日耳曼语言辅音系统的变化与重音性质的联系,使人们认识

到,语言的各种变化是与多种因素相关联的,问题是要去发现这种联系。

阿斯戈里和维尔纳的发现,当时十分令人振奋。原来似乎无法解释的一些例外,现在发现是很有规律的,这就激励了不少语言学家去努力发现另外许多例外的规律。人们对"语言演变的规律性"这一命题的信心更加充足了。维尔纳在 1872 年的一封信里建议把"没有一个规律是没有例外的"这一老提法改为"没有一个例外是没有规律的","那就是说,曾支配一个语言的规律倘有任何例外的话,这例外一定另有原因"。①1876 年,雷斯琴发表《斯拉夫——立陶宛语和日耳曼语的名词属格》一文,第一次公开提出了"语音规律无例外"的观念。雷斯琴说,"我在自己的研究中是从这样一个原则出发的:保存到我们今天的格的形式决不会是以正在正常地起着作用的语音规律的某个例外为基础的……哪儿要是出现了这样或那样的紊乱,哪儿就一定存在着尚未揭露的别的规律",他并且指出,"若是允许不管怎样的偶然的以及彼此间没有一定关联的例外存在,那实质上就意味着承认我们的研究对象——语言是科学研究所难以对付的对象"。②勃鲁格曼和奥斯脱霍夫在《形态学研究》的"序言"中系统阐述青年语法学派的观点时,最后也归结到这一点上。他们指出:"任何一个语音变化,由于它是机械地发生的,因此都是按照没有例外的规律实现的,那就是说,如果不把方言的分歧计算在内,那么同一个语言集体的所有成员的语音变化总会有相同的方向,并且一切含有在相同的条件下易受变化的语音的词,一定要起变化,没有例外。"③

整个 70 年代和 80 年代,青年语法学派的许多成员都致力于发现和证明语音规律。随着另一些学者在元音系统方面的发现,特别

---

① 参阅裴特生《十九世纪欧洲语言学史》,第 291 页。
② 转引自 C. Normand 等编 *Avant Saussure*, Editions complexe, Bruxelles, PP. 44—45。
③ 转引自捷斯尼切卡娅《印欧语亲属关系研究中的问题》,第 70 页。

是勃鲁格曼对原始印欧语中成音节的鼻音领音(m̥ 和 n̥)的研究,以及索绪尔对印欧语元音的原始系统的阐述,人们对印欧系语言的元音和辅音的状况和演变规律看得越来越清楚了,因此对"语音规律"的存在也更加充满了信心。勃鲁格曼在回答古尔替乌斯等人对"语音规律"观念的批评时曾指出,"没有解释的例外一年一年地减少,对不规则的现象所确立的近乎真实的解释越来越多,这一事实本身就可证明语音发展是彻底的这一原理"①。勃鲁格曼的这段话充分表明,在对大量语言事实进行细致研究的基础上,青年语法学派对语音规律的探索是很有成绩的。然而也应该指出,青年语法学派的代表人物的理论也存在不少模糊之处,这特别表现在他们夸大了语音规律的绝对性。例如,勃鲁格曼认为任何语音变化都是"机械地发生的"。他还说过,语音规律完全是盲目地依照自然的需要起作用的。可见在他看来,语音变化跟物理变化、化学变化具有类似的性质。这故然反映了该学派的成员希望语言学成为像自然科学一样有严格规律性的科学的良好愿望,但也说明他们未能真正摆脱"语言有机体"的旧观念。他们之所以强调语音规律的绝对性,是由于认为语言的变化和发展完全是内在的,除了语言的内部因素(如词的环境)外,不依赖任何其他因素,因而忽视了作为社会事实的语言现象的复杂性。在后来的研究中,特别是经过相当长时间的关于语音规律的争论之后,他们承认,语言规律问题并不像起初想象的那么简单。他们发现,语音演变中实际上存在着各种相互交错的作用,因此最后终于放弃了将语音规律跟自然规律相类比的念头。如德尔勃吕克写道:"我不能同意把语音规律看作自然规律。这些历史的对应显然和化学定律和物理定律毫无共同之点。"②"语音规律"概念的表述也在很大程度上进行了修正,该派理论家保罗在《语言史原理》(1880)中指出,

---

① 转引自捷斯尼切卡娅《印欧语亲属关系研究中的问题》,第73页。
② 同上书,第71页。

"'语音规律'概念不能按我们在物理学或化学中所讲的规律的意思去理解……语音规律并没有说明,在某些普遍条件下,什么现象必须反复产生,它只是确认在一组特定历史现象内部的'同一式样'(Gleich-mab-gkeit)"①,总之,"语音规律——这是用来表示个别语言之间,或者同一语言存在的不同历史时期之间所具有的对应关系的假定公式"②。确认语音规律与自然规律之间存在着根本的区别,以及对"语音规律"定义的修正,这无疑标志着青年语法学派对"语音规律无例外"这一方法论原则的认识大大地深入了一步。

3. 关于"类推作用"

除了语音规律之外,青年语法学派还特别重视关系到语言发展的另一个重要因素——类推作用的问题。

所谓类推作用,是指说话者无意识地依照语言中某些词的形式变更另一些词的形式或创造新词这样一种语言现象。青年语法学派的学者在研究中发现,语音演变的不规则现象的产生是由多种因素造成的,既有外在因素,又有内在因素。外在因素包括隐蔽规律的作用、借词的联想、书面形式对词的语音形式的影响等等,内在因素则主要是类推作用的影响。对类推现象的认识,并非始于青年语法学派,丹麦学者布勒斯多尔夫(J. H. Bredsdorff)和马德维格(J. N. Madvig)早已指出过类推作用对语言变化的重要意义,博杜恩·库尔特内也在1869年写过《波兰语变格中类推作用的几个事例》一文,用具体例子说明了类推作用对形态结构划一的意义。然而,青年语法学派特别推崇薛勒的《德语史》(1868)对类推作用的解释,认为他的类推方法使人们在研究方法上跟过去五十年有了根本的区别,从而

---

① 转引自 *Avant Saussure* (Editions complexe, 1978), P. 62。
② 见汤姆逊《十九世纪末以前的语言学史》,第 150—151 页。

使历史比较语言学的总面貌发生了显著的变化。

薛勒是如何运用类推方法分析语音演变的呢？他发现，有些特别不规则的语音变化很难从音变角度寻找原因，而应该寻求别的办法来解释。例如下面一例：

希腊语　phérō(我负担)　　ei-mi(我走)　　dídō-mi(我给)
梵语　　bhárā-mi　　　　　é-mi　　　　　dádā-mi

这里，表示第一人称的词尾，梵语整齐划一，都是-mi，而希腊语却显得不很规则，既有-mi，又有-o。早期的比较语言学家认为梵语最接近原始印欧语，因此总是以梵语为出发点解释其他印欧语言。于是，上述希腊语的不一致现象就被解释为有些词的-mi词尾失去了，有些词则保留着。然而，薛勒却有不同的看法。他发现，印欧语系语言第一人称直陈式有词尾-mi和-o的区别的，并不只是希腊语，还有一些别的印欧语也存在着这一区别。例如"我负担"，拉丁语为 fero，哥特语为 baira，古爱尔兰语为 *biur(由 beru 变来)，与希腊语的 phérō 相比，词尾显然是同源的。由此他断定梵语的 bhárā-mi 的-mi 词尾不是原始形式，而是由类推(他当时叫作"错误的类推")而产生的。也就是说，很可能是由于受到 ei-mi、dídō-mi 这些词的影响，类推而使得词尾取得了划一的形式。当时不少学者仍受"语言生命的两个时期"这类错误思想的束缚，认为梵语最完整地保持了原始印欧语的形式，其他印欧语则都已进入衰落时期，因此在解释上述现象时很自然地会以梵语作为准则。薛勒重视分析活的语言材料，大胆地用类推原理解释语言形式的变化，显示出了开创精神，使人耳目一新。再说，类推作用也为论证"语音规律无例外"提供了一个有力的根据，因此薛勒的解释使勃鲁格曼、奥斯脱霍夫、维尔纳等人十分钦佩。

青年语法学派的代表人物对类推原则十分重视，竭力主张推广这一原则，在语言发展的各个阶段寻找类推变化。勃鲁格曼和奥斯脱霍夫在"宣言"中强调："既然十分清楚，形式的联想，即用迂回的类推方法构成语言的新形式,在现代语言的生命中起着很大的作用,我们就应该承认,这一语言更新的方式也应无保留地同样适用于古代直至最古时代的语言,而且不只是原则上承认,而是应该承认在任何情况下,不管何时,可适用同样的解释原则。因此当我们看到古代的类推形式与现代一样的广泛,甚至比现代更为广泛,不必感到惊讶。"①保罗的《语言史原理》对类推作用问题也作了详细的阐述,并创造了一种类推作用的数学公式,即一种比例式,如:

$$animus : animi \quad :: \quad senatus : x$$
$$(精神)\quad(animus\ 的属格)\quad(元老院)$$
$$x = senati$$

这一公式称为"保罗比例式",它可用来解释任何类推形式的产生,例如:

$$dáda : dádami \quad :: \quad bhárā : x \quad x = bhárāmi$$
$$dog : dogs \quad :: \quad cow : x \quad x = cows$$

保罗指出,"由于用类推法构成新词就是解一个比例方程式,那么至少必须有适合于列出这类方程式的三个(比例)项"②,比例方程式方可能成立。上述三例均符合此条件,因此可构成类推比例式。若是写成 animus : animi :: mensa : x,因为 mensa 与 animus 在构成上不相类似,mensa 不适合于作为这一方程式的一个比例项,因此这个比例式不能成立。

青年语法学派认为类推是有心理根源的。勃鲁格曼和奥斯脱霍夫在"宣言"中指出,类推是可以广泛观察心理因素的一种方法,并认为斯坦达尔(Steinthal)在其心理学著作(例如《在心理学照耀下的同化和诱变》等文)里已勾勒出了这方面的大致轮廓,因此竭力主张将

---

① 见 *Genèse de la pansée linguistique*, Armand colin. 1973, P. 134。
② 转引自袁杰《赫尔曼·保罗》,《国外语言学》,1987 年第 1 期,第 89 页。

斯坦达尔的心理学观点跟语言史的研究紧密结合起来。保罗在《语言史原理》中也指出,"心理因素是整个文化发展中最本质的因素,是在任何地方都起决定作用的因素,所以心理学是一切人文科学的基础"[1],因此他也特别注意从心理方面解释类推现象。在"保罗比例式"中,":："这一符号就假设比例式的两边是存在着密切的心理联系的。该学派的学者认为,在人的意识中,每个词或形式并不是孤立地存在的,而总是跟别的词和形式互相联系着的。正是这种对同类语法事实的心理联想,产生了语言的类推现象。

总的说来,青年语法学派对类推作用的强调和对类推比例式的运用,给语言史的研究和语言研究方法的改进是产生了良好的影响的。因为,承认了类推在语言变化中的重要作用,就为解释语言变化中许多不规则的现象找到了一条重要途径,同时也使人们得到启发,懂得了对语言史的研究,不能只注意历史事实的探溯,还应依靠理论的分析。

4. 青年语法学派的贡献和缺陷

在历史比较语言学的后期,亦即 19 世纪的最后二三十年中,青年语法学派在理论上和实践上都作出了卓越的贡献。

首先,对语言演变过程的性质的认识有了很大的进步。青年语法学派断然抛弃了"语言有机体"理论和"语言生命的两个时期"的假设,论证了"语音规律"和"类推作用"这两个具有方法论意义的研究原则,使人们对语言变化的研究进入了科学的阶段。特别是对语音规律的认识的不断深入,对历史比较语言学的发展来说是具有决定性意义的。经过一个时期的争论和深入钻研之后,青年语法学派的学者认识到,一种语言的语音规律,是在一定的历史时期、一定的地

---

[1] 转引自杰格捷列娃《欧洲语言学说简述》,商务印书馆,1958 年,第 20 页。

域范围之内和一定的条件下起作用的有规则的语音变化,是对语言变化过程中某种既成事实的公式化的概括。由于对音变规律性有了较为正确的认识,历史比较语言学才获得了可靠的理论基础。

其次,改变了历史比较语言学的研究方向,使之走上了健康的轨道。19世纪上半叶,大多数学者迷恋于抽象的假设,特别是对原始屈折形式的起源怀着浓烈的兴趣,其间充满着许多无根据的臆测。青年语法学派学者则转变为对具体语言历史事实的详尽而周密的比较分析。他们强调研究语言现状,研究日耳曼语、罗曼语、斯拉夫语的具体变化过程。因而,他们在许多印欧语言的语音、形态的研究方面获得了可喜的成绩,并成功地确定了不少具体的语言演变规律。

再次,改变了对原始印欧语的看法,从而也改变了对历史比较法的性质和作用的认识。青年语法学派学者从历史主义的原则出发,认识到在原始印欧语时期就必然存在着方言的区别,同时,现有的保有印欧语原始特征的那些语言材料则有着年代上的不同层次。因此,他们对历史比较法和构拟的作用有比较清醒的认识。他们知道,比较法和构拟只是一种研究手段,通过这些手段可确立亲属语言形式之间的对应关系。因此,他们既不像某些前辈学者那样,为比较而比较,或把比较当成目的,也不像施莱歇尔那样,对构拟原始印欧语的真实形式抱有奢望。

对青年语法学派的变革以及变革所取得的辉煌成就,梅耶在《比较语法发展纲要》中曾作过如下评价:"由于许许多多从最古的语言到现代方言的文献已被着手研究,并且罗曼语比较语法(狄慈、巴黎斯、舒哈尔德)、斯拉夫语比较语法(米克洛希契)、日耳曼语比较语法等已经建立起来,因此逐渐地清除了一种不正确的观念,以为语言学研究的对象不过是解释解释原始的形式,也巩固了探究每一个具体语言的发展过程的企图。对现代语言就其一切形式进行愈益深入的研究,使人们有可能对语言的发展形成一种较正确的观念,把印欧语看作比较古老的,但绝不是原始的语言的见解也开始树立起来。在另一方面,以前用来确定语言史中真实事实的证明方法是不够严谨的,不足以证实印欧语形式的分析是否正确;可是当这些方法使用得越来越严谨的时候,就越容易发现不可能用它们寻找出解释印欧语时代语法形式的证据。在1875年以后的新出版物中,再也看不到这种解释了,因为18世纪的各种观念同比较语法的各种观念之间的联系已经完全断绝了。印欧系语比较语法的对象已再也不是假想的语言的有机时期,再也不是那个我们对它实在没有一点认识的语言形成时期,比较语法仅仅在稍微比较远的过去时间中继续着罗曼语学家、日耳曼语学家、克勒特语学家、斯拉夫语学家和伊朗语学家等等的研究,并且用同样的方法在同样的范围中获得了成果。"① 梅耶的这段话对青年语法学派的贡献作了恰当的概括。事实表明,这一学派的研究工作,对推进语言科学沿着健康的道路发展是起了巨大的作用的。

青年语法学派所暴露出来的缺陷主要有以下三点。

(1) 个人生理——心理主义的语言观。该学派的成员完全立足于个人生理、心理的基点去观察和认识语言,他们不了解语言的社会性质,忽视语言活动所受到的社会制约。他们注意观察实际的、具体的语言,特别强调研究语言的物质表现——语音,这当然是对的。然而,他们把语言仅仅看作个人的生理现象和心理现象,势必陷入主观唯心的泥坑,因而不可能对语言的本质、发展规律等基本问题有正确的认识。

(2) "原子主义"的研究方法。青年语法学派的学者往往以经验主义的眼光看待语言现象,看不到语言的统一性和完整性。他们总是把语言现象分解为一个个孤立的、不相关联的部分,分解为物理的、生理的、心理的东西。他们认为语言的变化也是彼此孤立的个别的变化,其根源则在个人的心理、生理深处。因此他们习惯于经验主

---

① 转引自捷斯尼切卡娅《印欧语亲属关系研究中的问题》,第68页。

义地记录个别语言现象的历史,例如某一变格的历史、某一词的历史,或者列举个别语音或形态的对应关系,建立一些局部的演变规律。这种原子主义的研究方法,显然有损于他们对语言总体的认识。

(3) 狭隘的研究范围。受实证主义的影响,青年语法学派努力追求确实的内容,由于语音最具体、最适合于解释语言的历史演变,因此他们大力推进语音研究。这方面的研究当然是十分重要的。但他们的研究局限于这一方面,而且就语音而言,又主要是依据书面材料研究语音的历史,忽视对语音的系统描写,这就必然把研究的范围缩得很小。此外,他们口头上大声疾呼比较语言学应该"走出那间正在锻造着印欧语母语形式的弥漫着假设的烟雾的作坊",可自己却仍然停留在那些原始印欧语的材料堆里,这也是造成他们的研究范围十分狭隘的一个重要原因。研究范围的局限,加上"原子主义"的研究方法,使他们的研究工作显露出一个明显的弱点,那就是缺乏理论的概括。他们不仅自己不善于概括,相反还把以往的学者得出的概括的理论成果看作是无用的思辨。例如,洪堡特关于语言结构及结构类型的比较等有价值的理论观点都被他们抛弃了。

由于存在这些缺陷,青年语法学派自然不可能完全正确地理解语音规律和类推作用的实质,同时也限制了自身进一步发展的可能性。

5. 同时代学者对青年语法学派的批判

对青年语法学派的批判,早在该学派的兴盛时期就开始了。自 19 世纪 80 年代起,直至 20 世纪初,关于"语音规律"的争论一直在继续着,在争论中有些学者就对青年语法学派所确立的"语音规律"原则提出了异议。20 世纪初,逐步形成了一些新的语言学流派,这些流派有一个共同的特点,即都对青年语法学派的理论和研究方法持批评态度。这标志着以青年语法学派为语言研究的核心力量的时代一去不复返了,同时也预示着该学派的理论与实践将经受一番严峻的考验。对青年语法学派的批判来自好几个方面:以索绪尔为代表的社会学派,强调语言的社会职能,反对青年语法学派把语言视作个人现象;舒哈特、席叶隆、浮士勒等人则从"地理变异"和美学等角度批判青年语法学派的"语音规律"的原则,努力寻找语言研究的新途径。索绪尔的理论,后面有专门论述,这里我们先介绍一下舒哈特等人的观点。

奥地利语言学家舒哈特(Hugo Schuchardt)是第一个严厉批判青年语法学派的人。他是施莱歇尔的学生,但早就对他的老师的"谱系树"理论有不同看法。他提出过一种跟施密特的"波浪论"相接近的语言"地理变异论"。在《民间拉丁语的元音系统》(1866—1868)里,他指出,走遍罗马方言的整个领域,"我们发现,几乎全境内相邻的方言、土语和次土语彼此间都是接近的,由一种过渡到另一种的,即没有明显的界线"。他认为既无法"确定一个方言的分布的领域",也不可能"确定它的一切个别语言特点的分布的领域"[1]。到了80年代初,舒哈特开始强调混合的意义,认为这是语言发展的最重要的因素之一。1884年他说,"语言混合的可能性没有任何的限制;它可以使语言有最大限度的差别,也可以有最小限度的差别。"[2]他断言,没有混合过的语言是不存在的。进而他否定语言系统统一性的概念,认为在每一"个人语言"中,一切词和一切形式都各有自己的历史。在1885年发表的《论语音规律,斥青年语法学派》一文中,他开始全盘否定青年语法学派关于语音规律的论点。他说:"至于说到语音的机构变化(我在这里使用了青年语法学家的术语),我在这些变化中所看到的,不是表现在固定公式中的过程,而是无数动力的漫无止境的和不可思议的表现,在这些动力的背景上还更清楚明显地分出了

---

[1] 转引自捷斯尼切卡娅《印欧语亲属关系研究中的问题》,第227页。
[2] 同上书,第212页。

局部的和个别的力量。"①这就是说,他根本不相信有什么语音规律,他所看到的只是零散的、个别的小变化,而每个小变化的产生都有个人方面的根源。因此他接着说,"如果我终于不能不承认确定不移的概念,那么我宁愿把它应用于零散的语音变化存在的事实,而不愿把它用之于语音规律,因为任何语音变化在一定的阶段上都是零散的"②。后来,在方言研究的影响下,舒哈特又认为研究"词"与"物"的关系有特别重要的意义,并与梅林格(R. Meringer)一起创办了一份《词与物》杂志,因此,"词与物"学派也就成了以舒哈特为代表的那个学派的名称。

舒哈特以"地理变异论"和语言混合的可能性来解释语言变化现象,并非一点不值得考虑。他所提倡的"词与物"的关系的研究也提出了某些有价值的语义学问题。但是他否定语言变化规律的存在的理由,却是不能成立的。值得注意的是,他在批判青年语法学派的观点时,却跟该学派一样,是从主观唯心的立场,以个人主义和原子主义的方法观察和认识语言事实的,这也注定了他的批判不可能站得住脚。

跟舒哈特的理论有联系,然而构成另一个与青年语法学派相对立的派别的,是语言地理学派(亦称方言地理学派)。就在雷斯琴提出"语音规律无例外"的同一年(1876),德国语言学家温克(G. Wenker)在莱茵河地区开始调查方言。他向该地区的所有小学寄去调查表,请教师们把由三百来个词构成的短句译成各地方言。后来,这一调查又扩大到整个德国。他一共收到了44 251份回答。温克原先是青年语法学派的热心支持者,最初他调查方言的目的,是想通过方言事实来证实语音规律无例外这一论题。他想,民族书面语言在各种外来影响下,势必会受到各种干扰的影响而产生不规律的变化,而纯粹的方言,由于没有外来的干扰,想必更能显示出语音变化的规律性来。温

---

①② 转引自捷斯切尼卡娅《印欧语亲属关系研究中的问题》,第74页。

克第一个想出借助地图来阐释语言现象的方法,然而他在自己的地图上却得出了跟青年语法学派完全不同的结论。根据青年语法学派的理论,某一特定的语音变化(例如高地德语的辅音变化)的界线,对于具备同样的语音条件的所有的词来说,应该是同一的。然而在温克的地图上,情况并非如此。看来每个词都有自己的界线,也就是说,特定的语音变化并不存在明显的分界线。例如,辅音变化在高地德语和低地德语之间就存在着若干过渡地带。这实际上就否定了青年语法学派的一个主要论点,即认为一种语音变化,如高地德语的辅音变音,会以同一方式影响所有的词。[①]

在温克之后,瑞士语言学家席叶隆(J. Gillieron)在埃德蒙(E. Edmont)的配合下,在法国展开了更大规模的方言调查工作。埃德蒙于1897—1901年间,记录了法国639个方言点的音,所记的材料由席叶隆汇集于1 920张地图上(即《法兰西语言地图》,1902—1910年出版)。席叶隆的调查侧重于词汇,在他的地图上共列举了一百万词(次)。他特别注重严格确定每个词的细节,显示"词的发展"。席叶隆根据他的方言地图提出了一个著名的论题:"一切词都有它固有的历史"。由此他否定方言(或土语)作为独立的语言单位存在与发展的概念。在席叶隆与蒙然(Mongin)根据《法兰西语言地图》所写的著作《Scier(锯开)一词在南部和东部的罗曼语方言区的演变》(1905)中这样写道:"我们的想法同客观事实相吻合,足以摧毁被称之为土语的这一虚假的语言单位,这个概念指的不过是某个市镇的人或甚至某一群人忠实地保留了拉丁语的遗产而已……这就迫使我们抛弃作为科学活动基础的土语……从而把对词的研究同对土语的研究对立起来。"[②]基于这种认识,席叶隆认为语音规律不过是一

[①] 参阅 B. Malmberg《语言学的新趋势》第三章"方言学与语言地理学",中译文见《语言学译丛》(第一辑),黄长著译,中国社会科学出版社,1979,第151—179页。

[②] 见前引《语言学译丛》(第一辑),第160页。

种虚构,真实存在的只是每个词的单独的语音史。

从温克开始调查方言起,到席叶隆大规模地绘制方言地图,逐步形成了以席叶隆为代表的语言地理学派。该学派的理论实际上是以施密特的"波浪论"和舒哈特的"地理变异论"为基础而形成的。他们批判青年语法学派忽视词源研究和区域概念,主张利用语言地图研究单个词的传播、迁移史。他们否定语音规律的存在,提出了一种语音演变的扩散理论,认为音变并非一下子遍及整个词汇,而是逐渐扩展的。这个学派所创造的语言地图方法以及根据语言地图提出的扩散理论,都是很有启发性的,对阐述语言演变的具体过程来说,有较强的说服力。然而,他们由此主张只研究个别词的历史,并从而全盘否定语音规律的存在,则显然是没有道理的。实际上,方言地图只在过渡地带才出现某些不规则现象,这并不能否定青年语法学派所强调的"语音演变的规律性"这一命题。青年语法学派事实上也考虑到方言间可能存在混合、借用等等情况,从而使语音规律出现某些明显的例外,因此语言地图所显示的在某些缓冲地带所出现的混乱现象,恰好是对"语音规律"原则的补充,可使人们更为具体地认识到语音演变规律的复杂性。布龙菲尔德曾指出,"方言地理学(Dialect Geography)只是肯定了比较研究的结论,就是说,不同的语言演变情况分布在一个区域以内的不同部分"①。事实确实如此,语言地理学派的新发现只能使青年语法学派对"语音规律"的认识更加完善,而绝不可能否定这种规律的存在。

在与青年语法学派相对立的诸学派中,还有一个唯美主义语言学派也值得提一提。该学派的代表人物是德国语言学家和文艺理论家浮士勒(Karl Vossler),他把青年语法学家斥之为"只关心琐碎问题的实证主义者",进行了激烈的批判。

浮士勒是一个彻底的唯心主义者,他公开宣称他的语言学观点

---

① 布龙菲尔德《语言论》,第406页。

的唯心主义性质。因此他首先以自己的唯心主义与青年语法学派的实证主义相对抗。在他的纲领性著作《语言学中的实证主义和唯心主义》(1904)中①,他指出,"唯心主义者在人类智慧中寻找因果原理,而实证主义者则在事物与现象内部去寻找"。在他看来,青年语法学家只知道积累事实,就事实而论事实,这只能导致人类思维的死亡和科学的灭亡,而他则认为应该强调从精神方面去探求语言现象之间的因果联系。他认为青年语法学派所采取的是一种实证主义的研究方法,把语言科学变成了"一片无边无际的墓地……在这块坟地上的墓穴里非常讲究地掩埋着单个的或成群的各种各样的语言尸体,在坟墓上则标明了各种题铭并编排了号码",这样也就破坏了机体的统一性。他则认为应该注意语言事实之间存在的活的联系,在语言形成过程中研究语言。由于他断定"语言就是精神的表现",因此认为"语言科学的任务必须是揭露出作为一切语言形式发生的唯一有效原因的精神"。浮士勒指出,青年语法学家是由音素构成音节,由音节构成词,由词构成句子,由句子而构成言语。他认为这一顺序并不符合实际情况。正好相反,应该是"存在于言语中的精神构成了所有这一切——句子、句子成分、词和音素"。因此,在他看来,修辞学是语言学中最重要的部门,"……跟各种低一级的学科——语音学、形态学、构词法及句法——有关的一切现象,一旦加以记述,就应该在高一级的学科——修辞学——中得到最后的、唯一的、真正的解释。"

浮士勒说过,他所提出的实质上是一种"彻头彻尾唯心主义的语言学体系"。事实正是这样,他的理论体系是唯心主义哲学与洪堡特、克罗齐的某些语言学观点的杂凑。他吸收了洪堡特关于语言是

---

① 下文所引浮士勒的话,均出自《语言学中的实证主义和唯心主义》一文。转引自兹维金采夫《语言学中的美学唯心主义》一文,高慧敏译,见《语言学论文选择》(七),中华书局,1958年。

一种不间断的创造的思想,又采纳了克罗齐认为语言就是表达,而且是"心灵最初的表达"的说法。在这个基础上,他加以唯心主义的发挥,认为任何一种语言变化的直接动因都来自个人的创造行为,来自与风格有直接关系的美学因素。至于个人创造的语言表达方式能否转变为共同的规则,他说,那要看是否适合民族精神的需要,因为"句法规则是以民族的占主导地位的精神特点作基础的"。应该说,浮士勒强调考察语言变化中的美学因素和创造因素,重视语言修辞学,注意研究语言与思维的关系、语言史与文化史的关系等等,都是有意义的。然而,由于他坚持彻头彻尾的唯心主义路线,终于走进了死胡同,在语言学史上没有留下多少积极性的成果。

除了上述三个学派之外,20 世纪 20 年代在意大利还产生了一个"新语言学学派",代表人物有巴尔多利(M. Bartoli)、别尔多尼(G. Bertoni)、朋芳德(G. Bonfante)等人。该学派把上述三个学派的观点熔为一炉,以"过程"、"地域"为主要研究对象,全面反对青年语法学派的理论。但这些"新语言学家"已非青年语言学家的同时代人,因此我们也就不在这儿详细议论他们的新学说了。

在同时代学者的批判过程中,青年语法学派经受了考验。尽管他们的理论经过了多次修正,但他们所提出的语音规律和类推作用这两大原则,还是被同代和后代的大多数语言学家接受了,并且对后来的语言学发展起了很大的推动作用。这不能不说是青年语法学派的重要功绩。

第七章 Chapter 7
现代语言学的开创者——索绪尔

1. 索绪尔的研究活动

西方语言学的发展在20世纪初出现了一个大转折:随着一些新兴学派对青年语法学派的猛烈批判,以历史比较语言学为主流的时期结束了。随之而来的是一个以结构研究为特征的新时期。这一大转折的实现,是由不少语言学家的共同努力所促成的,其中关键的人物是瑞士杰出的语言学家索绪尔。

费尔迪南·德·索绪尔(Ferdinand de Saussure)1857年生于瑞士日内瓦。他的祖父、父亲都是自然科学家。因此,他进入日内瓦大学后,遵照家庭的意愿,起初学的也是自然科学。然而他从小就对语言研究产生了浓厚的兴趣,十四岁时就撰写过一篇题为《论语言现象》的论文,因此很想转学语言学。后来父母终于同意了他的要求,让他到当时欧洲语言研究的中心德国的莱比锡去学习。

索绪尔自1876年至1880年这四年都在德国学习(除了有一段时间去柏林大学外,都在莱比锡大学),其间跟青年语法学派的雷斯琴、勃鲁格曼、奥斯脱霍夫等人常有往来。他二十岁时开始构思一部专著,研究印欧语历史比较中的某些问题,结果于二十一岁时写成了《论印欧系语言元音的原始系统》(*Mémoire sur le système primitif des voyelles dans les langues in-do-européennes*)一书。索绪尔在这一著作中,用系统观念分析印欧语言的古代语音成分,成功地构拟了一个在印欧语言元音的原始系统中起着重大作用的音,解决了印欧语历史比较语音学研究中的一个难题。此书的出版，很快引起了学术界的注意。俄罗斯——波兰语言学家克鲁舍夫斯基（Н. В. Крушевский）于1880年发表一篇评论，提请读者注意该书的重要性，说它"开辟了印欧语语音研究的新道路"[1]。后来，甚至有人把这一著作誉之为"前无古人的历史语言学最出色的篇章"[2]。索绪尔的这一专著之所以受到同行学者的特别注意，是因为它不仅在具体语言事实的分析、构拟方面很成功，而且在指导原则和研究方法方面与青年语法学派有根本的区别，因而具有极重要的理论价值。正如梅耶在《印欧系语言比较研究导论》中所指出的："德·索绪尔的这本著作，不仅总结和确定了以前有关元音系统的发现，它还使一种严整的系统得以产生。这种系统包罗一切已知的事实，并且揭露了许多新的事实，就这个意义上说，它也是一个新的成就。从此以后，无论在哪一个问题上都不容许忽视这样一个原理：每一个语言都构成一种系统，其中一切成分都互相连结着，而且都从属于一个非常严格的总纲。"[3]

在《系统》一书的写作中索绪尔显示了他的语言学天才。接着，他于1880年完成了博士论文《论梵语绝对属格的用法》(*De l'emploi du genitif absolu en sanscrit*，1881年于日内瓦出版)。1880年秋季，他到巴黎大学进修，主要选听布雷阿尔(M. Breal)、达姆斯特泰尔(J. Darmesteter)、哈韦(L. Havet)等人的比较语法、伊朗语文学、拉丁语文学等课程。一年后，特别爱才和乐于提携后进的布雷阿尔就把他在高等研究学校(l'Ecole des hautes études)所担任的课程让给了索绪尔。索绪尔自1881年10月30日起被任命为"哥特语和古高

---

[1] 转引自 G. Redard, "Deux Saussure?" *in Cahiers Ferdinand de Saussure*, 32(1978), P. 32。

[2] 转引自 T. de Mauro《索绪尔〈普通语言学教程〉评注本序言》，陈振尧译，《国外语言学》1983年第4期，第10页。

[3] 转引自捷斯尼切卡娅《印欧语亲属关系研究中的问题》，第104页。

地德语讲师",从此开始了他的教书生涯。根据他的一些学生的回忆可知,索绪尔教学态度十分严谨,怀有一种引导学生从事研究的深刻责任感,因此成绩卓著。后来在法国现代语言学中处于领导地位的几位大师,如帕西(P. Passy)、格拉蒙(M. Grammont)、梅耶等人都受过索绪尔的教导。格拉蒙在 1912 年所写的一篇文章中谈到索绪尔时曾说:"他在高等研究学校的教学诞生了一个真正的学派,即语言学的法国学派。"① 由此可见他在巴黎任教十年所产生的巨大影响。

由于不十分清楚的原因,索绪尔于 1891 年离开巴黎,回到了日内瓦。母校日内瓦大学为他特设了一个教授讲席,自此直至 1913 年去世,他一直在该校任教。在这二十多年的时间里,索绪尔开设过许多课程:梵语、希腊语与拉丁语语音学、印欧语言的动词、希腊方言与古希腊碑文、法语语音学、欧洲地理语言学、英语与德语的历史语法、日耳曼历史语言学、尼伯龙根之歌(Nibelungen)研究等等。而特别重要的,是他于 1907 至 1911 年间曾先后开设了三次普通语言学课程。从所开的各种课程,可见索绪尔研究之深广及其知识渊博的程度。尤其是最后几年的普通语言学课程,索绪尔把各种具体语言事实的研究提高到理论高度加以总结,第一次系统地提出了一个理论体系,包含着极其丰富而深刻的内容。三次课程,从大纲到具体内容,都有大幅度的变动,真可谓呕心沥血。总之可以说,索绪尔的这三次课程,汇聚了他一生钻研的成果,是反映了当时语言研究的最高水平的。索绪尔去世后,他的两位高足巴利(Ch. Bally)和薛施蔼(A. Sechehaye),在里德林格(A. Riedlinger)的协作下,把他三次普通语言学课程所讲授的内容加以整理,编成了《普通语言学教程》一书,于 1916 年出版。《教程》的出版,尽管是在第一次世界大战期间,但还是很快引起了学术界的重视,当时欧美许多著名的语言学家,如梅

---

① 引自 E. Benveniste, "F. de Saussure à l'Ecole pratique des hautes études Ⅵ^e section", *Annuaire*, 1964/1965, P. 27。

耶、格拉蒙、叶斯丕森(O. Jespersen)、舒哈特、布龙菲尔德等人都发表了书评。由于《教程》阐述的许多新观念与青年语法学派的理论和方法迥然不同,因此在最初的一批书评中,欧洲的各国学者大多持保留态度,然而美国语言学家布龙菲尔德却独具只眼,敏锐地看出了索绪尔理论的重要价值。布龙菲尔德不仅曾在《现代语言杂志》(*Modern Langue Journal*)上对《教程》的初版、二版(1922)分别发表过专门评论,而且在其他文章中多次提到他对这一著作的看法。他指出,19世纪"对人类言语的一般性的问题很少或根本不感兴趣",所以索绪尔的普通语言学教程几乎是"一花独放"。他认为,索绪尔的这部专著"为我们奠定了人类言语科学的理论基础",或者可以说"为语言研究的新趋向奠定了理论基础"。①

值得注意的是,索绪尔一生勤于思索,苦心钻研语言理论和语言研究方法,但却很少公开发表研究成果。他生前出版的著作,只有大学时代写作的《论印欧系语言元音的原始系统》和《论梵语绝对属格的用法》这两部。在巴黎的十年,时而发表一些短篇论文,尽管其中不乏独到的见解②,但终究不是系统的研究。回日内瓦之后,他几乎不再公开发表什么作品。如前所述,最完整地阐述他的理论思想的,也是在他去世后影响最大的著作,则是《普通语言学教程》。然而,由于这毕竟不是他本人亲自编定的著作,因而学术界对它的性质和地位曾进行过不少争论。

《教程》刚出版不久,跟索绪尔关系最密切的学生,当时已是法国著名语言学家的梅耶在评论中就说,这是"一本老师没有写也绝不会写的书",它只是"一种瞬间的口头讲授的改编,人们不知道,其间可

---

① 均见雅可布逊《二十世纪欧美语言学:趋向和沿革》,顾明华译,《国外语言学》1985年第3期。
② 索绪尔的单篇论文,均收入《索绪尔科学论著集》(*Recueil des Publications scientifiques de Ferdinand de Saussure*),日内瓦,1922年。

批评的细节,究竟是属于作者还是导源于两位编辑者"①。类似的疑问和批评后来不断出现。然而,由于《教程》中所阐述的一系列理论观点新颖而富有哲理,因而对读者有极大的吸引力,特别是后来经过布拉格学派和哥本哈根学派的吸收和发挥之后,《教程》终于作为一部语言学理论的基本著作而为大多数学者所接受,并日益引起了人们的重视。上世纪30年代和40年代,人们在对索绪尔的理论,尤其是一些二项对立(如符号的任意性、语言和言语、共时和历时等等)的争论中,发现《教程》有不少矛盾之处,从而提出要对《教程》的编辑过程进行重新审查。从50年代初期起,有好几位学者开始认真搜集资料(包括索绪尔的手稿、札记和学生的听课笔记、回忆录等等),仔细分析比较。从50年代中期开始,先后出版了一批专门研究《教程》版本的专著②,其中最主要的有戈德尔(R. Godel)的《索绪尔〈普通语言学教程〉的资料来源》(1957),以及《教程》的莫罗(T. de Mauro)评注本(1967)和恩格勒(R. Engler)评注本(1967—1974)。经过这些学者的严格审查,得出的结论是:《教程》的编者是以当时所知的索绪尔的手稿以及极为详尽的学生笔记(包括6名学生的28本笔记)为根据进行编辑的,尽管对索绪尔的口头讲述进行了剪接、浓缩、润色之类的加工,但基本上是保持了他的讲授的内容实质,忠实地反映了他的思想的,因而是可信的。然而,由于这毕竟是根据几次讲课内容、经过重新组织编纂而成的东西,再说索绪尔的思想始终处于剧烈的变动之中,编者也未必能领会他的每个术语、观点的深刻含义,因而《教程》的有些地方难免显得生硬,甚至前后矛盾,某些方面还出现了跟索绪尔的真实思想若即若离的情况。因此,我们一方面应该肯定《教

---

① A. Meillet, "Compte rendu du cours linguistique générale de F. de Saussure", *Bulletin de la Société linguistique* 20:64, 1916, PP. 32—36.

② 详见拙文《索绪尔研究的新阶段》,《语文现代化》1983年(总第7辑),此文收入笔者《语言理论探索》(文汇出版社,2010年)。

程》在研究索绪尔理论中的重要价值,同时又不能满足于阅读《教程》。除了《教程》之外,还必须直接阅读索绪尔留下的手稿,以及几位索绪尔版本学家的研究专著。只有这样,我们才可能真正全面而深入地掌握索绪尔的语言学思想。

在索绪尔的学术活动中,还有一项内容值得引起注意,那就是他对换音造词现象的研究。换音造词(anagramme)是索绪尔积极从事过的一个研究项目,但却是在他逝世后半个世纪才被人发现的。1960年,戈德尔为两年前由索绪尔的儿子捐赠给日内瓦公共和大学图书馆的两箱索绪尔手稿整理清单,发现其中有99本关于换音造词问题的笔记,此外还有20本关于农神体诗(Vers Satarnien)、26本关于吠陀格律(Métrique Védique)以及18本关于日耳曼传奇的结构的笔记,也跟换音造词研究密切相关。所谓换音造词,是指一种特殊的语言现象,即在一句诗或一系列诗句、乃至整首诗中,某些语音成分环绕着某个隐藏的主题词(上帝或英雄的名字)不断地重复出现。这一新发现的领域,很快引起了人们的注意。首先是日内瓦大学文学系教授、医学博士斯塔罗宾斯基(J. Starobinski),他根据索绪尔的手稿,先后整理发表了一批资料和论文,并于1971年出版了研究专著《词中词〈索绪尔的换音造词研究〉》(Les mots sous les mots, les anagrammes de Ferdinand de Saussure)。紧接着,不少语言学家、文学家和哲学家纷纷投入这一问题的研究和争论。从随后发表的许多研究结果来看,学者们对索绪尔的这项研究有两种决然不同的看法:斯塔罗宾斯基、穆南(G. Mounin)、莫罗等人否认索绪尔的这一研究有什么理论意义,认为这不过是一个失败的尝试;另一些学者则充分肯定这项研究的重要性,尤其是雅可布逊(R. Jakobson),他认为索绪尔的换音造词研究具有特别重要的意义。雅可布逊还发表过一篇论文,题为"关于换音造词问题索绪尔写给梅耶的第一封信"("La première lettre de F. de Saussure à A. Meillet sur les anangrammes")。在此文中,他首次公布了索绪尔1906年7月14日给梅耶的信,并作了详细的评论。雅可布逊认为,"在这些研究中,索绪尔为诗歌语言的研究展示了闻所未闻的前景。他论证了开始讨论一些严格意义上的叠韵之类的细节问题的必要性。"他还认为,在换音造词现象的分析中,索绪尔所关心的,实质上是不同时代、不同诗歌的音义关系问题,因而对"语言学本身"来说有十分重要的意义①。

看来,目前尚难以对索绪尔这项研究的价值作出确切的估计,但不管怎么说,他在这方面留下的大笔遗产,是值得我们重视的,有不少问题很有进一步探索的必要。首先,索绪尔的换音造词研究,是在1906年至1910年之间进行的,这正是他三度开设普通语言学课程的时候。当时他正在反复思索语言理论的体系,但是为了探索换音造词问题,他几乎倾注了课余的全部精力,看来决非心血来潮。其次,索绪尔上普通语言学课时,极少留下手稿,常常因为感到不满意,讲过后就撕毁了。然而在换音造词的研究过程中,他却留下了100多本笔记,其中包括一些精心写作,显然是准备发表的文章底稿,看来也不是偶然的。再说,索绪尔自回日内瓦后,深居简出,几乎与世隔绝,但在换音造词的研究中,却先后五次写信跟梅耶商讨,还曾两次专门写信给意大利著名拉丁语诗人巴斯戈利(G. Pascoli),征询他的看法。由此可见,他对这项研究极其重视,并且特别认真,这也不容忽视。因此,我们很有必要把他研究换音造词问题的大量手稿,跟他所讲授的普通语言学理论联系起来分析比较,以求更加全面地认识索绪尔的形象和理论,确定他在语言学史上应有的地位。

英国语言学家莱昂斯(J. Lyons)曾说:"如果有谁堪称现代语言学的开创者的话,那一定是伟大的瑞士学者费尔迪南·德·索绪尔……当代有许多不同的语言学流派,但所有这些流派都直接或间接地受到索绪尔《教程》一书的不同程度的影响。"②莱昂斯的这段话

---

① 详见 R. Jakobson, *Questions de poétique*, 1973, Paris, PP. 194—201。
② J. Lyons, *Linguistlque générale*, Librairie Larousse, 1970, P. 32。

是很有代表性的。大多数现代语言学家都有类似的看法,即认为索绪尔一生的语言研究活动,开创了语言学史上的一个新纪元。语言学的现代理论,是从 19 世纪初开始逐渐形成的,洪堡特、辉特尼(Whitney)可以说是这方面的先驱者,但只有到了索绪尔,才真正创立了现代语言学。正因为如此,索绪尔的语言理论在语言学发展史中占有特别重要的地位。

2. 索绪尔语言理论的要点

索绪尔关于语言和语言学的理论十分丰富,其主要内容可概括为以下六点。

(1) 语言符号的任意性

最初,索绪尔把语言符号定义为概念和音响形象的结合。他不同意日常习惯中对"符号"这一术语的用法,即只指音响形象,他认为只有概念和音响形象的结合体才可以叫做符号。例如,说汉语的人,通常把"shù"这一音响形象视作现实中存在的树或有关树的概念的符号,按索绪尔的观点看来,这是不正确的。实际上只有"shù"这一音响形象与"树"的概念这两项要素结合成的整体,才算是符号。若用图表示,就是:

索绪尔说,语言符号所包含的两项要素都是心理的,由联想的纽带连接在我们的脑子里(第 100 页①)。那么,概念和音响形象的联系

---

① 本章内夹注的页码,均见索绪尔《普通语言学教程》中译本,商务印书馆,1985 年。

是怎么确定的呢？对此，索绪尔起初是用辉特尼的约定论（conventionisme）来回答的，即认为只有约定可把不同的声音和不同的意义结合成一个统一体。但后来他发现约定论有根本性的弱点，那就是它包含着这样的意思：声音和意义是两项业已定形的事实，人们通过约定而把这两部分现成的东西联系起来。然而，在索绪尔看来，无论是声音部分还是意义部分，在结合成符号之前，事实上都是不定型的。因此，最后他放弃了"约定论"的解释，而归结为符号的彻底的任意性。

索绪尔在对语言现象的仔细观察中发现，在实际讲话时，语言符号（例如一个词）的发音和意义常有变化和差异，例如，在各种不同场合下说"先生！"，无论是意义和声音都会有细微的变化。当然在意义和声音两方面，这种变化都是有一定限度的，他以图表示如下：

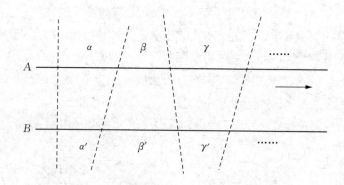

若以 A 代表意义（概念）的系列，以 B 代表音响的系列，在这两个平行系列之间，说话人实际上在一定的范围内（例如在 αα′、ββ′、γγ′范围内）进行着各种不同的重新组合。由于这些组合是在一定范围内构成的，因此尽管具体的声音实体和意义有差异，但在功能一致的基础上，这种不同的组合总被看作同一符号的重复。索绪尔经过反复思考，直至第三次普通语言学课程临近结束之时，即 1911 年 5 月 19 日的课上，才引入两个新术语，即能指（signifiant）和所指

(signifié),用来代替原先的音响形象和概念。值得注意的是,索绪尔的能指和所指所表示的是声音和意义的类别,例如,上列图表中 α、β、γ ……是所指的类别,α′、β′、γ′ ……是能指的类别。索绪尔认为,符号的能指和所指的结合,与语音实体和心理实体所固有的性质、特点无关,也就是说,这两方面的联系根本是任意的(见第158页)。索绪尔把语言符号的任意性视为全部语言事实的基本原则。他认为,整个语言形式的大厦是建立在任意性这一原则的基础之上的,因此他又把任意性原则称作"第一原则"。

(2) 语言和言语的区分

索绪尔发现,人类的语言活动并非一种单纯的东西,而是一种异质的、复杂的现象,它涉及物理、生理、心理等好几个领域,因而不可能以整个语言活动作为语言学的对象。他认为,为了确定语言学的对象,就应该把语言和言语区分开来,即:

$$\text{语言活动(langage)} \begin{cases} \text{语言:(langue)} \\ \text{言语:(parole)} \end{cases}$$

区分出来的语言,是同一语言共同体接受的符号系统,而言语则是语言活动中除去语言后所有的其他成分。索绪尔指出,言语是一种个人的行为,暂时的现象,因此不能作为语言学的对象。而语言呢,它既是言语的工具,又是言语的产物,(第41页)它是属于集体的一套比较稳定的符号系统,因此可以把它从语言活动中划分出来,作为语言学独立的研究对象。在索绪尔看来,语言和言语构成一个对立体,两者之间既有区别也有联系:"要言语为人所理解,并产生它的一切效果,必须有语言,但是要使语言能够建立,也必须有言语"(第41页)。

索绪尔区分语言和言语的主要目的,是为了明确语言学的研究对象,这一区分为对语言进行系统的结构的研究确立了理论基础,对语言学的发展是起了很大的推动作用的。

(3) 共时和历时的区分

索绪尔认为,应该把所有的语言现象分为两类,一类属语言的共时性现象,亦即属于语言的横切面的现象,另一类属语言的历时性现象,亦即有关语言成分的历史演化的纵断面的现象。在他看来,共时和历时是两种对立的现象,应该分别进行研究,但这只是研究角度和研究方法的对立,并不是说两者是互相排斥的,至少在索绪尔的意向中,共时性的研究并不排斥历时性的研究,也不排斥对有谱系关系的语言进行比较研究。不过,他确实认为,相比较而言,共时性研究应该占据优先的、主要的地位。理由很简单,因为他认为,只有在共时性的基础上,才有可能在属于不同语言系统的语言单位之间进行比较。

有些人指责索绪尔的这一区分具有反历史主义的倾向。其实,索绪尔不仅没有否定历时性的研究,而且以其"语言符号任意性"理论,以最严格的方式论证了历时性研究的根据。语言变化现象扑朔迷离,似乎是一种猜不透的哑谜,我们究竟根据什么样的合法性可把属于不同语言系统的语言单位看作是有亲属关系的呢?索绪尔的回答是:在不同的意义和不同的语音之间,存在着一系列特有共时性的均衡,但是在有它们共同存在的语言的每一种状态下,它们都是同一个所指和同一个能指的变体。这种系列在不同的语言状态下,把一系列历时性的极端(如拉丁语的 calidum〔热〕和法语的 chaud)或比较系列的极端(如拉丁语的 nātus〔出生〕和古印度语的 jātás)联结在一起①。再说,索绪尔在语言研究和教学的实践中,把大量的时间放在历时性语言现象的分析方面,这也足以证明他并不轻视历时研究。

---

① 参阅 T. de Mauro《索绪尔〈普通语言学教程〉评注本序言》,陈振尧译,《国外语言学》,1983 年第 4 期,第 16 页。

不过,索绪尔在强调共时现象的系统时,确实说过历时事实缺乏系统性、规律性这样的话,这一点后来经过布拉格学派雅可布逊、马丁内等人进一步的研究,证明是不能成立的。

(4) 语言的系统性与价值概念

索绪尔说语言是一个符号系统。他在《论印欧系语言元音的原始系统》中,就已立足于系统观念探索印欧系语言的原始元音系统。索绪尔证明,一些学者所说的原始印欧语的长元音,实际上可归结为一个单元音和另一特殊单位的结合。他把这个特殊单位假定为*A,他相信这一单位一定存在过,后来消失了。有了这一假设,就把长元音从语音系统中除掉了,从而使语音系统变得较为合理而清晰,另一方面,还使一些元音交替系列之间的类似性显示了出来。如希腊语的*dheA:*dhoA:*dhA 的交替与*derk:*dork:*drk 的交替是相同的,*eA:oA:A 的关系与*er:or:r 的关系一样。*A 在交替中的作用与 r 在交替中的作用是一样的。索绪尔对*A 的假设,完全是根据系统观念,亦即音位之间的对立关系以及某一音位在音节中可能占据的位置等方面而得出来的。这是一个抽象单位,索绪尔并不了解它的语音特征。但是,后来(1941年)亨特里克生(H. Hendriksen)在赫梯语(hittite)中发现了一个喉音,它在元音系统中正好占据索绪尔所假设的*A 的位置,从而证实了索绪尔假设的正确性。

在《教程》中,索绪尔对系统观念进一步作了深入的阐述。在整个《教程》中,"系统"(système)一词共用了 138 次,含意十分丰富。索绪尔并不局限于认为系统就意味着"彼此互有联系",他强调系统之所以存在,是因为相互有差别的单位的对立表示着意义的区别。因此,他不满足于知道单位之间"彼此互有联系",还努力探索为什么会有这些联系,以及这些联系究竟是怎样的。索绪尔的系统概念与"区别"、"对立"、"价值"、"实体与形式"等概念是紧密联系在一起的,这正是他对语言系统性认识的独到之处。其中尤其是价值概念,跟他的关于语言系统的理论是休戚相关的。索绪尔认为"语言是一个纯粹的价值系统"(第 118 页),而"任何要素的价值都是由围绕着它的要素决定的"(第 162 页)。也就是说,价值是由语言单位在系统中受到其他单位的制约而产生的。索绪尔曾从符号的意义和声音两方面具体分析在一个系统中怎样由差别、对立等关系形成价值的情况,并进而引出了一个十分重要的论点:"语言是形式(forme),而不是实体(substance)。"①意思就是说,语言价值并不决定于心理实体和声音实体,而是由关系决定的(第 164 页)。

(5) 组合关系和聚合关系

索绪尔指出,对语言作结构分析,包括从结构段的组合关系和聚合体的聚合关系②这两方面的分析。几个成分连接起来组成一个比较大的单位。这几个成分之间的关系就是一种组合关系。同时,每一成分还通过相似或差异跟同一语言中其他一些成分产生联想关系,这些成分在一定的语言环境中可以选择来互相替代,它们之间的关系就是聚合关系。索绪尔把这两种关系看作分析共时系统的基本方面。在他看来,描写语言单位,就意味着确定它的价值,这就必须考虑到它的一切可能的对立的聚合及它的一切组合的可能性。

(6) 内部语言学和外部语言学

索绪尔主张区别内部语言学和外部语言学,或者说语言学的内部研究和外部研究。他认为,一切与语言系统无关的东西都属于外部语言学,一切与系统有关的,则都是内部的。在他看来,脱离语言

---

① 参见《教程》中译本第 169 页。
② 索绪尔所用的术语原为"联想关系",后来叶尔姆斯列夫建议代之以没有心理学联想意义的"聚合关系",见 Hjelmslev 的文章,刊 Actes du quatrième congrès international de linguistes tenu à copenhague du 27 aout au ler septembre 1936, copenhague 1938。

的外部现象,完全可能认识语言的内部结构。但他也说到,语言学的外部研究,例如关于语言与民族、种族、政治、教会、学校的关系以及语言在地理上的扩展和方言分裂等方面的研究,都是很重要的,是富有成效的。

有些人批评索绪尔排斥外部研究,其实这也是不符合事实的。索绪尔在《教程》中明确提到外部语言学有重要意义,在手稿中他也多次说到这一点。1894年他写信给梅耶说,"分析到最后,只有语言的生动的方面,亦即区别于任何其他东西而使某个民族具有独特性的东西,只有这一几乎是人种志的方面,才使我保持着兴趣"①。事实也确实如此,在手稿中我们可以发现,索绪尔在换音造词和"尼伯龙根之歌"等语言现象的研究方面倾注了大量的精力,充分证明他对语言学外部研究的兴趣是十分浓烈的。《教程》最后归结到一点:"语言学的唯一的、真正的对象是就语言和为语言而研究的语言。"(第323页)这句话也是批判者常常提到的,他们认为这是索绪尔排斥外面语言学的明证。经过几位版本学家的考证,在索绪尔所留下的手稿里未发现这句话的来源,在学生的笔记中也未见有类似的提法,显然是编者加进去的。然而,大多数研究者认为,这句话还是基本上反映了索绪尔的思想的。这当然是就内部语言学,亦即他后来所说的语言的语言学而言。因为按索绪尔的想法,作为一个共时系统的语言来说,是可以独立地,即超脱社会——历史具体环境而进行研究的。但这并不等于否定外部语言学的研究。他在第三次普通语言学课程中曾提到要建立一门言语的语言学。按他的想法,一切有关语言的外部研究,都应该纳入言语的语言学的范围之内。可惜由于他去世得过早,这一愿望未能实现。

以上几点只是索绪尔理论的主要方面,当然它还包含着其他许

---

① 转引自 F. de Saussure, *Cours de linguistique générale*, édition critique préparée par T. de Mauro, Paris, 1974, P. 347。

多有价值的内容。这几点,现在看来似乎极其平常,可是在现代语言学的发展中却是起过很大的推动作用的。索绪尔的理论自然不是完美无缺的。从《教程》和手稿看来,由于他的许多观点始终处于摇摆和变动之中,因此,有不少相互矛盾之处。另一个突出的问题是,他把语言的所指和能指方面都看作是心理的,给语言学蒙上了一层心理主义的面纱,这就使他的理论带上了唯心的色彩。此外,他的研究以"词"为主要单位,这就当时的情况来说,本来无可非议,但他把"句子"列入言语范围,不作为语言单位,认为不属于语言研究的范围,这无疑是成问题的。类似这样的问题或可商榷之处,在索绪尔的理论中还有不少。不过,总的说来,索绪尔的理论是在总结前人研究成果的基础上,经过深思熟虑而提出来的,内容丰富而深刻,并具有辩证的特点,因而标志着一个全新阶段的开始,这是毫无疑义的。

3. 索绪尔与现代语言学

现代语言学与索绪尔有特别密切的关系,这是不容否认的事实。一般认为,现代语言学区别于以往的语言学的主要特征有以下几点:注意系统性,把语言看作一个系统,一种结构;重视共时的研究;优先研究口语,对所有的语言一视同仁;认为语言学应该是描写性的,而不是规定性的;主张区分"语言"和"言语",确定语言学的对象是语言。此外,强调"独立自主性"也是现代语言学的一个特点,这就是说,它要求摆脱哲学家、心理学家、文艺批评家以及其他学科的学者关于语言的传统看法,对语言作新的客观的考察。很明显,这几点都来源于索绪尔的理论。因此,索绪尔被称为现代语言学的创始人,"二十世纪语言学之父",是当之无愧的。从历史的角度看,索绪尔强调共时性研究的重要性,以区别于对语言的历时性研究,具有十分重大的意义。因为这样就承认了语言除了有自身的历史之外,还客观地存在着当前的结构属性,这在语言学中是一次巨大的变革。在共时的结构的研究中,索绪尔进而着重指出,事物的真正本质并不在于事物本身,而在于各种事物之间的关系。这就是说,他主张以一种"关系的"观点代替原有的"实体的"观点。这一视角的变化是语言研究中的一次重大的历史性的转折,具有特别深远的影响。因为正如特伦斯·霍克斯(Terence Hawkers)所指出的,"这一事实的全部涵义在于它从根本上动摇了传统的观念,它要求我们摒弃查尔斯·C·弗里斯所谓的'要素中心'的世界观,以及由这种世界观产生的'以词为中心的语言观',而赞成上面提到的那种'关系的'或'结构的'观点。如果说'要素'本身不具有任何意义,而完全从它和其他要素的关系中获得意义,那么,这必定从根本上影响我们对语言的看法"①。索绪尔的这些看法,后来被视为"结构主义"的基本原则,自然也就成了现代语言学的主导思想。

现代语言学与索绪尔的密切关系,不仅可以从现代语言学的产生过程及其基本特征看出,而且特别明显地表现在索绪尔对各现代语言学派的影响上面。苏联学者M.L·斯铁布林—卡勉斯基说过:"可以毫不夸大地说,从索绪尔对语言学发展的影响上看,恐怕语言学史上没有一个学者可以和他相比。"②事实确实如此。不过,所谓"影响",自然不只是指他的理论观点受到赞同或被吸收、发挥,也包括对他的某些论点的争论。正如比利时语言学家莱鲁阿(M. Leroy)在其《现代语言学的主流》中所说的:"只需确认下述一点,就足以表达我们对索绪尔思想的独创性及其活力的最崇高的敬意:自索绪尔时代以来,语言学家就经常不断地争论他所提出的那些论题——不管是为了证实、修正还是摒弃它们——为此,他们耗费了极大部分的精力。"③

---

① 特伦斯·霍克斯《结构主义和符号学》:瞿铁鹏译,上海译文出版社,1987年,第13页。
② M·I·斯铁布林-卡勉斯基《关于结构主义的几点意见》,刘涌泉译,见《语言学论文选译》(第六辑),中华书局,1958年,第52页。
③ M. Leroy, *Les grands courants de la linguistique moderne*, 布鲁塞尔大学出版社, 1971年,第63页。

值得注意的是,欧美两个研究倾向很不相同的学派,它们的主要理论却都是来源于索绪尔的。以梅耶为代表的社会心理学派,主要接受了他的关于语言是社会心理现象的观点,主张对语言现象进行社会学的、心理学的解释。这一学派的主要成员,除了梅耶之外,还有格拉蒙(Grammont)、巴利、薛施蔼、索墨菲尔特(Sommefelt)、房德里耶斯(J. Vendryes)、弗雷(Frei)等人。这些学者并不严格要求区分语言与言语,共时与历时,内部与外部,他们有时还隐隐约约地批评索绪尔似乎过于强调"结构的"、"关系的"分析,而对使用语言的人以及跟语言相关的社会因素有所忽视。另一个就是结构主义学派。欧美结构主义学派的三大分支中,布拉格学派和哥本哈根学派受索绪尔学说的影响很深,美国结构语言学派也受到一定程度的影响。

布拉格学派的成员是最早接受索绪尔的新思想的语言学家,他们以索绪尔的区分语言与言语的理论以及关于差别、对立等等的看法为根据,建立了音位学。该派的主要理论著作,特鲁别茨柯伊的《音位学原理》,一开头就提出划分音位学与语音学,其根据就是语言和言语是有区别的:音位学研究语言的语音关系,而语音学是研究言语的语音现象的。索绪尔说语言单位是对立的、否定的实体,特鲁别茨柯伊也提出"音位首先是对立的相对的和否定的实体"。此外,该派成员对索绪尔的"系统"观念也十分重视,如雅可布逊说:"如果不考虑到(语言事实所隶属的)系统,就不可能理解任何一种语言事实。"①

哥本哈根学派跟索绪尔理论的关系显得更为密切。该派领袖叶尔姆斯列夫(L. Hjelmslev)自认为是索绪尔的唯一的真正的继承者。瑞典语言学家马尔姆伯格(B. Malmberg)在为叶尔姆斯列夫所写的传记中也说,许多现代语言学家都声称是索绪尔的学生,但只有叶尔姆斯列夫真正从索绪尔理论的最极端的部分,即"语言是形式,而不

---

① 见 1929 年 "Thèses"(论纲),*Change*(3), P. 23。

是实体"中得出了不少结果。①事实正是这样。叶尔姆斯列夫是对索绪尔理论的这一部分钻研得最透彻,发挥得最彻底的人之一。他说,索绪尔的《教程》中,"那崭新的东西就是他对语言的理解:他把语言看作是纯粹相互关系的结构,看作是一种与其具体体现(语音体现、语义体现等等,这种体现具有一定的偶然性)相对立的模式。"他还说,"他(指索绪尔——引者)首先提出要以结构分析的方法研究语言,即通过列举语言单位之间的相互关系,对语言进行科学的描述,在进行这种描述时,可以不考虑那些对相互关系无关紧要或不是从相互关系中得出来的各种特点。虽然这些特点也可能是通过语言单位表现出来的。"因此,叶尔姆斯列夫认为,索绪尔的观察"在语言研究方面开辟了一条崭新的道路",他的这些观点"在传统语言学中引起了真正的革命"②。除了形式/实体的对立之外,语言/言语、共时/历时、能指/所指的对立,以及区别、对立等概念,均为叶尔姆斯列夫所接受,并成为他的语符学理论的基础。

美国结构语言学派有其自身的特点,但在某些方面,特别在描写语言学的理论和方法上,也可看出索绪尔理论的影响。前面我们已经提到,布龙菲尔德对索绪尔的普通语言学理论作过很高的评价。雅可布逊说过,布龙菲尔德有一次曾经说起,有四五本语言学著作对他产生过巨大的影响,其中就有索绪尔的《教程》。③布龙菲尔德在《语言科学的一套基本原理》(1926)一文的一则注释中也曾特别提到,他受益于索绪尔的《教程》,因为索绪尔采取步骤给语言学划定了界线。④布龙菲尔德对索绪尔区分语言与言语的主张也表示完全同意。他说:"对我来说,跟索绪尔一样……同时在某种意义上,对萨丕

---

① B. Malmberg, *Linguistique générale et Romane*, MOUTON, 1973, P. 85.
② 叶尔姆斯列夫《语言学中的结构分析法》,《语言学资料》,总11/12期。
③ 参见 Mauro, *Cours de linguistique générale*, édition critique, P. 371.
④ 见《语言学资料》1961/5—6,第8页。

尔也一样……所有这一切(即索绪尔的'言语')在我们科学的权力范围以外……我们的科学只能研究语言(即索绪尔的'语言')中的那一部分特征,如音位,语法范畴,词汇等等,这些特征对某一语言社团的所有人都是共同的。"① 此外,索绪尔的共时与历时的区分以及线性原理、关系概念等等,显然都使布龙菲尔德受到一定的启发。在具体分析过程中,布龙菲尔德跟索绪尔一样,也是从语言结构的纵横两个序列着眼的:横的序列,进行直接成分切分,纵的序列,则归纳"形式类"(form class)。后布龙菲尔德学派的学者,也大都是遵循索绪尔的一些重要原则的。例如哈里斯(Harris)在《结构语言学的方法》(1951)里,跟索绪尔一样,强调成分间相互关系的重要性。他说:"把这些成分与其他一些成分相对地来说明,并按照它们与一切成分的相互关系来说明,是一件头等重要的事。"他进一步发挥索绪尔关于语言结构关系的思想,提出了"结构关系就是一切"的论题,认为语言学主要应该研究语言系统的"分布关系"(distributional relation),亦即描写语流中各部分的分布或安排(arrangement)。美国语言学家郝根(E. Hagen)在谈到分布研究时曾指出:"这或许是现代语言学的主要发现,即研究语言成分的分布就能找出它们之间的关系……只关心该成分所处环境的种类,并把这些环境与其他成分的环境作出比较……强调这一面来作为语言研究的基础,却完全是始自索绪尔以来的语言学结构学派。"② 由此可见,美国描写语言学的理论和方法跟索绪尔学说之间,确实是存在着一定的联系的。

以上我们简略地叙述了欧美的一些语言学派跟索绪尔的关系,这些学派各自吸收索绪尔的某些观点作为自己的理论基础,从中可以看出索绪尔的直接影响。然而,前面我们说过,索绪尔对现代语言

---

① 参见雅可布逊《二十世纪欧美语言学:趋向和沿革》,顾明华译,《国外语言学》1985年第3期,第4页。

② 郝根《对美国描写语言学的评价》,左英译,《语言学资料》,1963年第2期,第3页。

学的深刻影响,不仅表现在他的许多理论观点直接为一些后起的学派吸收,而且反映在他的某些理论经常引起激烈的争论这一方面。例如,布拉格学派的雅可布逊等人认为索绪尔在共时分析和历时分析之间设置了一种"不可逾越的障碍",为此,他们在1929年挑起了关于共时与历时关系问题的争论,一方面强调在共时描写中进行历时考察的必要性,另一方面强调在历时分析中必须依靠共时的系统概念。这一争论经久不息,波及德国、英国、法国、比利时、西班牙和苏联等国的语言学界。又如,法国语言学家邦旺尼斯特1939年发表《语言符号的性质》一文,从此引起了关于语言符号理论的激烈争论:一些学者反对索绪尔所说的语言符号有任意性的观点,另一些学者则捍卫这一观点。类似这样的争论,还有不少,例如关于语言与言语的对立、线性原则、音位问题、换音造词问题等等,几乎涉及索绪尔理论的各个部分。环绕着索绪尔的理论观点所展开的一系列争论,一方面使《教程》中某些模糊或自相矛盾的观点得到了澄清,另一方面也有力地推动了理论研究工作,促使理论语言学不断向前发展。

总之,无数的事实可以证明,索绪尔对现代语言学的影响是极其广泛而深刻的。索绪尔研究专家,意大利语言学家莫罗(De Mauro)在深入分析了索绪尔的理论与现代语言学的密切关系后,得出结论说:"索绪尔的思想过去是,现在仍然是各种发展的中心。"[1]这是很有道理的。索绪尔的理论包含了现代语言学的核心内容,半个多世纪来始终是现代语言学的基石。近几十年来,尽管语言学发展的方向和重点有所转移,但并不能否定索绪尔理论的重要价值。因此,就是现在,人们"讨论任何理论问题,都很难不考虑他的意见"[2]。

---

[1] 莫罗《索绪尔〈普通语言学教程〉评注本序言》,《国外语言学》,1983年第5期,第19页。
[2] 岑麒祥《瑞士著名语言学家索绪尔和他的名著〈普通语言学教程〉》,《国外语言学》,1980年第1期。

4. 索绪尔的魅力

在上一节中,我们叙述了索绪尔在语言学领域的深广影响。其实,自上世纪40年代起,索绪尔的影响早已突破语言学的范围,波及许多社会科学和人文科学学科了。哲学家蓬蒂(M. M-Ponty)首先把索绪尔的理论介绍到哲学界。人类学家列维-斯特劳斯(Levi-Strass)于第二次世界大战期间在纽约结识了雅可布逊,通过雅可布逊的介绍,他接受了索绪尔的许多观点。他采用能指、所指、区别、对立等索绪尔的概念研究亲属关系、风俗习惯、神话传说等等。他说,"在研究亲族问题时,人类学家发现自己的处境与结构语言学家很相像。亲属名称也和音素一样是意义的成分;像音素一样,它们也只在组成了一个系统时才有意义。"[①]列维-斯特劳斯把索绪尔的理论引进人类学,结果产生了结构人类学,这使其他学科的学者颇受启发。后来许多人起而仿效,由此引起了一股结构主义的热潮:拉康(Lacan)把索绪尔思想引入心理分析领域,认为无意识具有彻底的语言活动的结构;巴尔特(R. Bathes)用索绪尔的观点研究文学,认为文学是一个符号系统;布伊森(Buyssens)、普里多(Prieto)等人的符号学研究也是完全以索绪尔的符号理论为基础的。自从上世纪60年代披露了索绪尔研究换音造词问题的材料之后,更引起了一大批非语言学专业的学者的关注,特别是激起了文学批评界和哲学界的不少人的兴趣。正是索绪尔产生的巨大影响,使语言学又一次成了社会科学与人文科学中的领先学科。正如布洛克曼所指出的,"……要是离开了语言学,譬如说,无论是拉康的精神分析学还是罗兰·巴尔特的文学批评都是不可想象的。对于艺术、文学、哲学、心理学和社

[①] 转引自杜任之主编《现代西方著名哲学家述评》,生活·读书·新知三联书店版,1980年,第344页。

会科学等领域中结构主义所作的认识论的研究来说,现代语言学所起的作用,在某种程度上相当于一种数学的作用"①。

由此看来,无论是过去还是现在,无论是在语言学领域之内还是语言学领域之外,索绪尔的影响的深远程度都是罕见的。这不得不引起我们思考一个问题:索绪尔的魅力究竟何在?

索绪尔究竟是一个历史比较学家?还是一个理论家?对此,在索绪尔去世后的近半个世纪里,学术界一直是有不同看法的。法国是索绪尔长期工作过的地方,他在那儿所培养的不少学生后来成了有名的学者,然而由于法国受历史比较语言学统治的时间较长,法国学者长期不能接受《教程》中的那些新思想。1923年出版的两卷本拉露斯辞典里对索绪尔的介绍是:"索绪尔是日内瓦大学教授,一部重要著作《论印欧系语言元音的原始系统》的作者。"1930年梅耶在写给特鲁别茨柯伊的一封信中提到格拉蒙时也说:"他跟我一样,也是索绪尔的学生。他也只知道索绪尔是一位比较学家。只是通过后来出版的《教程》,才知道索绪尔是普通语言学家。"②相反,哥本哈根学派和布拉格学派的成员则一开始就把索绪尔看作理论家。

索绪尔确实曾经长期从事历史比较语言学的研究和教学工作,但他也很早就对语言学理论发生了兴趣,他的《论印欧系语言元音的原始系统》的最突出的成就,正是他在理论性分析的基础上所作的科学假设。大约从回到日内瓦以后不久,索绪尔的研究重心就转到了理论方面。他十分重视对语言学基本理论和研究方法的探索,因此对在这方面作出成绩的一些学者也特别敬重。1891年他在日内瓦大学的开课讲演中曾说:"像缪勒(F. Müller)那样的维也纳大学的先生,他们几乎懂得世界上所有的语言,但他们从未把对语言的知识推

---

① 布洛克曼《结构主义(莫斯科——布拉格——巴黎)》,李幼蒸译,商务印书馆,1980年,第95页。

② 见法国语言学杂志 *La linguistique*, 1967/1。

进一步,他们并不是语言学家;可以列举的真正的语言学家是:罗曼语学家帕里斯(G. Paris),梅叶(P. Meyer)和舒哈特,日耳曼语学家保罗(H. Paul),俄罗斯学派中专门研究俄语和斯拉夫语的库尔特内(И. А. Болузн пе куртенз)和克鲁舍夫斯基(Н. В. Крущевский)。"①后来在另一处,他又说:"库尔特内和克鲁舍夫斯基是最接近于可以称之谓具有语言理论观点的人。"②1894年索绪尔在为悼念美国语言学家辉特尼(Whitney)而写的一篇未完成的文章中说,辉特尼虽然并未写过一页关于比较语文学的文章,但他却是"对比较语法的各方面研究产生影响"的唯一人物。相反,德国被人认为语言科学是从那里产生、发展并受到无数人的抚育的地方,但德国语言科学却从未表现出"丝毫的倾向想要达到某种必需的抽象程度,它足以支配人们正在做的实际工作并且决定为什么过去做过的一切在全部科学中具有正确性"。辉特尼曾经告诫说:"不要忽视蕴藏在工作背后并赋以其重要意义的宏伟真理和原则,而且对这些真理和原则的认识应该支配工作的全过程。"③十分明显,在这一点上,索绪尔与辉特尼的看法是完全一致的。由于深感到确立理论原则的重要性和紧迫性,他一生最后的二十多年时间里,思索和研究的重点始终在语言理论的建设方面。

如果说,索绪尔在青年时期曾经加入过青年语法学派的行列,致力于历史比较研究的话,那么,在他学术活动的最后阶段,他却坚定不移地回到了"语言的理论观点"。他苦苦思索,执著地追求理论的系统性。他曾说:"语言是一个封闭系统,因此语言理论也必须是一个同样封闭的系统,只是一个论断和观点接着又一个论断和观点地来讨论语言,那是无济于事的,主要之点是在于把它们在一个系统里

---

①② 见 T. de Mauro, *Cours de linguistique générale*, édition critique, P. 339.
③ 以上三段话,均见 Jakobson《二十世纪欧美语言学:趋向和沿革》,《国外语言学》,1985年第3期。

互相联系起来。"①索绪尔对理论系统的构筑,态度十分谨严。许多问题,反复探索多年,总感到还不够成熟,不肯轻易发表。他的一个学生在回忆索绪尔一次关于静态语言学的谈话时说:"索绪尔先生从事这门学问的思考已经十五年了,但至少还需要两三个月的时间,在假期中潜心思考,然后才能开出相应的课程……"②只是到了索绪尔一生的最后几年,他的学生才终于有机会听到老师系统地阐述他的理论观点,那就是他于1907至1911年期间连续三次开设的普通语言学课程。

现在我们可以来谈索绪尔魅力的由来了。很明显,他的魅力决不是来自于对印欧语历史的某些具体细节的探索和一些琐细的学术见解,而是来自于他在"理论基础"方面经过深思熟虑而得出的东西。正如马丁·裘斯(Joos)所说:"索绪尔的贡献在于其完整的思想模式,他的兴趣与价值的整个结构。当代语言学的中心议题依然属于上述模式与结构的范围,只有一些边缘方面的兴趣,例如语言年代学或信息理论超出了这个范围。"③值得注意的是,在他的模式和结构中,方法论的探索占有重要的地位。雅可布逊曾经说过,"索绪尔是一名伟大的语言二律背反的揭示者"④。事实确是这样。索绪尔特别重视分析错综复杂的语言现象中的各种二项对立,如语言/言语、共时/历时、能指/所指、形式/实体等等,其中包含着不少辩证法的因素。正因为他能用辩证的观点观察和分析问题,所以他的眼光远比同时代的语言学家敏锐。他所提出的理论特别富有哲理,能给人以启示,因此有很大的吸引力。总之,我们可以十分清楚地看出,索绪

---

① 转引自许国璋《关于索绪尔的两本书》,《国外语言学》,1983年第1期,第5—6页。
② 见许国璋《关于索绪尔的两本书》,《国外语言学》,1983年第1期,第5页。
③ 见 M. Joos 所编的 *Readings in Linguistics* 1(芝加哥大学出版社,1967)一书中 Joos 对 R. S. Wells 的"De Saussure's system of linguistics"一文的说明(见该书第18页),任念麒译。
④ R. Jakobson, *Selected Writings I*:*phonological Studies*. La Haye 1962, P. 237.

尔的魅力正是来自他在理论原则和方法论方面的光辉思想。关于这一点,我们只要看一下当代语言学所运用的一系列术语就十分清楚了。语言、言语、语言活动、共时性、历时性、符号、能指、所指、组合关系、联想关系、形式、实体、同一性、现实性、价值、差别、对立、结构、系统等等专用术语,都是首先出现于索绪尔的《教程》的,从20世纪二三十年代开始,逐渐得到大多数语言学家的承认,从而成为当代语言学的关键性术语。到了五六十年代,这些术语更被许多社会科学和人文科学学科移植过去,因而成了很多学科共同使用的重要术语。这一系列包含丰富思想的术语,是索绪尔几十年理论思维的结晶。正是借助于这些术语,他致力于揭示人类语言活动的"宏伟真理和原则",形成了独特的思想模式和结构。这就是索绪尔魅力之所在。

第八章 Chapter 8
布拉格语言学派

1. 布拉格语言学会

"布拉格学派"(l'Ecole de Prague)这一称号的正式使用,始于1932年夏在阿姆斯特丹召开的第一届国际语音科学会议。不过,在这之前,"布拉格语言学会"(Cercle linguistique de Prague,简称CLP)早已成立,并积极开展活动。布拉格语言学会是仿照莫斯科语言学会的样子建立起来的。莫斯科语言学会创始人雅可布逊(R. Jakobson)刚到达布拉格时,布拉格查理士(Charles)大学教授马德休斯(V. Mathesius)就向他打听莫斯科语言学会的组织和工作情况,并说,"我们这里也需要一个这样的组织,不过现在还为时过早,我们得等进一步的发展"①。1925年3月,马德休斯及他的一位热心的合作者特伦卡(B. Trnka),邀请雅可布逊和另一位俄国学者卡尔采夫斯基(S. Karcevskij)参加一个讨论会,讨论的重要内容之一,就是关于莫斯科语言学会成立十周年的纪念活动。这实际上是一次酝酿成立布拉格语言学会的活动。1926年10月16日晚上,马德休斯邀请一批同行在他的办公室里听德国语言学家贝克尔(H. Becker)的报告。这位学者的报告题为"欧洲的语言精神",他认为在有亲密关系的文化范围内运用的诸语言之间可以证实句法的划一性。这一大胆而新

---

① 见 R. Jakobson《二十世纪欧美语言学:趋向和沿革》,《国外语言学》,1985年第3期,第1页。

颖的看法，对青年语法学派除了亲缘因素不考虑别的解释的可能性的原则来说，无疑是一次巨大的冲击。报告引起了激烈的争论。与会者感到许多问题有继续讨论的必要，因而决定此后每月聚会一次。聚会最初是在大学里进行的，后来为了强调独立性，改在一些咖啡馆里举行，次数和参加的人数则不断在增加着。这实际上就成了布拉格语言学会的开端。

马德休斯被公认为布拉格语言学会的创建者。作为捷克英语语言学和普通语言学的一名先驱学者，他对语言学事业充满着热情，全神贯注地关注着世界各国语言科学研究的发展。他又是一位"天才的组织者"（雅可布逊语），能通过组织各种报告和讨论，使学会活跃起来，并激励学会成员积极开展研究工作。该学会的第一批成员主要有雅可布逊、哈弗拉内克（B. Havranek）、特伦卡、里普卡（J. Rybka）、瓦海克（J. Vachek）、穆卡洛夫斯基（J. Mukařovský）等人。后来加入学会的有斯卡利奇卡（V. Skalička）、戈拉列克（K. Horalek）、诺瓦克（L. Novak）、科日内克（L. M. Korinek）等人。以上成员，除了雅可布逊外，都是捷克斯洛伐克的语言学家。经常参加布拉格语言学会的活动的，还有欧洲其他国家的一些学者，如荷兰的格罗特（A. W. de Groot）、波兰的多罗舍夫斯基（W. Doroszewski）、南斯拉夫的彼利奇（A. Belič）、法国的特思尼埃尔（L. Tesnière）、奥地利的比勒（K. Bühler），以及侨居国外的另外两位俄国语言学家：特鲁别茨柯伊（N. S. Trubetzkoy）和卡尔采夫斯基。值得特别注意的是，三位俄国学者，即雅可布逊、特鲁别茨柯伊和卡尔采夫斯基是学会各项活动的最积极的参加者，后来成了学会的中坚力量。雅可布逊从在莫斯科的拉扎列夫东方语言学院读书的时候起，就开始从事语言研究工作，1914年进莫斯科大学专攻斯拉夫语文学和历史比较语言学。1915年，他参与创建莫斯科语言学会，汇集了一批志同道合的同学，共同进行语言学、诗歌和民俗的研究。1920年到捷克后，在布尔诺（Brno）大学任教。特鲁别茨柯伊比雅可布逊年长六岁。他十三岁就开始参加莫斯科人种学协会的活动,十五岁时就发表民俗学文章。1908年入莫斯科大学。起初学的是哲学、心理学,但从第三学期起,转入语言文学专业学习语言学,因为他觉得,"在人文科学中只有语言学这一学科具有确实的科学的方法",其他学科,如人种学、宗教史、文明史等等则似乎还未脱离"炼金术"水平[1]。在特鲁别茨柯伊的科学生涯中,有一件事对他来说有十分重要的意义,那就是他在1915年莫斯科方言学委员会年会上所作的一次报告。在这一报告中,他对当年沙赫马托夫(А. А. Шахматов)出版的一部著作提出了详尽的批评。他认为这一著作中关于共同斯拉夫语和共同俄语的重建问题的观点,充分暴露了以福尔图纳托夫(Ф. Ф. Фортунатов)为代表的莫斯科语言学派的重建方法的所有缺陷。特鲁别茨柯伊说,由于当时莫斯科的语言学家是毫无例外地遵循福尔图纳托夫的理论和方法论原则的,因此他的报告"仿佛是一颗炸弹"。他并且深信,这一报告"对后来莫斯科语言学的发展具有决定性的意义"[2]。1919年,特鲁别茨柯伊离开了俄国,先是在索菲亚工作,自1922年起定居维也纳,在维也纳大学任教。至于卡尔采夫斯基,他自1905年起就在日内瓦,听过索绪尔的课,自认为是索绪尔的学生。1917—1919年,他曾回莫斯科两年。在这期间,他先后在莫斯科科学院和一些大学介绍索绪尔的语言学说,由此使莫斯科的一些语言学家,特别是雅可布逊、特鲁别茨柯伊等一批青年语言学家很早就受到索绪尔思想的影响,并从而使一些大学盛行起一种对心理学和语言学的迷恋。十分明显,这三位俄国学者有一种共同的倾向,即无视传统的权威,具有革新的愿望。他们虽然分别侨居在三个不同的国家,但在布拉格语言学会里又聚集在一起了。在学会里,他们是新思想的鼓动者,也

---

[1] 引自特鲁别茨柯伊"自传",见 *Principes de phonologie*, Editions Klincksieck, 1970, P. XVII。

[2] 特鲁别茨柯伊"自传",见 *Principes de phonologie*, P. XIX。

是新学科的建设者,对布拉格学派后来的发展产生了决定性的影响。

布拉格语言学会自成立之日起,就积极开展学术活动。像莫斯科语言学会一样,布拉格语言学会的成员除了对一般语言理论问题(尤其是音位学问题)十分关注外,对文学语言问题(特别是诗歌语言)也有浓厚的兴趣,他们经常就这些问题举行报告会和讨论会。学会提倡自由讨论,鼓励对各种新思想展开争论,因此气氛十分活跃而融洽,这对推动各项研究活动和新思想的发展自然是十分有利的。

布拉格语言学会很快变成了一个语言研究的中心,它在国际学术活动中的重要作用也就日益显示出来。第一届国际语言学家会议决定于 1928 年在荷兰的海牙举行,组织委员会提出了一些问题,征求答案。雅可布逊于 1927 年 10 月起草了一份建议书,题为"什么是最适宜于阐述任何一种语言的音位学的完备而实用的方法?"("Quelles sont les méthodes les mieux appropriées à un exposé complet et pratique de la phonologie d'une langue quelconque?")这份由雅可布逊、特鲁别茨柯伊和卡尔采夫斯基共同署名的建议,第一次从结构和功能的角度表述了他们对音位学的认识,引起了各国语言学家的重视,从而使音位学研究成了这次大会的主要课题之一,对推动这一新学科的发展起了重要的作用。1929 年在布拉格召开了第一届国际斯拉夫语文学家大会,布拉格语言学会在会上提出了一个"论纲"(Thèses,通常称为布拉格论纲)。这一主要由雅可布逊和马德休斯起草的纲领,系统阐明了布拉格学派的语言理论和方法论观点,产生了极大的影响。1930 年,布拉格语言学会又在布拉格主持召开了国际音位学会议,有九个国家的近二十位语言学家参加,除了捷克、苏联语言学家外,还有挪威的索墨菲尔特(A. Sommerfelt)、奥地利的比勒和波兰的多罗舍夫斯基等人。会后决定成立国际音位学协会,特鲁别茨柯伊被选为主席。国际音位学会议的举行和音位学协会的成立,为不同国家音位学家的交流和合作创造了良好的条件,有力地推动了音位学理论的发展。自 1930 年的国际音位学会议开始,布拉格语言学会的国际声誉日益提高。在1932年的海牙语音科学会议上，人们正式提出了"布拉格学派"这一称呼。[①]后来，他们也常被人称为布拉格音位学派、布拉格功能学派或布拉格结构主义学派。他们自己则认为，"布拉格功能结构学派"[②]这一名称也许更能反映他们的特点。因为他们既提出了结构问题，又主张功能说，这两方面反映了布拉格学派对语言学作出的新贡献。

布拉格语言学会的主要研究成果汇集于《布拉格语言学会会刊》(*Travaux de Cercle linguistique de Prague*，简称 TCLP)。该会刊自1929年开始出版，共出了八期。学会最重要的理论著作，即特鲁别茨柯伊的《音位学原理》，最早就是发表于该刊第七期上的。自1935年起，学会还出版了一种捷克文的机关刊物，名为《词与文》(*Slovo a Slovesnot*，简称 SaS)。

1938年特鲁别茨柯伊病逝。1939年二次大战开始，雅可布逊因为是犹太人，被迫离开捷克，避难于丹麦、瑞典等地，最后于1941年6月到达美国。因此，布拉格语言学会的活动实际于大战爆发时就结束了。学会存在的时间虽然并不长，但它产生的影响却十分深远。这当然首先是由于它提出的语言学新思想——音位学理论标志着语言学思想史上的一个新阶段，对欧洲及其他地方的语言研究产生着强大而持久的推动作用。同时也由于该学会的组织和活动方式给人们留下了极其深刻的印象。在《词与文》第一期上，马德休斯把布拉格学派描述为一个"工作共存体"。布拉格语言学会成立十周年的前夕，特鲁别茨柯伊在给马德休斯的一封信中谈到"学会的精神"时，则说这一精神来自"由同样的方法论目标结合在一起，并受同样的指导

---

① 参阅 J. Fontaine, *Le Cercle linguistique de Prague*, Maison Mame, 1974。
② 参阅 B·斯卡利奇卡《哥本哈根的结构主义和布拉格学派》，王士燮译，《语言学资料》，总第11/12期。

思想推动的研究者的集体工作"①。事实确实是这样,布拉格语言学会是一个志同道合者的工作集体,在学术上没有思想的禁锢,却有共同的探索和追求,因此充满着活力。这种特点,从另一个角度来看也十分清楚,那就是布拉格语言学会实际上是由不同国家的学者所构成的一个学术活动的中心。它的成员包括欧洲好些国家的学者;学会也经常邀请外国学者报告、座谈,例如在1928年学会所举办的十三个报告会中,就有八次是外国学者的报告。布拉格地处欧洲的中心,从地理位置上说,很便于德国、波兰、奥地利、苏联等国学者在一起交流。此外,1930年前后,也正是捷克斯洛伐克共和国的稳定和繁荣时期,当时的布拉格成了东西方学者聚会和交流的中心之一,这种气氛当然也十分有利于布拉格语言学会贯彻自己的原则。正由于布拉格语言学会具有的这些特点及其在理论上的突出贡献,因此尽管它已消失了近半个世纪,近年来却越来越引起人们的注意。②

2. 布拉格论纲

上面我们提到,在第一届国际斯拉夫语文学家大会上布拉格语言学会提出的"论纲",系统地阐明了布拉格学派的立场和观点,有特别重要的意义。现在我们就来分析一下这个论纲的内容。

"论纲"是由一些学会成员共同起草的,最后经过一个五人小组(马德休斯、雅可布逊、特伦卡、哈弗拉内克、穆卡洛夫斯基)讨论审定。共分九节,前三节是有关语言理论和方法论的说明,后六节是关于一般理论在斯拉夫学中的应用的专门问题。前三节是整个论纲的

---

① 见"Notes autobiographiques de N. S. Troubetzkoy", *Principes de phonologie*, P. XXVII。
② 布拉格语言学会有经典时期和非经典时期之分,一般把1929年至1939年(自学会成立至捷克被德国法西斯占领)视为其经典时期。本章所述仅限于这一时期。参见钱军《结构功能语言学——布拉格学派》,吉林教育出版社,1998年,第2—35页。

主体(主要是由雅可布逊和马德休斯起草的),包括以下一些重要论点:

(1) 认为应该把语言看作一种具有合目的特性的功能系统。

"论纲"一开头就指出:"语言是人类活动的产物,语言和人类活动一样具有合目的性。把语言活动作为表达或交际来看所进行的分析表明,解释是说话人的意愿,这种意愿表现得十分明显和自然。因此,在语言分析中,应该采取功能的观点。从这个观点看,语言是服从于一定目的的表达手段的系统。若是不考虑到语言材料所隶属的系统,就不可能理解任何语言材料。"①从这段话可看出,他们坚持两个观点:一是系统观点,他们接受了索绪尔的"语言是一个符号系统"的看法;二是功能观点,在这方面显然有博杜恩·德·库尔特内的思想的影响。值得注意的是,他们认为语言系统是一种"功能系统",而他们的"功能",是指"目的"、"用途"而言的。在他们的术语中,功能与目的是同义的,例如哈弗拉内克曾说,"语言经常和应该完成一定的目的,或执行一定的功能"②。该派成员常用"功能"这一术语来表示意义,如说词的功能,句子的功能等等。他们认为任何语言表达手段都有一定的目的,因此主张评价任何语言现象时,都必须从功能和目的着眼。

(2) 认为必须强调共时分析的优先地位,但又不能把共时分析和历时分析对立起来。

"论纲"说,"认识语言本质和特性的最好的方法是对现代语言作共时分析,因为只有语言现状才提供详尽的材料,使人们可能有直接

---

① "Thèses",见 Change 杂志第 3 期,P. 23. 本节下文凡引此文,仅注页码。
② 转引自斯卡利奇卡《哥本哈根的结构主义和布拉格学派》,《语言学资料》总第 11/12 期。

感觉"(第23页)。然而他们认为,从另一方面来说,共时描写也不能绝对排除进化概念,因为在共时分析部分,也总能察觉到正在消失的东西、现存的东西和正在形成中的东西。此外,能产形式和非能产形式的区别是不能从共时语言学中排除的历时性事实。可是,他们特别强调的是以下一点:"作为功能系统的语言观念,无论是为了重建,还是证明它的演变,在对过去语言状态的研究中同样是要考虑的。我们不能像日内瓦学派那样在共时方法和历时方法之间架上不可逾越的障碍。我们在共时语言学中用功能的观点考察语言系统的要素,也不能把受过变化影响的系统置之不顾而去判定语言所曾经受过的变化。认为语言变化只是一种偶然的破坏性的伤害,与系统观点毫不相干的想法是不合逻辑的。语言变化往往以系统、系统的稳定和系统的重建等等为目标。所以历时的研究不独不排斥系统和功能的观念,而是恰好相反,不考虑到这些观念就是不完备的。"(第23—24页)[1]

(3) 认为比较方法应该得到更广泛的运用。

"论纲"指出,比较研究不应只局限于发生学问题,如谱系问题和构拟问题,比较方法可用来发现语言系统的结构规律和演变规律。他们认为,结构比较的方法既可以在亲属语言之间进行,也可运用于分析非亲属语言;既适用于历时分析,也适用于共时分析。就共时分析来说,可比较各语言系统的结构规律,比较不同语言为了适应交际需要而运用的不同的表达手段等等。与历史比较法不同,他们的结构比较法的重要目的之一是进行语言结构类型的研究,为后来的语言类型学奠定了基础。结构类型的比较还为语言的"区域联盟"(unions régionales)概念提供了丰富的根据。后来布拉格学派对语

---

[1] 这段译文转引自岑麒祥《雅各布逊和他对语言学研究的贡献》,《国外语言学》,1983年第2期,第58页。

言起源的"单源论"(monogénèse)提出异议,认为临近地域的语言通过相互接触可获得共同特征,因此语言之间的相类似并非一定导源于语言的亲属关系。这种"区域联盟"的思想正是进行结构比较所得出的一个结果。①

(4) 认为"必须区分作为客观物理事实、即表达的语音,和作为功能系统的成分"(第27页)。

他们指出,就"音位系统的结构原理"而言,客观物理事实(即音响现象)跟语言学只有间接关系,因此不能把它们跟语言价值等同起来。而主观的音响形象,也只是当它们在系统中执行某种区别意义的功能时,才成为语言系统的成分。他们认为,这种音位成分的感觉内容远不如它们在系统内部的相互关系重要。

这些观点在索绪尔的语言/言语、形式/实体及价值等理论中已大致可见,但布拉格学派把索绪尔的理论应用于语音研究时提出的这些看法,却标志着结构主义理论的重大发展。正是这些看法构成了新的音位学与旧的语音学之间的区别:语音学研究客观的物理声音,音位学则研究有辨义功能的声音。而对语言学来说,具有重要意义的,并非声音的自然性质,而正是声音的辨义功能以及这种有辨义功能的声音在系统内部的相互关系。这些重要看法,后来在特鲁别茨柯伊的《音位学原理》里发展为系统的音位学理论。

(5) 认为语言研究应当考虑到语言功能的多样性。

他们认为语言有多种功能。在此,"功能"一词含有十分宽广的意义,指"使用的多样性"、"实现的方式"等等。他们特别指出,必须区分语言的理性因素和感情因素,以及语言的交际功能和诗歌功能。

---

① 参阅特鲁别茨柯伊《有关印欧语问题的一些看法》,雷明译,《国外语言学》,1982年第4期。

他们指出,因为"每种功能语言都有其(社会)约定的系统"(第32页),因此若把某种功能语言跟索绪尔术语中的"语言"(langue)等同起来,另一种则跟"言语"等同起来,是完全错误的。例如绝不能说理性语言属于"语言",而感情语言则属于"言语"。布拉格学派(尤其是雅可布逊和穆卡洛夫斯基)对诗歌语言和诗歌功能特别重视。他们认为,诗歌作品形成了一个功能结构,它的各个成分,离开了与整体的关系,就不可能理解。此外他们还指出,语言的交际功能是朝向意义的,而诗歌功能则朝向符号本身,因此诗歌功能有其自身的特性。在这一方面,可以明显看出布拉格学派与早先俄国形式主义思潮的联系。在1916年至1920年期间,彼得堡和莫斯科两地的语言学家和文学家曾就形式主义问题展开过热烈的讨论,当时就专门讨论到诗的程序、异化等问题。布拉格学派在"论纲"中对这些问题表现出同样的兴趣,他们说,"艺术以其结构特征与其他的符号学结构区别开来,其意向并不在于所指(Signifié),而是朝着符号本身的。……符号(指表达——引者)在艺术系统中是有特征的部分,当文学史家不是把符号,而是把所指作为主要研究对象,当他把文学作品的思想方面作为独立自主的实体来研究时,他就破坏了他所研究的结构的价值的等级。"(第39页)因此他们提出,"应当就诗歌语言而研究诗歌语言"(第39页)。布拉格学派的成员后来对诗歌语言问题作过多方面的探索,应当说,他们对诗歌语言的特点以及对修辞层次、风格变体等等的研究,是有成绩的。然而他们所提出的撇开内容、研究纯形式的主张,显露了极端形式主义的倾向,则显然是站不住脚的。

在1930年布拉格国际音位学会议的开幕词中,马德休斯说,功能和结构语言学的源头是库尔特内和索绪尔的思想,他并且提出,"应该汲取这两个学派的最好的东西"①。综观"论纲",我们可以看到,他们所提出的语言理论和方法论原则确实是以索绪尔和库尔特

---

① 参阅 J. Fontaine, *Le cercle linguistique de Prague*, P. 50。

内的学说为基础的。可以这样说,两位大师的思想,在布拉格学派确立系统的对抗青年语法学派的理论和方法的过程中,是起了催化剂的作用的。马德休斯曾经指出,"历史的研究被认为是语言学著书立论的唯一科学的方法;即使研究活的语言,这种研究的成果也主要是用来解决历史问题。尽管有时也指出,语言是符号系统,但研究的仍然是孤立的语言事实。所以单一的历史方法妨碍了对语言系统重要性的认识。把个别的语言现象孤立起来,也阻碍了对语言功能所具有的重要作用的认识"①。可见,正是索绪尔的"语言是符号系统"的理论以及库尔特内强调的语言功能作用的观点成了他们批判青年语法学派的有力武器。

可是,就布拉格学派与索绪尔理论的关系来说,有一点却是十分值得注意的:他们虽然自认为是索绪尔遗产的继承人,并努力将他的理论付诸应用,然而他们也很强调自己的理论与索绪尔某些观点的对立。在"论纲"及一些其他的论著中可以看出,布拉格学派至少在两个问题上是跟索绪尔有明显的分歧的。

一个是对共时方法和历时方法的看法。雅可布逊很早就在一些论文中强调,共时研究不能脱离历时研究,历时变化同样构成系统。在雅可布逊和泰恩雅诺夫合写的刊于 1928 年《新艺术左翼战线》上的一篇文章中,他们指出,"……今日共时性研究的结果迫使我们重新检验历时性原理。现象的机械拼合的观念,在共时性研究领域里会为系统概念和结构概念所取代,它在历时性研究领域里也肯定会被排除。一个系统的历史本身就创造一个系统。纯粹的共时性现在似乎是虚妄的了;每一个共时性系统都包含了它的过去和未来,它们是该系统的不可再分的结构成分"②。特鲁别茨柯伊也表示了类似

---

① 马德休斯《我们的语言学走向何方》,转引自康德拉绍夫《语言学说史》第145—146页。
② 转引自 J·M·布洛克曼《结构主义(莫斯科——布拉格——巴黎)》,商务印书馆,1981年,第71页。

的看法。在 1926 年 12 月的一封信中他说:"在语言史上许多事情看来似乎是偶然的,然而历史学家没有权利停留于此;稍微认真的、合乎逻辑的思索就能使我们发现,语言发展史的总线条远不是偶然的,其细枝末节就更非偶然的了……语言演变的合乎逻辑的特性,是'语言是一个系统'这一事实的必然结果。"① 后来,在给海牙会议的建议和 1929 年的"论纲"中,他们反复强调,索绪尔关于共时音位学与历时语音学的二律背反命题应该取消,语言史不应限制于研究孤立的变化,而应该力图根据与变化有关的系统来考察它们,"不能像日内瓦学派那样在共时方法和历时方法之间架上不可逾越的障碍"。他们指出,索绪尔认为语言变化是破坏的、偶然的、盲目的因素的论题限制了对语言系统运用中出现的偏差的积极考察。他们认为,变化是作为风格差异进入系统的;变化会破坏系统的稳定,但它又以重建稳定为目标,因此由于变化而出现的不稳定状态必然会很快消失。② 布拉格学派还认为,索绪尔对历时态的理解隐藏着一种古典物理学的刻板的时间观念,他们则主张像油画和未来派诗歌那样,采取立体式的时间观。这两种时间观的不同,在图式上表现为③:

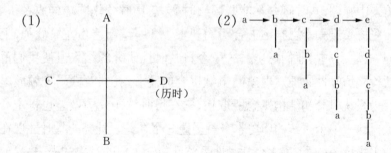

① 见 Troubetzkoy, *Principes de phonologie*, P. XXIV。
② 参阅雅可布逊《历史音位学原理》,见特鲁别茨柯伊《音位学原理》(法文版)附录一,第 334 页。
③ 见 Elmar Holanstein, *Jakobson*, Editions Seghers, Paris, 1974, P. 42。

图(1)是索绪尔的十字线形,图(2)为穆卡洛夫斯基的棱柱形。在图(2)上,表示时间的客观流逝的历时轴投影于表示时间的主观共存的共时轴上。他们认为,有决定意义的,并非客观的时间,而是时间的主观经验。

　　总的说来,布拉格学派强调共时语言学和历时语言学之间的联系及辩证关系,是有积极意义的。他们认为在发展共时音位学的同时,也应该而且完全有可能建立历时音位学,也是对的,这一认识后来在雅可布逊和马丁内(A. Martinet)的研究中引出了不少重要的结论。可是,他们在这一方面对索绪尔的批判和指责,却是不符合事实的。索绪尔强调历时变化的偶然性和不可预见性,并把历时性内容排除在以他所定义的"语言"为对象的语言学之外,然而他从来没有说过历时方法是不能成立的,或者历时语言学是不需要的。实际上,索绪尔是完全承认语言变化对系统的影响的。可是他指出,"变化永远不会涉及整个系统,而只涉及它的这个或那个要素,只能在系统之外进行研究。毫无疑问,每个变化都会对系统有反响,但是原始事实却只能影响到一点;原始事实和它对整个系统可能产生的后果没有任何内在的关系"(《教程》第127页)。索绪尔还说过:"共时真理似乎是历时真理的否定。从表面看,人们会设想必须作出选择,事实上没有必要,一个真理并不排斥另一个真理。"(《教程》第138页)由此可见,布拉格学派在这个问题上对索绪尔的了解是很肤浅的。

　　布拉格学派和索绪尔的另一个重大分歧是在对目的论的认识方面。在海牙建议中,雅可布逊等人就说,"应该提出变化所由产生的目的问题","正是语音变化的目的问题,代替传统的原因问题,越来越紧迫地摆在语言学家面前"。在"论纲"中他们更加强调"语言和人类活动一样具有合目的性"。雅可布逊、特鲁别茨柯伊等人后来经常回到这个论题上来。雅可布逊先是将语言活动与生物体相比拟,后来又引证信息论,竭力证明语言社会是潜意识地向着某种目的或目标前进的。也就是说,语言变化不是盲目的,而是合理的,是趋向一定的目标的,例如趋向于理想的元辅音系统,理想的音节,趋向于保持系统的稳定等等。特鲁别茨柯伊也说:"音位系统的变化任何时候都是倾向于一定的目的的。"(见其 1932 年的论文)总之,在他们看来,语言是一个能对变化着的周围环境自动作出有目的的反应的适应系统,这一反应作用的目的在于尽可能地维持结构内部的稳定,并使结构更趋合理。他们认为语言系统的秩序不能像青年语法学派一样,只根据物理的或者历史的因果性来加以描述,而应该用目的论来解释。

布拉格学派提出语言目的论的理论,既是针对青年语法学派的,也是针对索绪尔的。青年语法学派公开声称反目的性。布拉格学派的成员认为,在这一方面索绪尔与青年语法学派一样,也是一个反合目的性主义者。事实确是如此,我们在《教程》中可以看出,索绪尔是不赞成说语言变化有目的性的,他明确指出,"历时事实是一个有它自己的存在理由的事件,由它可能产生什么样特殊的共时后果,那是跟它完全没有关系的"(第 124 页),总之,"语言却不会有什么预谋",(第 129 页)"变化是在一切意图之外发生的"(第 125 页)。布拉格学派批评索绪尔把系统概念的运用局限于共时分析,同时又提出,历时音位学因为把音位系统作为正在发展的有机实体来考察,因而同样可以运用系统概念,这本来是很有道理的。然而他们坚持采用 téléologie(目的论)、finalité(合目的性)、tendance vers un but(趋向一个目的的倾向)等术语和说法,把语言的变化设想为是受某个预定的、内在的目标支配的,实在令人不可捉摸。对这一点,就连作为该学派的理论的主要继承人之一的马丁内,也是持保留态度的。他认为雅可布逊和特鲁别茨柯伊十分喜爱的 téléologie 和 finalité 这两个术语,太具有哲学色彩,是一种空想的假设,因而令人难以接受。① 哲学史上有关合目的性、目的论的议论,可追溯到希腊时代,在近、现代

---

① 参阅 G. Mounin, *La linguistique du XXe siècle*, 1975, PP. 106—107, PP. 162—163。

哲学中,也时有争论。语言研究领域里关于这一论题的讨论,主要与分析语言变化的原则有关,目前也难有定论。

3. 特鲁别茨柯伊的音位理论

布拉格学派的研究领域相当宽广,涉及音位学、语法学、风格学等方面,但他们研究得最多的,成就最突出的是在音位学方面。马德休斯曾说:"新观点和新方法的效果与灵活性,首先要在语言的语音方面受到检验,音位学成为功能的以及结构主义的语言学范围内的主要学科,就像历史语音学成为青年语法学派研究的主要领域和骄傲一样。"[1]可见,他们自己也认为,音位学研究的辉煌成就是最值得骄傲的,这也是人们通常把他们的学派称为音位学派的原因。就音位学研究而言,最足以代表该学派的,无疑是特鲁别茨柯伊的理论。特鲁别茨柯伊的《音位学原理》[2]一书,是他一生的最后十年中潜心研究的结晶,也是现代语言学的经典著作之一。下面我们就主要以此书为根据,概要地介绍他的音位理论。

首先是关于音位学与语音学的区别问题。特鲁别茨柯伊提到,瑞士方言学家温特勒(J. Winteler)于 1876 年首先感到有必要区别两种对立的语音学,他发现语言中有的语言对立被用来区别不同的词,有的则没有这种用途。然而他并没有得出什么进一步的结论。稍后,英国语音学家斯威特(H. Sweet)也多次提出了类似的看法,并把这一看法传授给了他的学生,尤其是叶斯丕森(O. Jespersen)。但是他们也没有考虑到由此可以得出什么具有方法论意义的结果,还是

---

[1] 转引自康德拉绍夫《语言学说史》,第 152 页。
[2] 《音位学原理》(*Grundzuge der phonologie*),1938 年发表于《布拉格语言学会会刊》,法译本 1949 年出版,俄译本 1960 年出版。我们的评述以冈底诺(J. Cantineau)译的法文版(*Principes de phonologie*,1970 年重印本)为依据。

用纯粹的语音学方法去研究所有的语音和所有的语音对立。特鲁别茨柯伊认为,索绪尔也没有解决这一问题,尽管他提出了应该把物质的语音与"非物质的"(incorporel)语言的能指区别开来,并且已认识到能指的成分具有区别的、对立的和相关的特性,但是他并未明确提出必须把"言语声音的科学"与"语言声音的科学"区分开来。第一个明确划定这两门学科的界线的,是博杜恩·德·库尔特内。他提出应当有两种互不相同的描写语音学:一种研究作为物理现象的具体的音,另一种则把具体的声音作为在某一语言共同体内部用于交际目的的语音符号来研究,他分别定名为"生理语音学"和"心理语音学"。特鲁别茨柯伊认为,可以把索绪尔和库尔特内看作为现代音位学的先驱,因为他们看到了对语言来说,最重要的并非具体的语音,而是语音的对立。正是在这两位学者的认识的基础上,特鲁别茨柯伊进一步确定了音位学与语音学的区别。他说,"语音学可以定义为关于人类语音的物质方面的学科"(第11页。法译本,下同),它采用的是自然科学的方法;"音位学只应该观察那些在语言中完成一定的功能的声音"(第12页),它不能采用自然科学的方法,而应该应用类似于研究语法系统的方法。也就是说,语音学是研究言语的声音的科学,而音位学是研究语言的声音的科学;语音学是关于语音的纯现象学的研究,而音位学则是关于语音的语言学功能的研究(第12页)。不过,特鲁别茨柯伊也指出,尽管仔细地区分音位学和语音学不仅在原则上是必要的,而且在实践上也是做得到的,但是这一区分也不应该阻碍它们彼此利用对方的研究成果。

特鲁别茨柯伊音位理论的另一个重点,是音位的定义问题。最早对音素和音位(俄语为 эвук 和 фонема)加以区别的,是库尔特内,不过他本人多次指出 фонема 这一术语是他的学生克鲁舍夫斯基 (Крушевский) 首创的。库尔特内最初提出,音位是"语音特征的总和,它通过或是在一种语言的范围内,或是在几种相关语言的范围内的比较,构成一个不可分割的单位"①,随后,他又把音位定义为"语音学范围的单一的映象,这个映象是发同一个音所留下的印象的心理融合在人们心灵中的显现=这个音的心理等价物。在这音位的单一映象上,联结着一定量的发音生理学的(亦即发音的和音响的)单纯映象"②。库尔特内的音位观念大约在19世纪70年代就确立了,然而由于语言的障碍,在很长的时间里,西欧和美国学者中很少有人知道。直到1895年他的《试论语音交替作用理论》的德文版在斯特拉斯堡出版,人们才对此有所了解。

特鲁别茨柯伊认为库尔特内把音位看作"语音的心理等价物"是根本站不住脚的,因为同一个音位可以有好几个语音(作为变体)跟它相对应,而每个语音都有自己的"心理对等物",亦即与其对应的那些音响的和发音的映象。特鲁别茨柯伊在谈到他自己对音位的认识过程时曾说,在其早期的作品中,他给音位所下的定义,有跟库尔特内同样的错误。他最初用过 Lautvorsteellung(音响映象)这一术语。但他后来认识到,事实上音响——发音映象是跟各个语音变体相对应的,然而人们没有理由说哪些映象是"意识到的",哪些映象是"没意识到的"。在第二届国际语言学家会议上的报告中,特鲁别茨柯伊又用过 Lautabsicht(音响意向)这一术语,这只不过是把音响映象转移到了意志领域而已。后来他发觉,这个术语也是错误的,因为意向对每个不同的音响变体来说,也是不同的。特鲁别茨柯伊指出,这些心理学的表达方法都不适合音位的特性,只能导致音素和音位界线的模糊不清,因而应该避免使用。他说:"在给音位下定义时,应该避免求助于心理学,因为音位是个语言学概念,而不是心理学概念。在确定音位定义时,必须排除任何涉及到'语言意识'的地方。因为'语言意识'或者是语言的一种隐喻称呼,或者根本是一个模糊的概念,

---

① 转引自 G. C. Lepschy, *La linguistique structurale*, P. 64。
② 同上书, PP. 64—65。

它自身也需要定义,而且它也许根本不能成立。"(第42页)

除了对具有心理学色彩的音位定义提出了批评与自我批评外,特鲁别茨柯伊认为琼斯(Danniel Jones)建立在组合变体基础上的音位观念也同样不能令人满意。D·琼斯把音位定义为"在一种语言中性质相关的一簇语音,使用时没有一个成分在一个词里面相同的语音环境中,会跟任何别的成分一样地出现"[1]。琼斯还说过,库尔特内提出的音位的心理学观点和物理学观点都是可以支持的,但他更倾向于物理学观点。特鲁别茨柯伊批评琼斯的音位观念让音位和音素处于同一个平面,并且实质上依赖于讲话者的语感。

特鲁别茨柯伊最终认为,只有从功能角度给音位下定义,才可能摆脱含糊不清的状况,取得令人满意的结果。他说,"音位首先是一个功能概念,应该根据它的功能来下定义"(第43页)。这里所说的"功能",跟索绪尔的价值概念实际上是一个意思。在特鲁别茨柯伊看来,音位也是一个价值,它具有任何价值都存在的特性。他曾举例说,"一个货币单位(例如一美元)的价值,既不是一个物理事实,也不是一个心理事实,而是一个抽象的、'假定'的量"(第46页)。他认为音位也一样,它既非物理现实,也非心理现实,而是一个抽象的假定的单位。因而,他认为索绪尔的一个说法是可以接受的,即音位首先就是"对立的、相关的、消极的实体"(《普通语言学教程》第165页)。基于这样的认识,特鲁别茨柯伊说:"从所讨论的语言来说,不能分解为更小的、相互连接的音位单位的那些音位单位,我们称之为音位。"(第37页)这也就是说,"任何语言都必须以'音位的'区别性对立为前提,而音位就是这些对立的项,它不可能再分为更小的'音位的'区别性单位"(第44页)。按D·琼斯的说法,以特鲁别茨柯伊为代表的布拉格学派的音位学家并没有遵循库尔特内把音位当作语音概念

---

[1] 见D. Jones《"音位"的历史和涵义》,游汝杰译,《国外语言学》,1980年第2期,第29页。

的看法,而是把音位看作能够以语音形式"体现"出来的结构单位。①这是确实的。布拉格学派最先以结构主义观点研究语音,他们首先注意的是语音的结构、功能关系,也就是语音系统内由单位的结合而产生的相互联系、相互制约的关系。根据这种观点,他们认为每一具体的音参与音位区别性对立的,只是它们的音位相关性特征,因此音位并不与具体的音吻合。正因为如此,特鲁别茨柯伊认为,也可以说"音位是一个语音所含有的音位相关性特征的总和"(第40页)。

特鲁别茨柯伊的音位理论还有一个重要的内容,是关于音位对立的分类问题。在确定了音位的功能概念之后,特鲁别茨柯伊在分析了200多种语言的音位系统的基础上,对音位对立进行了仔细的分析和归类。

从索绪尔理论中吸取的对立观念是特鲁别茨柯伊音位理论中的一个基本概念。特鲁别茨柯伊认为有两种语音对立。他说:"在某种语言中能够区别两个词的理性意义的语音对立,我们称之为音位对立(或者叫音位区别性对立或区别性对立)。相反,没有这种特性的对立,则称为从音位学观点看来是非相关性的对立或非区别性对立。"(第33页)特鲁别茨柯伊认为,某种语言的每一音位的内容和整个音位系统的确定是以音位对立系统的确定为条件的,音位的分类也以对立的分类为前提,因此他对音位对立及音位对立分类的研究十分重视。

特鲁别茨柯伊认为音位对立可从几个不同的角度进行分类:

(1) 根据区别性对立与整个对立系统的关系,首先,可分为双边对立与多边对立。特鲁别茨柯伊认为,每个对立都是以对立两项之间存在一定的共同特征为前提的。所谓双边对立,是指对立双方所共有的语音特征不出现于其他成分的对立之中。例如英语中的/p/

---

① 参见 D. Jones《"音位"的历史和涵义》,游汝杰译,《国外语言学》,1980年第2期,第30页。

和/b/是一个区别性对立,其共同特征是"口腔唇塞音"。由于英语中其他辅音都不是"口腔唇塞音"(/m/是鼻音,/f/、/v/则不是塞音),因此这是一种双边对立。当对立双方的共同特征也出现于别的对立时,就称为多边对立。如英语中的/f/和/b/是唇阻塞音,但唇阻塞音这种特征也出现于/p/、/v/中,因此/f/和/b/这一对立只能称为多边对立。特鲁别茨柯伊指出,双边对立与多边对立的区别并非只有音位系统才有,它同样存在于别的符号系统中。例如在拉丁字母系统中,大写的E和F是双边对立(其共同特征为F),而P和R则是多边对立,其共同特征是P,但具有这种特征的还有B。其次,按上述同样的关系,还可以分为成比对立与孤立对立。特鲁别茨柯伊说,如果一种对立,其成分之间的关系与同系统中其他一种或几种对立的成分之间的关系相等同,就称为成比对立,否则就是孤立对立。例如,法语中/t/和/d/的对立是成比对立,因为与这一对立成分之间的关系相当的,还有/p/和/b/、/k/和/g/等等。/l/和/r/的对立则是孤立的。

(2) 根据对立成分之间的关系,特鲁别茨柯伊把对立分成否定对立、程度对立和等值对立。否定对立是指对立的一个成分所具有的某个特征为另一个成分所没有,例如,"浊音——非浊音","鼻化音——非鼻化音","唇化音——非唇化音"等等。特鲁别茨柯伊把具有某个特征的成分称为"有标记"成分,没有某个特征的,就称为"无标记"成分。例如英语的/p/与/b/的对立中,/b/带有浊音,是"有标记"成分,而/p/不带浊音,就是"无标记"成分。如果对立成分有基本相同的特征,但程度上有差异,就称为程度对立。例如不同程度的元音开口度/u/与/o/、/o/与/ɔ/。如果对立成分从逻辑上看是相当的,既无所谓特征的有和无,又没有什么程度上的差别,就叫作等值对立。例如英语中/p/和/t/或/t/和/k/的对立就是等值对立。

(3) 根据对立的区别能力的大小,特鲁别茨柯伊又把对立区分为恒定对立和可中和对立。所谓可中和对立,是指只在一定位置上保持对立,在一些场合则对立消失,也就是他所说的对立"被中和了"。例如德语中存在清辅音与浊辅音的对立(如/p/和/b/、/t/和/d/等等),但在词末却只出现清辅音。因此,虽然 Rat(劝告)和 Rad(轮子)的书面形式不同,但发音却一样,都是〔ra:t〕,这就是说,德语的/t/和/d/的对立在一般情况下虽然存在,但在词末却被中和了,因而就被称为"可中和对立"。相对于"可中和对立"而言,如果对立在任何位置上都存在,即不存在中和现象,那就是恒定对立。

特鲁别茨柯伊认为,通过各种不同角度对对立进行的分类,使我们有可能对音位系统的特点,如音位对立的类型、结构严密程度等作出深入的分析。他认为,在上述所有对立中,双边对立、成比对立、否定对立最为重要。因为对音位系统的结构来说,双边对立的两个项之间的联系远比多边对立紧密。成比对立、否定对立的两个项所具有的区别特征,则由于在同一音位系统中往往重复出现,形成相关性的对立群(如 p:b, t:d, k:g 等等),因而显得特别突出、显明。这些特点对音位分析来说,都十分有用。

特鲁别茨柯伊一生所发表的音位学论文共 53 篇,其中所包含的重要论点和材料,经过浓缩、重写和发展,最后基本上都被纳入了他的《音位学原理》。为了写作这一集大成的著作,特鲁别茨柯伊真可谓呕心沥血,直至去世前的最后一周,在医院的病床上还在口授文稿。然而,最终他还是未能完成预定的写作计划。据估计,全书仅缺最后的二十来页,主要是关于"句子的划界符号"这一章,以及全书最后的"结论"。正式出版的《音位学原理》,正文共 315 页(指法文版),除了导论和一个对音位学的初步说明外,主要分为辨义篇和标界篇两部分。辨义篇为全书重点,约占全书六分之五的篇幅。该篇探讨语音的区别性功能,共分为七章,即:1)基本概念,2)确定音位的规则,3)区别性对立的逻辑分类,4)语音区别性对立的音位系统,5)区别性对立中和的类型,6)音位群,7)音位统计学。《音位学原理》总结和概括了直至 20 世纪 30 年代末的音位学研究(特别是布拉格学派的音位学研究)的丰硕成果,对音位定义、对立观念和辨义功能、区别性特征以及相关性概念等等进行了系统而深入的探讨,从而形成了系统的音位理论。当然,对音位理论的研究,并非自特鲁别茨柯伊才开始的。他自己也说过,他对几位先驱者(尤其是索绪尔和库尔特内)的思想在方法论上的重要性十分了解,并努力使这些思想在国际思潮中得到传播。但应该承认,他是第一个企图并最终实现了建立系统的音位理论的人。在不少方面,他的探索是有独创性的,如音位的区别性特征、音位对立的分类、从音位角度对韵律特征(如音长、音重、音高、语调等等)的分析、音位的划界作用、音位统计学等等。所有这些,对后来的音位学研究都有极重要的影响。特鲁别茨柯伊的音位理论自然也并非十全十美的,它也还存在着某些缺陷。例如,他一方面主张把音位学与语音学绝然分开,另一方面却又把这一区分建立在语音学标准、尤其是发音特性的基础上,他的音位对立的分类也常常是以语音学为出发点的,这就不能不造成理论上的自相矛盾。特鲁别茨柯伊本来打算在完成全书的初稿之后,再回过来对某些章节进行修改、补充,或改写得更为精确一些。[①]这一计划未能实现,这也许是造成他的理论的表述在某些地方不能自圆其说的一个原因。

4. 布拉格学派在语言学史上的地位

法国著名语言学家马丁内在为《音位学原理》法文版所写的序言中指出,特鲁别茨柯伊的这部专著恰好出版于功能结构语言学实现决定性转折的关键时刻:在近十年的时间里,音位学一直被视为布拉格学派的独特的研究内容,20世纪30年代末,正是它开始走向世界的时候。他认为,正是这一情况,"使得特鲁别茨柯伊的这本著作成

[①] 参见布拉格语言学会为出版《音位学原理》所写的前言,见 *Principes de phonologie*, P.Ⅰ。

了语言学史上一个决定性时期的完美的结果,由此并使它获得了永久的价值。它成了所有力求……更深刻地理解语言事实的性质的人的必备的参考书"①。瑞典语言学家马尔姆伯格(B. Malmberg)也说,"特鲁别茨柯伊的《原理》标志着语言学史上的一个重要阶段"②。可见,布拉格学派对语言学的贡献,主要在于他们在音位理论研究方面的杰出成就。正是特鲁别茨柯伊的《原理》所总结的音位理论,构成了欧美语言学史上一个不可忽视的阶段的主要特征。

特鲁别茨柯伊曾经说过,音位学研究不仅是为了建立一种理论,而且其自身也是一种科学运动,它属于当时总的科学运动的一部分。在《现代音位学》一文的最后部分他曾指出:"我们所生活的时代的特征是:一切科学部门的发展趋势都是以结构主义代替原子主义和以普遍主义代替个体主义(当然,是就这些名词的哲学意义而言)。这种趋势可在物理学、化学、生物学、心理学、经济学等学科中看到。因此,现代音位学不是孤立的,它属于更为广泛的科学运动的一部分。"③特鲁别茨柯伊这儿所说的科学发展的总趋势,是指 19 世纪末和 20 世纪初产生的一个重大变化,即原先的实证主义被可称之为结构主义的新原则所取代的过程。④古典物理学总是从"质点"运动的研究出发去发现运动的一般规律,然而由于电磁场定律的发现所产生的"场物理学"却趋向于相反的观点,因为电磁场显然不可能被分割成单独的各个点。生物学则从 20 世纪初流行起新的整体论,强调"整体先于部分"。心理学中,现代格式塔心理学也摒除了那种把心理现象总是还原为最初的元素的旧方法,并开辟了一条新型的结构主义心理学道路。语言学的发展确实也经历了同样的变化,那就是

---

① 见 Troubetzkoy, *Principes de phonologie*, P. IX.
② B. Malmberg, *Les Nouvelles tendances de la linguistique*, Presses universitaires de France, 1972, P. 134.
③ Troubetzkoy, "La phonologie actuelle", in *Journal de psychologie*, 1933, P. 246.
④ 参阅卡西尔《人论》,甘阳译,上海译文出版社,1985 年,第 155—156 页。

从索绪尔开始的语言学结构主义运动(即通常所说的"索绪尔革命"),布拉格学派的音位学研究正是这个运动的重要组成部分之一。索绪尔的语言理论是在时代总趋势的影响之下,通过对青年语法学派的理论和方法的批判而建立起来的,他所提出的语言系统观以及共时结构分析方法等等,正是对青年语法学派的原子主义语言观及研究方法的否定。不过,索绪尔的目标首先是在于构筑理论框架,他为语言学的新方向提出了任务,提供了理论基础,但他并未来得及将其理论应用于某一具体语言现象的研究。而布拉格学派的音位学研究,正是索绪尔理论付诸应用并取得丰硕成果的一个良好开端。跟索绪尔一样,布拉格学派的理论也是跟青年语法学派的理论相对立的。他们不赞成像青年语法学派那样采取单一的历史方法和把个别的语言现象孤立起来进行研究的原子主义态度,认为这样将妨碍对语言系统性和语言功能的认识。依据索绪尔区分语言和言语的理论,布拉格音位学家确定了音位学与语音学的区别:语音学研究言语的声音,音位学研究语言的声音。他们认为,为了了解语言的结构和功能,应该着重研究语言的声音,即有意义的声音,而不能像青年语法学家那样,局限于根据物理学和生理学去描述言语—声音。基于这一基本的认识,他们研究了音位概念、音位内容、音位对立、音位分类等一系列问题,提出了系统的音位理论。由此可见,在语音现象这一具体领域里,布拉格学派使结构主义原则得到了贯彻,并有了进一步的发展。正是在这个意义上,可以说布拉格学派是索绪尔思想的受益者和继承者。

布拉格学派在音位理论方面所取得的成就,对欧美语言学的发展产生了很大的推动作用。美国语言学家霍凯特曾说:如果没有特鲁别茨柯伊的音位学,就不可能有今日美国的音位学,犹如没有欧几里德几何,就不会有今日的现代几何一样。[1]事实确实如此。特鲁别

---

[1] 见 Ch. Hockett 文,*Language*, 21:3(1951), P. 342。

茨柯伊的《音位学原理》被很多学者视为20世纪语言学的"经典著作",音位学的百科全书,其中许多基本观点和概念已为各国学者接受。值得特别注意的是,音位理论并不只是在语音研究方面有重要价值,它具有更重要的方法论意义。早在1932年,特鲁别茨柯伊就指出,在结构主义的科学运动中,现代音位学处于十分有利的地位,因此首先获得了发展,"现在所期望的是,语言学的其他部分(形态学、句法学、词汇学、语义学等等)在这方面能很快赶上音位学"[1]。因此,布拉格学派的一些成员,就曾努力把在音位研究中取得明显效果的结构主义原则和方法,运用于语法和诗歌语言等方面的研究中去。后来美国的一些学者,也力图把布拉格学派在音位研究中确立起来的一套概念(如区别性特征、标记、深层形式等等)运用到语法和语义的分析中去。而且,音位的理论和研究方法,不仅对语言学各学科的研究产生了深刻的影响,还被移植到了别的人文科学和社会科学中去。在这方面,结构人类学的产生最能说明问题。前面我们已经提到,法国人类学家列维-斯特劳斯(Levi-Strauss)受音位学家的启发,尝试像音位分析一样去分析表面看来显得杂乱无章的各种社会现象。他认为人类的各种文化现象,例如亲属关系、婚姻制度、庆典仪式乃至烹饪法等等,其各组成部分并非彼此无联系的实体,它们也有各自的结构,构成类似音位系统那样的相关系统,因此也应该而且完全有可能用音位分析方法进行研究。列维-斯特劳斯不仅认为亲属关系系统可像音位系统一样地进行分析,而且还说,"如语言一样……一个社会的烹饪法经过分析,可以分为各组成要素,这里我们把这些要素称为'味素'(gustemes),我们还可以根据对立的和相关的某些结构把这些要素组织起来"[2]。正是基于这样的认识,列维-

---

[1] Troubetzkoy, "La phonologie actuelle", in *Journal de psychologie*, 1933, P. 246.
[2] 见列维-斯特劳斯《结构人类学》,转引自霍克斯《结构主义和符号学》,上海译文出版社,1987年,第26页。

斯特劳斯采用能指、所指、区别、对立、相关性、音素、音位等一系列结构主义的术语和概念,以及共时的结构分析方法,深入探索了"原始人"、"野蛮人"的各种制度和思维活动,建立了结构人类学。最后,他得出了一个结论:"音位学对于社会科学来说,起着跟核物理学对整个精确科学所起的同样的革新的作用。"① 由此可见布拉格学派音位理论的影响的深远程度。

总之,尽管布拉格学派的经典时期实际上并不长(仅十年左右),但它在语言学史上的重要地位却是不可忽视的。布拉格的语言学家开拓了音位学这一新的研究领域,使语言研究进一步走上了科学的轨道。他们的音位理论全面而深刻地体现了结构主义思想,这也就使他们得出的一些原则具有了某种普遍的意义。这正是这一学派的理论和实践近年来越益受到许多语言学家的重视的原因。

---

① 见 *Word* 第二期上列维-斯特劳斯的文章。

第九章 Chapter 9
哥本哈根语言学派

1. 哥本哈根语言学会及其代表人物

除了布拉格学派之外,欧洲还有一个结构主义语言学研究中心,那就是于20世纪30年代初崛起的哥本哈根学派。丹麦有语言研究的优秀传统,自19世纪初以来,出现了许多杰出的语言学家,其中有国际影响的,就有拉斯克(R. Rask)、维尔纳(K. Verner)、汤姆逊(V. Thomsen)、裴特生(H. Pedesen)、叶斯丕森(O. Jespersen)等人。哥本哈根大学原来是历史比较语言学研究的中心之一,著名历史比较语言学家汤姆逊、裴特生先后主持该校的比较语言学讲座达三十年之久。但从20世纪20年代末开始,像布拉格出现的情况一样,在结构主义思潮的影响下,丹麦一批青年学者开始转向语言结构的研究。先是成立了两个小组:"音位学研究小组"和"语法研究小组",着重从结构角度从事音位学和语法的研究。1931年,仿照布拉格语言学会的样式,成立了哥本哈根语言学会(Cercle linguistique de Copenhaque)。该学会的主要代表人物有三个:布龙达尔(Viggo Brøndal, 1887—1942),乌尔达勒(Jørgen Uldall, 1907—1957)和叶尔姆斯列夫(Louis Hjelmslev, 1899—1965)。

布龙达尔的主要著作有《普通语言学论集》(1943)、《罗曼语和日耳曼语的基质和借用(关于语音和词的历史的研究)》(1948)、《词类》(1948)、《介词理论》(1950)等多种。然而最集中地反映他的结构语言学思想的,却是刊载在《语言学学报》(Acta Linguistica)创刊号上的他的那篇篇幅不长的论文《结构语言学》("Linguistique structurale")。在这一论文中,他评述了以往的、尤其是19世纪以来的语言研究情况,并全面表述了自己的结构主义观点。

布龙达尔首先指出比较语法是"19世纪的女儿"①。它具有三个明显的特征:由于受对遥远的古代的浪漫主义情趣的影响,它首先是"历史的"。某些理论家(例如保罗)甚至坚决认为,整个语言科学都必须是历史的。由于对细小的真实事实以及精确和细致的观察的兴趣,它也是"实证的"。它只对可以直接观察的事实、尤其是语音感兴趣,并把整个语言活动看作纯生理的、心理的现象。由于受当时的自然科学的影响以及想在方法的严密性上跟自然科学相媲美,它最终又是"合乎法规的"。它形成越来越多的具有绝对性的规律(lois)。布龙达尔认为,比较学家强调历史、具体和规律的倾向明显地反映了他们的实证主义思想。这种思想对科学的实践固然很有用处,但在理论上却存在着严重的、甚至不可克服的困难。他完全赞同拉朗德(Lalande)的观点,认为对任何科学来说,实际上最重要的是那些经常的、稳定的、相同的东西。他并且表明,应该承认任何真正重要的变化都显示出非连续性(discontinuite)。

接着,布龙达尔指出,到了20世纪,实证主义观念已再也不能促进现代科学的发展了,"在语言学里,也和在许多其他领域里一样,新的科学精神显然是反实证主义的"(第4页)。这是因为,人们首先感到"有必要在时间的长流中把属于一种科学的对象独立出来,分割开来,也就是说,一方面确定被视作不变的状态,另一方面确定从一种状态到另一种状态的突变"(第4—5页)。他认为,正如在物理学中提出"量子"(quanta)、生物学中提出"突变"(mutations)一样,在语言学中索绪尔提出了"共时性"(synchronie)和"历时性"(diachronie)的区分。共时性被理解为具有稳定性、统一性和一致性的平面。其次,

---

① 本节凡引自《结构语言学》的话,均见 *Acta Linguistica*, Vol. 1, PP. 2—10. 1939。

人们懂得了确立普遍观念的必要性,因为普遍观念是"同一客体的各种特殊情况、所有个别表现可能形成的唯一统一体"(第5页)。布龙达尔认为,正如生物学中产生了"基因型"(génotype)概念,社会学中提出了"社会事实"(le fait social)的概念一样,语言学中则相应地提出了"语言"(langue)和"言语"(parole)的区别。生物学家约翰逊(W. Johannsen)把"基因型"理解为"遗传型因素的总和,各种各样的现象型(phénotypes)只是具体体现"(第5页)。社会学家杜尔克姆(Durkheim)则把"社会事实"定义为独立于它的个别表现和各人的意识之外的现象。同样,语言学家索绪尔把"语言"看作"种"(espèce)和"制度"(institution)。跟"基因型"和"社会事实"一样,"语言"也纯粹是一种抽象的实体。总之,布龙达尔认为,许多现代科学都已认识到,必须紧紧抓住"被研究的对象内部的各种理性联系"(第5页)。例如,在现代物理学中,人们不仅研究晶体和原子的结构,甚至分析光的结构。在心理学中则提出了"格式塔"(Gestalt)的概念。布龙达尔在援引了拉朗德对"结构"所下的定义之后指出,结构主义原则在语言学中也已扎根,"索绪尔所说的系统正是这个意思,在系统里所有的成分都相互制约着;萨丕尔所说的'模型'(pattern)或语言整体模式也是这个意思。特鲁别茨柯伊的功绩则在于创立和制定了关于音位系统的结构主义学说"(第6页)。在布龙达尔看来,这种语言学新观念具有明显的优越性,在强调同一性、统一性和整体性思想的过程中,它就幸运地避开了狭隘实证主义所固有的那些困难,而这些思想在科学发展中始终起着决定性的作用。

布龙达尔还进一步指出,对结构语言学来说,"共时"、"语言"和"结构"这三个概念有特别重要的意义。"共时",强调某一语言的同一性,共时性研究也就是研究属于同质状态的语言现象。"语言",强调由共时研究而视为同一的语言的统一性。"为了确定一种语言……我们把所有的变体归并为最低限度数量的基本和抽象的类型(变体则被视为这些类型的实现),而暂时地,然而毫不犹豫地忽略那些从结构主义观点看来,可以认为是不重要的或者非相关性的和纯粹是个人的一切东西。"(第 7 页)"结构",强调业已确认同一性和统一性的语言的整体性。"为了深入结构的本质,我们在被视为同一的和统一的诸要素之间确立不变的、必须的、因而是合法地建立的一切关系"。(第 7 页)以上三方面被认为是结构语言学的基础。

此外,布龙达尔还提出了是否应该接受"泛时性"(panchronie)和"无时性"(achronie)概念的问题,看来他是倾向于确立那种无论在什么时候,无论在什么语言的状态里都存在的、人类普遍的因素的。这种倾向跟哥本哈根学派建立普遍语法或理性语法的目的是完全吻合的。

乌尔达勒在 20 世纪 30 年代初就与叶尔姆斯列夫在"音位学研究小组"和"语法研究小组"中一起从事研究工作。后来在奥胡斯(Arhus)两人建立了更密切的合作关系,共同探索一种新的语言理论。1935 年他们把这种新理论定名为"语符学",并宣告他们将共同编写一部《语符学基础》。他们曾合作多年,共同致力于这一新理论的创建工作。后来由于乌尔达勒长期旅居国外,彼此的看法也有分歧,终于未能完成原定的合作研究计划。1957 年,亦即乌尔达勒去世的那一年,才将他撰写的第一部分正式发表(即《语符学基础》[*Outline of Glossematics*; *A study in the Methodology of the Humanities* I: *General Theory*], Copenhagen, 1957)。

从发表的这一部分看来,乌尔达勒所承担的任务,是制订作为科学的一般理论的语符学。乌尔达勒和叶尔姆斯列夫有一个共同的看法,即认为应该而且完全有可能将语言理论和科学的一般理论统一起来。叶尔姆斯列夫在《语言理论导论》中曾说:"所有科学都聚集在语言学的周围"(第 15 章),意思是说完全可以在作为语言理论的语符学的基础上,扩大范围,研究适用于所有科学的语符学。乌尔达勒所完成的部分,其目的正在于建立这样一种一般语符学系统。这种认识与当时流行的逻辑实证主义的"统一科学"的看法是完全一致的。卡尔纳普就曾说过,"科学是一个统一的系统,在这个系统之内并无原则上不同的对象领域,因此自然科学与精神科学并不是分裂的。这就是统一科学的论点"①。只不过,卡尔纳普认为物理语言是一切科学的基础语言,因而一切科学应该在物理学的基础上统一起来,构成一个完整的系统,而语符学家则认为统一一切科学的基础应该是语言学。

乌尔达勒《语符学基础》的主要内容是论证运用精密科学的方法研究人文科学的可能性问题,也就是说,他的主要目的是在于探索统一量的科学和质的科学的基础。乌尔达勒认为,计量科学的研究方法已达到了很高的水平,把这种方法导入语言研究领域,必将大大提高语言学的科学水平。他进而指出,要想引进精密科学的方法,使量的科学和质的科学接近起来,唯一的办法,是在语言学之类人文科学(质的科学)中,排除对象的物质方面,采用纯功能和关系来表达对象。他指出,"精密科学不是跟宇宙中全部现象相联系的,而仅仅跟它们的一个方面即功能相联系,而且仅跟量的功能相联系。从科学观点来看,宇宙不是由物体甚至不是由'物质'构成的,而是仅仅由物体间的功能构成的;而物体仅仅被看成是功能的交叉点。'物质'本身不应予以考虑,因此,科学的世界观不是一幅图画,而是一张图表"②。他认为精密科学之所以取得飞速的进步,关键就在于紧紧抓住了"量的功能",因此人文科学要想与精密科学统一起来,实现"科学化",只有在这方面向精密科学靠拢。因为在他看来,"要求精密科学放弃它所达到的发展水平是荒谬的,因此只有人文科学抛弃'物质',依靠功能才能实现这一统一"。他认为,只有这样,人文科学才

---

① 转引自刘放桐等编著《现代西方哲学》,人民出版社,1987年,第457页。
② 转引自B·A·兹维金采夫《对语符学的批判》,于群译,《语言学资料》,1964年第3期,第72—73页。

能成为精密科学。①就这样,乌尔达勒通过把研究对象非物质化以及把一切科学对象归结为功能系统,最终得出了作为一般科学理论的语符代数学。正如他在这一著作的结尾部分所说的,"这里所阐述的语符代数学是包罗万象的,也就是说它的运用不受材料的限制,因此,在它的性质和阐述中没有任何语言学甚至人文科学所特有的东西,虽然,按照创建的意图来看,它的主要目的是确定对语言学以及其他人文科学材料进行描写的基础。"②

乌尔达勒企图运用精密科学的方法研究人文科学(包括语言学),是无可厚非的。尤其是近来数理语言学等边缘科学以及机器翻译等应用语言学的迅猛发展,更加证明了这一问题的重要性。然而,他为了追求形式化的彻底性,要求完全摒弃"物质",则在理论上和实践上都未必行得通,因而遭到不少人的批评和指责。③

布龙达尔和乌尔达勒都很早就去世了,他们的影响并不大。实际上,哥本哈根语言学会真正的代表人物只有叶尔姆斯列夫一人。

叶尔姆斯列夫最初是专攻罗曼语言学的,先后受业于裴特生(从其学习比较语言学)和梅耶(从其学习普遍语法),因此对传统语言学的材料和方法有相当深刻的了解。他曾在奥胡斯当过一个时期的副教授,1937年接替裴特生的比较语言学讲席,从此一直任哥本哈根大学教授。他的父亲是数学家,自1917年起就是哥本哈根大学教授。有人认为,叶尔姆斯列夫后来立志从事纯理研究,有一种倾向于抽象而严密的科学精神,也许受到他父亲的某些影响。

叶尔姆斯列夫是哥本哈根语言学派的主要理论家,一生论著宏富。主要著作有:《普通语法学原理》(1928),《格的范畴》(两卷本,1935,1937),《语言理论导论》(1943),《语言学》(1963),以及一系列

---

①② 转引自《语言学资料》1964年第3期,第72页。
③ 参阅 B·A·兹维金采夫《对语符学的批判》,于群译,《语言学资料》,1964年第3期,第72—73页。

论述语符学原理的重要论文,例如《论语素的一种理论》(1938)、《支配关系的概念》(1939)、《语言和言语》(1943)、《语言学中的结构分析法》(1948)、《语言行为的层次》(1954)等等。①

叶尔姆斯列夫是语符学理论的主要创始人。上面我们已经提到,在奥胡斯时,他与乌尔达勒合作,共同构筑新理论。1935年,他们曾在奥胡斯的 *Humanistisk Samfunds Skrifter* 第一卷上发表过一篇《语符学基础提要》,并计划合作写作《语符学基础》。后来由于种种原因,尽管叶尔姆斯列夫未能完成这一《基础》的写作任务,但还是在其个人所著的《语言理论导论》里全面阐述了语符学理论的原则。《语言理论导论》的丹麦文版出版于1943年,1953年出英文版(由 F. J. Whitfield 翻译,经叶尔姆斯列夫亲自校阅),刊载于 IJAL 的增刊第19/1期,1969年又出版了单行本的英文第二版。丹麦文版《导论》由于语言的障碍,影响有限,在很长的一段时间里,人们只是通过马丁内的一篇重要述评②才对它的内容有粗略的了解。自英文版出来后,《导论》就成了各国学者了解语符学理论的基本著作。随着《导论》的影响范围的不断扩大,叶尔姆斯列夫遂被视为哥本哈根语言学派(亦常常称为语符学派)的语符学理论的主要创立者和阐发者。

实际上,叶尔姆斯列夫并未能全面完成语符学理论的创建工作。《导论》中只是提出了有关这一理论的一些前提,尚未来得及作深入的、确定性的展开。50年代,他忙于行政工作(1953—1954年担任副校长、1957年创建"语音学和语言学学院"),特别是后来患了重病,

---

① 叶尔姆斯列夫的重要论文分别汇集于 *Essais linguistiques* 和 *Essais linguistiques* II,见《哥本哈根语言学会会刊》(TCLC)第12卷和第14卷。*Essais linguistiques*,法国半夜出版社(Editions de Minuit)1971年有单行本。
② 即 A. Martinet 的 "Au sujet des fondements de la theorie linguistique de Louis Hjelmslev",见 *Bulletin de la Société de Linguistique de Paris*,第42(124)期,1942—1945年,第19—42页。

当他再想写作他长期来所构思的语言代数学时,已经不可能了。

哥本哈根语言学会有两个刊物,一个是叶尔姆斯列夫和布龙达尔于1939年创办的《语言学学报》(*Acta linguistica*),自1939年至1960年共出了八卷,1965年起更名为 *Acta linguistica Hafniensia* 继续出版。另一个是《哥本哈根语言学会会刊》(*Travaux du Cercle linguistique de Copenhaque*,简称 TCLC),自1945年出版,1949年(第5卷)为结构研究专辑。乌尔达勒的《语符学基础》即发表于该刊第10卷(1957年)。叶尔姆斯列夫的《语言学论集》(*Essais linguistiques*)则分两次,分别发表于该刊第12卷(1959年)和第14卷(1973年)。学会成员的有关语符学的论文,大都刊载于这两个刊物。

哥本哈根语言学会虽说是仿照布拉格语言学会的模式建立的,但它并不像布拉格语言学会那样具有很强的内聚力、喜欢通力合作、经常开展集体活动。叶尔姆斯列夫作为哥本哈根语言学会的创始人和主席,对整个学会当然是有不可低估的重要影响的,但学会成员的理论观点并不一致。布龙达尔、狄德里森(P. Diderichsen)、安德森(P. Andersen)、费舍-约根森(E. Fisher-Jagensen)、陶格贝(K. Togeby)等人都有自己独立的、独特的观点。而且,对叶尔姆斯列夫理论的最深刻、最贴切的批评,常常是来自他的学会的内部的。[①]这些都构成哥本哈根语言学会有别于布拉格语言学会的不同之处。

2. 叶尔姆斯列夫的语符学理论

布龙达尔提出的结构语言学理论强调逻辑分析,他想在人类的语言活动中找出逻辑概念,在好些方面与语符学观点并不一致。乌尔达勒则主要解决精密科学与人文科学的统一问题,目的在于

---

① 参见 B. Malmberg, "Lous Hjelmslev", in *Linguistique générale et Romane*, Moution, 1973, P. 87。

建立作为科学的一般理论的语符学。对作为语言理论的语符学作全面而深入探索的,只有叶尔姆斯列夫的《语言理论导论》(*Prolegomma to a Theory of Language*)一书及他的《语言学中的结构分析法》等论文。因此,叶尔姆斯列夫被视为语符学派的代表是当之无愧的。在这一节里,我们将较为详细地评述叶尔姆斯列夫的语符学理论。

(1) 关于对象和方法

在《导论》的开头部分,叶尔姆斯列夫就指出:"构成传统语言学主要内容的是语言的历史和各种语言的起源的比较,其目的与其说是了解语言本质,不如说是了解历史时期和史前时期的社会环境和各族人民之间的接触,在这一了解的过程中语言只不过是当作一种工具罢了……实际上我们研究的是 disiecta menbra,即语言的支离破碎的部分,它们不能把语言作为整体概括起来。我们研究的是语言的物理学和生理学的、心理学和逻辑学的、社会学和历史学等方面的现象,而不是语言本身。"①(第一章)很明显,叶尔姆斯列夫认为传统语言学实际上并不是真正的语言学,而是语文学。那么,什么才是真正的语言学呢? 在《语言学中的结构分析法》一文中,他阐明了自己的看法。他认为,只有索绪尔所理解的那种"纯粹相互关系的结构"才是语言学研究的真正对象。他十分明确地表明,"我认为,并将永远认为,只有以这种结构分析的方法,把语言看作是相互关系的模式来进行研究才是科学领域的主要任务。为了在传统语言学和纯粹结构分析方法的语言研究之间划一条明显的界限,我为后一种研究方法提出一个术语——语符学(Glossematics,来自希腊词 $\gamma\lambda\omega\sigma\sigma\alpha$

---

① 本章凡引《导论》,一般只注章次。我所依据的本子是法译本 *Prolégomènes à une théorie du langage*(Éditions de Minuit, 1968—1971)。本段中译文转引自 B. A. 兹维金采夫《对语符学的批判》一文(于群译),《语言学资料》,1964 年第 3 期,第 67 页。

〔语言〕)"①。由此可见,语符学是把语言看作一种纯符号系统,并专门研究它们的关系和模式的。

叶尔姆斯列夫认为,传统语言学是一种超验(transcendante)语言学,因为它研究的不是语言本身,而是那些虽然与语言有关,但却主要是属于逻辑、历史、心理学、社会学等领域的现象,也就是说,它是以语言学外的语言材料为基础的。他提出应该以一种内在(immanente)语言学取而代之。也就是说,"语言学既不应该是辅助科学,也不应该是派生科学。它不该把语言当作非语言学的(物理学的、生理学的、心理学的、逻辑学的、社会学的)事实的混合物,而应该当作一个自足的整体:一个 sui generis(独特的)结构"(第一章)。他还提出,内在语言学应该努力寻求常数(constance),亦即确定对所有的语言来说是稳定的、共同的部分;常数并不扎根于一种语言学外的"现实",但它一旦被找到和得到描写后,就可将它投射到某种"现实"(物理学的、生理学的、心理学的、逻辑学的等等)之上。他指出,传统语言学由特殊到一般的方法,是一种归纳、概括的方法,而内在语言学应该采用由一般到个别的演绎、分析的方法,即从"文句"(texte)开始,不断进行分析,直至不能再分割时为止。他认为归纳法不可避免地会陷入中世纪的唯实论的泥坑,而演绎法是从整体到部分的分析方法,是最合理的分析方法,因为整体永远大于各部分的总和。

(2) 关于形式与实体

叶尔姆斯列夫把索绪尔的"语言是形式,不是实体"这一重要命题当作语符学的理论基础之一。他强调形式与实体的绝对对立以及形式的绝对独立性。他说,同一语言形式可体现为各种不同的实体(如语音、书写符号、莫尔斯电报字码等等),可见形式是绝对独立的。由此他主张所有的实体都不应该列入语言学研究范围,"语言学分析

---

① 见《语言学资料》,总 11/12 期。

语言形式,而很多其他科学则研究实体"(第 15 章)。那么,叶尔姆斯列夫所说的"形式"究竟是指什么呢？他指的是语言单位之间的关系。在《语言学中的结构分析法》一文中,他说:"现实的语言单位决不是语音或是书写符号,也不是意义;现实的语言单位是通过语音或书写符号及意义显示出来的相互关系成素。关键并不在语音或书写符号及意义,而在于它们之间在言语链及语法变化体系中的相互关系。正是这些相互关系组成语言的体系,也正是这一内部的体系成为该语言与其他种种语言相区别的特征,而语言在语音中或书写符号或意义中的表现对语言体系本身来说是无所谓的,它可以改变而对体系毫无损失。"①他还从另一角度谈到形式与实体的区别:他认为,一切语言都是相同的,这是结构的原则。它们的区别是在于每一具体情况下对这一原则的具体应用的模式不同。相似与区别取决于形式而不是实体。他还说过,"构成常数的是形式,而变数包含在物质里,根据不同情况,变数可以有不同的价值"②,也是这个意思。对于语言形式与实体的关系,叶尔姆斯列夫甚至说:"实体……并不是语言形式存在的必要前提,但是语言形式却是实体存在的必要前提。"(第 21 章)因而他认为,不能把实体的描写作为语言描写的基础,"相反,实体的描写取决于语言形式的描写"(第 15 章)。

可以清楚地看出,叶尔姆斯列夫对"形式与实体"的认识跟索绪尔的看法是有区别的。索绪尔看到语言具有符号的形式特征,但并不主张排除实体。他认为符号的"能指"和"所指"这两方面都是心理的。尽管这一看法带有浓烈的心理主义色彩,本身也站不住脚,但他至少承认语言是一种实体(不过他说是心理实体)。叶尔姆斯列夫则避免对语言作心理的理解,而只作纯形式关系分析。在这方面,语符学派的主张跟布拉格学派的看法也有很大不同。这一点,他们双方

---

① 转引自兹维金采夫《普通语言学纲要》,商务印书馆,1981 年,第 89 页。
② 见叶尔姆斯列夫《语言和言语》,《语言学资料》总 4 期。

都是清楚地意识到的。叶尔姆斯列夫批评布拉格学派没有全面理解索绪尔的学说,而只是接受了索绪尔把语言(langue)看作是在实体中的、不是独立于实体之外的形式这一部分,因而他认为布拉格学派并未掌握索绪尔思想的精髓。反过来,布拉格学派则批评叶尔姆斯列夫把语言归结为纯形式系统,把意义从语言中排除出去,使语言成了"一种无目的的游戏"。例如,在对音位的认识方面,两派就有分歧。布拉格学派在音位分析中,通过对立分析,说明区别特征,是联系实体(音素)来认识形式的。叶尔姆斯列夫则相反,拒绝分析音素的区别性特征,认为如同意作这种分析,就意味着不能摆脱实体(声学特征)。他认为应把音位理解为独立于实体的、纯抽象的关系模式。

(3) 关于功能

叶尔姆斯列夫认为语言学只应分析语言形式,而所谓"语言形式",在他看来就是一系列关系,也就是功能。叶尔姆斯列夫认为语言符号系统中存在三种主要关系:

① 决定关系(dermination),亦即限定与被限定的关系,a 以 b 为前提,但 b 不以 a 为前提;

② 依存关系(interdependance),a 和 b 互为前提;

③ 并列关系(constellation),a 和 b 同时并存,但并不互为前提。

由于叶尔姆斯列夫把常数(constante)理解为是在功能关系中成为另一个功能体①的必要条件的那个功能体,变数(variabc)则是不成为另一个功能体的必要条件的那个功能体。因此他说,决定关系亦即一个常数与一个变数之间的功能,依存关系亦即两个常数之间的功能,并列关系亦即两个变数间的功能。

叶尔姆斯列夫认为,还可采取另一种对语言理论来说有重要意

---

① "功能体",指 fonctif,或可译为"功能项"。

义的功能区分方法,即区分为"et…et"(既……又)功能(或称连接功能〔conjonction〕)和"ou…ou"(或……或)功能(或称分离功能〔disjonction〕)。他所提出的"过程"(processus)和"系统"(système)的区别正是以上述"et…et"功能和"ou…ou"功能的区分为基础的。也就是说,在"过程"(如语句)中存在的是"et…et"关系,在"系统"中存在的是"ou…ou"关系。例如:

rat
mis

如将 r 和 m, a 和 i, t 和 s 分别交换;就可得到下列不同的词:rat, ras, rit, ris, mat, mas, mit, mis。这许多语链都是语言的过程(语句)。其中每一个,例如 rat,它的成分 r、a、t 是共存和连接的关系。在 mis 中的 m、i、s 的关系也同样。然而,就 r 和 m 之间的关系来说,是一种分离和交替的关系,在具体语链中出现的,或者是 r,或者是 m。

  叶尔姆斯列夫的功能概念接近于数学的函数概念,也就是说,他用功能表示两个功能体之间的联系。在他看来,各种关系都是功能,如词的范畴、动词的支配能力、主语与谓语的关系、"表达"与"内容"的关系等等。一方面,一个语言单位对别的语言单位来说具有功能(也就是说有关系),另一方面,如果一个语言单位由某种确定的方式获得了功能,那么它在言语链中就占据了某个位置。叶尔姆斯列夫曾说,"结构按定义来说是依赖关系(dépendance)或函数(数理逻辑学的含义)的组织"①,又说"功能就是决定着分析条件的依赖关系"(第 11 章)。可见他认为功能就是严格的依赖关系的表现,而研究这种依赖关系(功能),正是结构语言学的一项主要任务。

  很明显,叶尔姆斯列夫的功能观也是来源于索绪尔的理论的,它

---

① 叶尔姆斯列夫《语言与言语》,见《语言学资料》总 4 期。

与索绪尔的价值观十分接近。索绪尔说：在语言系统里，各项要素都有连带关系，其中每项要素的价值都只是因为有其他各项要素同时存在的结果，如下图①：

这就是说，索绪尔认为，符号与符号之间的关系产生价值。叶尔姆斯列夫则说，符号与符号之间的关系产生功能。可见，叶尔姆斯列夫的"功能"和索绪尔的"价值"实际上是一个意思。

(4) 关于两个平面

索绪尔说语言符号是能指和所指的结合。叶尔姆斯列夫认为索绪尔这一对符号的看法仍不符合形式化的要求，他认为对能指和所指本身还应作进一步的分析。因此他提出了两个平面的理论，即②：

表达平面		内容平面	
表达实体	表达形式	内容形式	内容实体
发音器官发出的具体的音（语音学）	某一语言中使用语音材料的方式（表达单位）（音位学）	某一语言中特有的调整与组合思想的方式（内容单位）（语法学）	思想、事物（语义学）
	语言学对象		

这就是说，表达和内容各有其形式和实体。这样一来，他把语言世界

---

① 见索绪尔《普通语言学教程》，商务印书馆，1985 年，第 160 页。
② 参阅 Ю·Д·阿普列祥《什么是结构语言学》，应寿祁译，《语言学资料》总 11/12 期，第 12 页。

分成了四个方面：在内容平面，一方面是经验的现实世界（内容实体），给这一内容实体装上一种模式的，是内容形式；在表达平面，跟内容形式紧密相关的，是表达形式；表达形式是给表达实体（即音的现实世界）装上的模式。叶尔姆斯列夫认为，"符号是由内容形式和表达形式构成的单位"，因此只有这两部分才是语言学的对象。他认为内容实体和表达实体都是现实世界的东西，不应包含在语言之内，因此研究内容实体和表达实体的语义学和语音学也不属于语言学，而只能当作语言学的辅助学科。

  按照语符学观点，表达形式可切分成更细小的部分，即表达—形素（figures）。分析的结果表明，数量无限的表达形式是由有限数量的表达—形素构成的。他们认为，这种表达—形素，实际上就是布拉格音位学家所说的音位，不过他们强调这种形素（音位）应该是没有相应内容的单位，他们通常称之为"表达单位"（cénème）。把表达区分为形素当然不是语符学派首创的。人们早就这样做了，这实际上正是拼音字母产生的前提。语符学派的创新之处是在于，他们提出在内容方面也可以像表达方面一样进行细分，得出有限数量的、最小的"内容单位（plérèmes）。叶尔姆斯列夫指出，在内容平面分析内容—形素的方法，在语言学里一直没引起人们的注意，这一忽视使许多人相信内容方面的分析是不可能的。然而，他认为正像一个语链可分析为音位一样，内容也可分析成较小的（和较为一般的）"内容成素"（éléments de contenu），例如，"母马"可分析为"马"＋"阴性"，"公牛"＝"牛"＋"阳性"，"女孩"＝"孩子"＋"阴性"，等等。值得注意的是，叶尔姆斯列夫对内容平面的分析，所依据的并非这些单位的意义，而是从纯形式的角度出发的。例如，上述的"阴性"、"阳性"并非指性别上的男、女、雌、雄，而是指与语法上的阴性或阳性代名词的联系。

(5) 关于接换原则

  叶尔姆斯列夫说，接换（commutation）关系是语言现象中最重要的一种关系,是理解语言的锁钥。据此,他提出了接换原则,并以之作为全部理论的主要基础。

究竟什么是接换原则呢?它指的是任何表达形式的差别必然会引起内容形式的差别,反之亦然。"接换"这一术语是叶尔姆斯列夫提出的,但接换试验这种方法早已有之,布拉格学派在研究音位时就常用此法。例如,在法语中,r 和 l 这两个音是可接换单位,因为通过交换可引起内容的变化,如把 rire(笑)中的前一个 r 换成 l,就成了 lire(阅读)。因此 r 和 l 是不同的两个音位。同样,叶尔姆斯列夫认为,"内容成素"的替代会引起表达的变化,如在法语中以"elle-cheval"(她—马)代替"il-cheval"(他—马),整个表达就由 étalon(公马)变成了 jument(母马)。

这一原则也是由索绪尔的思想引申出来的。索绪尔说:"语言系统是一系列声音差别和一系列观念差别的结合……语言制度的特性正是要维持这两类差别的平行。"(《普通语言学教程》P. 167)他还进一步指出,"能指的变化常会引起观念的变化"(同上,P. 167),"反之,任何观念上的差别,只要被人们感到,就会找到不同的能指表达出来"(同上,P. 168)。叶尔姆斯列夫只是用他的"表达形式"和"内容形式"代替了索绪尔的"能指"和"所指"而已。

接换关系确实是一种很重要的关系,然而,这一关系实际上只涉及那些对某一语言来说具有本质意义的差别。还可能存在这样的情况:表达方面有某种差别,但内容方面并没有相应的差别与之对应;或者内容方面有某种差别,但在表达方面没有相应的差别与之对应。叶尔姆斯列夫认为,这些差别都是语言结构的非本质的差别,在讨论接换原则时可以不加理会。为了说明这两类不同性质的差别,他提出了"常体"(invariants)和"变体"(variants)的概念(见第 14 章)。常体是通过接换试验确定的,也就是说,在表达平面(或内容平面)用一个单位去替换某一单位,若是这一替换引起另一平面的变化,那么用来替换的单位就是常体。变体是在替换中不能引起另一平面的变化的那些单位。

3. 哥本哈根学派的功绩和存在的问题

哥本哈根语符学派的主要功绩是在语言理论的形式化方面。语言理论的形式化倾向开始于索绪尔。叶尔姆斯列夫说过,正是索绪尔提出了语言单位之间的相互关系才是语言学研究的主要对象,并决定以结构分析方法研究语言。哥本哈根学派的理论与索绪尔的理论是有密切关系的,叶尔姆斯列夫就自认为是索绪尔思想的唯一的真正的继承者。他在《语言学中的结构分析法》一文中曾说:"……至于谈到我自己,我将集中精力对语言(langue——狭义的语言)进行研究,即研究不问其具体体现的纯粹的语言形式、语言模式。索绪尔以下列的一段话解释了自己讲稿中的主要思想:'语言学的唯一的、真正的对象是就语言和为语言而研究的语言。'他以这句话结束了他的讲稿。索绪尔在日内瓦大学语言学教研室的继承人巴利(Ch. Bally)教授,在逝世前几个月给我的一封信中写道:'您在遵循着索绪尔的思想,即他在《普通语言学教程》的结束语中写的那句话。'真的,非常奇怪,为什么从前没有人这样做。"叶尔姆斯列夫把整个语言学问题归结为结构问题,亦即语言的形式问题,正是从索绪尔的语言符号理论、价值理论及其关于语言/言语、形式/实体等对立的观点中引申出来的。不过,他在好些方面发展了索绪尔的思想,使索绪尔的理论具体化了。例如,索绪尔把语言符号分为能指和所指两方面,而叶尔姆斯列夫提出的两个平面理论,把语言世界分为两个平面四个方面,这就发展了索绪尔的符号理论。又如,叶尔姆斯列夫确定语言符号系统中存在三种关系,即三种功能(决定关系、依存关系、并列关系),也丰富了索绪尔的价值理论。这些,对我们深入认识语言的特性,分析语言的结构是很有帮助的。

哥本哈根学派在对语言进行形式化描写的过程中,特别注意语言的可计算和可度量的方面。例如,叶尔姆斯列夫十分强调研究语言成分的关系(即成分的分布情况),这正是语言现象中可用数学方法描写的主要方面,这也正是叶尔姆斯列夫把语符学称作"语言代数学"的原因。语符学派在追求形式化过程中,把语言学和数理逻辑紧密结合起来,实质上形成了一种纯理语言(métalangage)。从现代语言学近几十年的发展情况来看,注重语言形式的研究,试图用数理逻辑说明语言,一直是欧美语言学的主要倾向之一。在这方面,语符学理论是主要代表之一。

哥本哈根学派强调,他们的语言理论主要着眼于解决两方面的问题:一是语言学的对象问题,确定以语言单位间的相互关系为研究对象,即研究语言形式,而不是像传统语言学那样,以语言的物理的、生理的、心理的、逻辑的方面,或社会学和历史学的方面为研究对象。二是语言研究的精确化问题。叶尔姆斯列夫说:"有了结构主义方法之后,语言学才彻底脱离了主观主义及不精确状况,才脱离了直觉的、纯粹是个人的论断(语言学直到最近都是处在这些束缚之中),而最终有可能变为真正的科学……当语言学成为结构主义的语言学时,它才是客观的科学。"[①]哥本哈根学派企图使语言学成为独立的、精确的科学的愿望是很好的,他们在这方面所作的努力,对后来欧美语言学的发展也是很有影响的。特别是在美国,白哈里斯到乔姆斯基在纯理语言学方面的发展,显然是受到叶尔姆斯列夫理论的影响的。美国语言学家郝根就曾经指出,美国学派与哥本哈根学派在纯理语言研究方面的原则立场是一致的,不同的只是术语而已。[②]

捷克语言学家斯卡里契卡在对比哥本哈根学派与布拉格学派的异同时曾指出:"……这样一来,整个语言学问题在这里归结为结构问题,或者用叶尔姆斯列夫的术语来说,归结为形式。这一点恰恰是叶尔

[①] 转引自兹维金采夫《对语符学的批判》,见《语言学资料》,1964年第3期,第66页。
[②] 参阅郝根《对美国描写语言学的评价》,见《语言学资料》,1963年第2期。

姆斯列夫的全部理论的优点与弱点之所在。应用他的理论可以从某一方面解决某些个别问题,但是大部分问题不是他这理论所能概括得了和研究透彻的。"①事情确实是这样。在语言理论的形式化方面,哥本哈根学派确有功绩,但它所存在的问题也恰恰是在形式化方面。

语符学派主要存在着以下两个问题:

(1) 对实体的绝对排斥,使语言研究失去了立足点。哥本哈根学派虽然承认索绪尔思想的独特价值,但是他们认为索绪尔的理论在某些方面是自相矛盾的,不是始终一贯的。这主要是针对索绪尔承认语言的物理性、社会性,经常谈论语言与社会现实的关系这一点而说的。以叶尔姆斯列夫为代表的哥本哈根学派,排除索绪尔理论中所有跟物质、现实有联系的部分,把索绪尔理论推向极端,对索绪尔的许多观点作了片面的解释。他们强调形式的绝对独立性,要求"承认整体不是由物体而是由关系组成,承认不是实体而是实体内部和外部的关系才具有科学的存在价值"(第9章)。其实,在语言研究中,即使是在形式化的研究中,要想完全摆脱实体,实际上是不可能的。语言首先是物质性的东西,脱离了实体,也就没有了立足点,如何研究单位之间的关系(功能)呢?对这种观点,西方的一些语言学家也早已提出不同的看法。如荷兰语言学家西特斯玛(B. Sierstsema)在奥斯陆第八届国际语言学家会议上所作的报告中就指出:"对语言的音素结构进行全面的分布描写(即建立在关系上的描写)需要两个实体——语音和意义,以便:(1)确定语言单位的同一性,(2)论证语言的分布。只有这样的分布描写才能成为真正语言学的描写。"②就连哥本哈根学派成员费舍—约根森也承认,在确定音位的同一性时,哥本哈根学派实际上也不得不求助于实体,即求助于语音

---

① B·斯卡里契卡《哥本哈根的结构主义和布拉格学派》,王士燮译,见《语言学资料》,总11/12期,第23页。

② 转引自兹维金采夫《对语符学的批判》,《语言学资料》,1963年第3期,第70页。

相近的原则。①叶尔姆斯列夫在奥斯陆会议上针对西特斯玛的报告辩解说:"在详尽的描写中也应该考虑实体,这一点是很明显的,从来也没有人否认过。但是,考虑实体不等于把形式跟实体混为一谈,实体有着自己的关系,这些关系应该纳入描写中。"②强调独立研究形式的重要意义以及描写实体之间的关系的可能性和必然性,这当然是很对的。但问题是在于,叶尔姆斯列夫实际上是以完全摆脱实体作为其形式研究的前提的,这就从根本上否认了对实体的考虑。

(2) 过分强调抽象、概括,使语符学理论很少有实际使用价值。语符学家热衷于探讨一般抽象理论,很少研究具体语言现象。真正运用这一理论作实际研究的,只能举出一两部著作,如陶格贝(K. Togeby)的《法语的内部结构》,也并不成功。这种脱离实际的倾向,使语符学理论尽管看起来十分严密,犹如数学理论一般,但没有多少实际使用价值。这一点曾遭到不少学者的批评。如特鲁别茨柯伊早在 1937 年写给斯米特(Alfred Schmitt)的一封信里就指出:"……我们不可能只靠事实就构成一门科学,应接受那些符合逻辑推论的观念。不应由于惧怕陷入诡辩而放弃抽象思想……只要不忘记整个构造的目的,不失去与具体物质的联系,就不会有任何危险。只有把构造概念当作目的本身,例如像丹麦语符学派那样,才会有真正的危险。至于音位学家,我们始终与方言学和诗歌语言的研究保持着联系,决不会有这样的危险。为了弄清楚这一区别,你只要把我们的论著和叶尔姆斯列夫的论著拿来比较一下就可以了。"③就连那些赞同语符学理论的学者,最终也不得不承认这种理论实用价值不大。如加尔文(P. Garvin)说:"当你理解了《语言理论导论》的论点时,你会

---

① 转引自林浩庄等《叶姆斯列夫及其理论观点简介》,参见《语言学资料》,1965 年第 6 期,第 27 页。
② 转引自兹维金采夫《对语符学的批判》,见《语言学资料》,1964 年第 3 期,第 71 页。
③ Trubetzkoy 致 A. Schmitt 的信,见 *La linguisttique*, 1967/1, P. 136。

感到一种享受。但是,另一方面,这本著作对于具体的语言分析帮助不大。"①这是因为,根据叶尔姆斯列夫提出的经验原则,语符学理论应符合三项要求:即:(1)不自相矛盾,(2)描写全面,(3)简洁。这三项要求来自数学理论,因此《导论》中构筑的理论系统,具有跟数学一样的严密性,它确实能给人一种美的享受。然而,这对语言研究来说,显然是不够的。正如郝根所指出的,纯理语言学家(包括语符学家在内)所起的作用,有点像数学家在物理学研究中所起的作用一样。但是,"语言学家必须不仅是一个研究语言形式关系的学者,在某种程度上还应该在语音方面是一个物理学家,在语义方面是一个社会学家"。②

语符学理论之所以缺乏实用价值,还跟该派学者过于夸大他们的理论的适用范围有关。叶尔姆斯列夫曾说:"正是由于理论只建筑在语言形式的基础上,不考虑'实体'(材料),所以我们的理论可以很容易地应用于任何结构,只要这种结构的形式跟'自然语言'的形式类似就行。"③乌尔达勒也说:"语符代数学是包罗万象的",即适用于一切结构的。由此可见,语符学不仅是适用于描写任何语言的一般语言理论,也是适用于一切符号系统的符号理论,又是适用于一切科学的一般的统一的科学理论。正因为过分追求语符学的概括意义,反而使它失去了意义,变成了一种主观的空谈。

在谈到语符学理论的哲学背景时,叶尔姆斯列夫曾指出:"语言学中的结构分析法同另一门学科有着紧密的联系。这门学科的形成完全不依赖于语言学,而且到目前为止,这门学科还没有引起语言学家的特别注意。这就是逻辑斯堤语言学说。这是从数学推理中产生出来的一门学科,其创始人为怀特海德(Whitehead)、罗索(B. Russei)和维也纳逻辑斯堤学派,特别是卡尔纳普(Carnap)。……卡尔纳普教授在自己的一部早期的著作中对结构概念的解释同我在这儿所

---

①③ 转引自兹维金采夫《对语符学的批判》,见《语言学资料》,1964/3,第 71 页。
② 郝根《对美国描写语言学的评价》,左英译,《语言学资料》,1963 年第 2 期,第 6 页。

做的一样,即把结构看作是纯粹的形式和纯粹的相互关系的现象……按他的意见,科学的陈述应该永远是相互关系的陈述,而不需要知道,不需要描写构成这种关系的要素本身。卡尔纳普的这一观点完全为近几年来语言学界所获得的成就所证实。"① 由此可见,语符学理论是以逻辑实证主义为其哲学基础的。逻辑实证主义的特征是完全回避实践的准则,它的方法是立足于以假定的定义作为其形式结构的基础。这种假定的定义是在研究者开始分析之前就先验地确定的,因而显然是主观主义的。叶尔姆斯列夫把逻辑实证主义的原理和方法搬到语言学中来,必然使他的理论带上了强烈的主观、先验的特征。

几十年来,对哥本哈根学派的语符学理论,尤其对该派主要理论家叶尔姆斯列夫的著作,毁誉不一。马尔姆伯格在《叶尔姆斯列夫传略》中说:"我们可以毫不夸张地说,20世纪的语言学若是没有叶尔姆斯列夫,将逊色不少。他的理论标志着结构语言思想的顶峰……他的名字,将作为我们这门科学的历史上最伟大的名字之一,跟索绪尔,特鲁别茨柯伊,雅可布逊的名字一起,被人列举。"②但也有人认为以叶尔姆斯列夫为代表的语符学理论毫无价值可言。作为哥本哈根学派的主要成员之一的费舍—约根森曾经说过,对叶尔姆斯列夫的《语言理论导论》,人们可以热情地接受,可以证明它是完全错误的,也可以抱着一种既欣赏又怀疑的态度对它展开种种争论,但却不能不了解它。③他的这段话是很有道理的。事情正是这样,语符学派毕竟是欧美语言学史上的主要流派之一,对现代语言学的发展曾经产生过不少影响,现在也还受到不少学者的注意,因此我们有必要深入地了解它。

---

① 见叶尔姆斯列夫《语言学中的结构分析法》,《语言学资料》总11/12期。
② B. Malmberg, "L. Hjelmslev", in *Linguistique générale et Romans*, Mouton, 1973, P. 86.
③ 转引自 B. Malmberg, *Les Nouvelles tendances de la linguistique*, P. 237。

第十章　Chapter 10
20世纪上半叶的美国语言学

1. 美国语言学的特点

美国语言学的历史并不长,但一百多年来却产生了好几位杰出的、具有国际影响的语言理论家,如辉特尼(W. D. Whitney)、皮尔斯(Ch. S. Peirce)、鲍阿斯(F. Boas)、萨丕尔(E. Sapir)、布龙菲尔德(L. Bloomfield)、沃尔夫(B. L. Whorf)、雅可布逊(R. Jakobson)、乔姆斯基(N. Chomsky)等。在发展过程中,美国语言学逐步形成了自己的特色。不过,一般说来,直至19世纪末,美国语言学与欧洲语言学并没有多大区别,当时的美国语言学也就是欧洲传统的继续。这一点在辉特尼(1827—1894)的思想和著作中可以看得十分清楚。辉特尼继承了欧洲语言学中重视理论思维的传统,强调建立概括性的理论体系的重要意义。他所著的《语言和语言研究》(*Language and the Study of Language*)、《语言的生命和成长》(*The Life and Growth of Language*)等著作,很早就被译成法语、意大利语、德语、荷兰语、瑞典语等语言,在欧洲产生了广泛的影响。尽管他并没有写过什么历史比较语言学的论著,但在他的普通语言学著作中,却深刻地阐明了比较语言学的基本原理。因此,19世纪末,两位著名的德国比较语言学家,青年语法学派的代表人物勃鲁格曼和雷斯琴曾经特别指出,辉特尼以其首创的普遍性的原则和方法,对欧洲语言史的研究起了巨大的促进作用。[①]辉特尼的语言理论观点曾对索绪尔产生过明

---

① 参见雅可布逊《二十世纪欧美语言学:趋向和沿革》,《国外语言学》,1985年第3期,第3页。

显的影响,索绪尔曾赞扬辉特尼的研究活动"改变了语言学研究的轴心"①。由此可见,辉特尼与欧洲的语言研究传统是一脉相承的。美国语言学显示出较为明显的特点,开始于鲍阿斯的描写研究,由此鲍阿斯被视为美国描写语言学的开创者。从鲍阿斯起,经过萨丕尔和布龙菲尔德的努力经营,直至后来的乔姆斯基学派及别的一些学派,在七八十年的时间里,美国语言学获得了飞速的发展,逐渐成了欧美语言研究的主要基地之一。近半个世纪来,美国语言学的理论观点和研究方法,在欧美各国处于主导地位,因此我们有必要对它专门进行一番探讨。在本节中,我们先叙述一下美国语言学的总的特点。

在 20 世纪初开头的一二十年里,美国语言学家在对语言的看法和分析方法方面,逐步形成了有别于欧洲传统的特点。欧洲语言学的发展一向跟语文学、历史学有密切的关系。而 20 世纪初的美国语言学却反映了从一条不同的途径研究语言和现实的关系以及分析人类行为的倾向。具体说来,主要表现在以下几个方面。

首先,在印第安语的研究中,形成了描写方法的专门化。美洲的印第安土著语言有近千种之多,大约可分为 150 个语族。由于行政管理、传教和文化人类学研究等方面的需要,美国不少学科的专家很早就注意研究印第安语言。在这方面开辟道路的是语言学家鲍阿斯(1858—1942)。他领导并亲自参加了对印第安语的调查工作,主编了三卷本的《美洲印第安语言手册》(1911—1938 年)。鲍阿斯为该手册所写的"绪论"具有十分重要的理论意义,它详尽地阐述了印第安语的结构特征,并提出了一个原则:每种语言都有它自己的语音、形式和意义的结构。描写一种语言只能根据它自身的结构所得出的方法,而不能根据由其他语言结构所制定的研究方法。他指出,印第安语言有不少特殊的语法范畴,因而不能照搬印欧语言研究中的概念、术语和分析方法。上述原则后来实际上成了描写语言学最重要

---

① F. de Saussure, *Notes inédites*, CFS, 1954, t. 12, P. 10.

的指导原则。布龙菲尔德曾经说过:"记录和描写人类言语方面所取得的进步完全来自鲍阿斯毕生工作所奠定的坚实基础。"[1]可见,鲍阿斯对美国描写语言学的建立有筚路蓝缕的开创之功。事实也正是这样,自鲍阿斯开始,好几代美国语言学家(包括萨丕尔和布龙菲尔德),几乎人人都把一种或数种美洲印第安语言的描写作为基础工作和基本训练。也就是说,遵循鲍阿斯的原则,他们的研究工作往往是从"田野工作"开始的。通过对许多印第安语言的描写分析,他们看到了美洲土著语言跟印欧语言之间存在着明显的差异,扩大了眼界。由于印第安语言没有文字记载,也无法利用语言直觉,因而从音位的确定到语法系统的描写,都需要有不同于以往的方法的新方法。这就促使他们去思考一系列理论问题,并迫使他们去发展共时的描写方法,即以语言的外部形式特征为重点的客观地描写语言的方法。

其次,美国语言学跟人类学建立了特别密切的关系。这当然也跟对美洲印第安人的研究有关。人类学家和语言学家都深深感到,他们面临着一种严峻的事实:几乎年年都有一些土著语言消失。而自鲍阿斯开始,语言学家就一再强调,语言是文化中最具有特征性的创造物。萨丕尔还特别注意到语言对其使用者的思想和行为的影响。宝贵的语言资源的消失,无论对人类学还是语言学来说,当然都是无法弥补的损失。因此,人类学家和语言学家都充分认识到调查印第安语言的迫切性和重要性,从而建立起密切的合作关系。人类学家把语言学家提出的语言证据视作人类学研究中不可或缺的部分。语言学家也认识到,语言跟使用者的意识、社会文化背景之间存在着相互作用,只有依靠人类学方面的知识才可能深刻地理解语言。事实上,20世纪上半叶美国的一些著名语言学家,大多又同时是人类学家,如鲍阿斯、萨丕尔、沃尔夫等,萨丕尔和沃尔夫并且长期在人

---

[1] 转引自雅可布逊《二十世纪欧美语言学:趋向和沿革》,《国外语言学》,1985年第3期,第2页。

类学系工作。当时,语言研究往往是跟人类学研究结合起来进行的,有不少语言学家甚至把语言学看作人类学的一部分。

再次,美国语言学与语言教学的联系十分紧密。美国的语言教学,由于传统和实际需要的刺激,规模很大,开展得较好。美国语言学会主办的语言学讲习所(Linguistic Institute)自1928年起在各大学开设暑期课程。从1934年起,又建立了一个暑期语言学讲习所(Summer Institute of Linguistics),也于每年夏季开班,主要讲授语言描写分析技巧以及与传教工作有关的其他语言学知识,目的主要是培训向美洲印第安部族及其他土著居民传教的教士,并把圣经译成各土著部族的语言。40年代初,由于二次大战爆发,美国为了要派大批军队到亚洲、南美洲以及太平洋中的许多岛屿上去,急需懂得当地居民的语言,因此又开设了许多军事语言学校,对军人实施语言训练计划。特别是后面两项语言教学活动,即为了战争和传教的需要所开展的规模巨大的语言教学活动,曾迫使不少有名望的语言学家去研究非印欧语系的、陌生语言的描写技术和教学方法。布洛克(B. Block)的日语研究,霍凯特(Ch. F. Hockett)的汉语研究等等,都是在这种气氛中进行的。语言教学的实用要求往往成了语言研究的出发点,例如派克(K. L. Pike)的《美国英语的语调》一书就是这样产生的。他在该书的序言中写道:"1942年开始研究美国英语的语调,其目的在于解决实用的目的。密歇根大学英语研究所,在给拉丁美洲的学生教授英语时,发现这些学生把葡萄牙语和西班牙语的某种类型的语调转移到英语里面来,因而使他们用新的语言谈话的这种企图变成徒劳。为了有效地教授英语语调,就进行研究美洲的各种类型的语调,找出这种教学的基础,确定最少种类的语调类型,以便顺利地利用它们作为初步教授语言的根据。"[①]可见,各种语言的教

[①] 转引自 H·缪勒《在新道路上的语言学》一文,吴润光译,见《语言学论文选译》(七),中华书局,1958年,第121页。

学工作,促使许多语言学家充分认识到了现代描写分析法的重要价值,刺激并加速了共时描写的理论和技术的发展。

从上述几方面看来,20世纪上半叶的美国语言学与欧洲语言学的传统是有所不同的,这主要是由于研究的目的和环境不同而形成的,当然与长期的战争所造成的隔离也有一定的关系。不过,语言学毕竟是一种具有国际性的科学,因此欧美语言学之间的差异并不是实质性的。尤其是经过雅可布逊(R. Jakobson)和马丁内(A. Martinet)等著名语言学家的中介,欧美两个大陆的语言学家彼此增加了了解,双方的差别就愈来愈小了。雅可布逊和马丁内是布拉格学派的重要成员。雅可布逊自1941年起移居美国,先后在纽约的法国自由高等研究学校(Ecole libre des hautes études)、哥伦比亚大学、哈佛大学和麻省理工学院等校任教。马丁内1946至1955年期间也侨居美国,曾执教于哥伦比亚大学,并且是纽约语言学会及其会刊《词》(Word)的主要推动者和领导人。这两位学者在促进欧美两个大陆语言学理论和研究方法的交流方面,是起了不小的作用的。因此,到了20世纪五六十年代,美国语言学也就说不上有什么区别于欧洲语言学的明显的特点了。

2. 萨丕尔的语言学说

在20世纪上半叶的美国语言学中,成就最大,最有影响的是萨丕尔和布龙菲尔德两人。这两位语言学大师的兴趣范围和学术观点,既有共同点,又有明显的差别、甚至对立之处。他们两人对索绪尔"为语言研究的新趋向奠定了理论基础"的那些观点都有深刻的理解,都赞同索绪尔对共时语言学跟历时语言学、语言(langue)跟言语(parole)的严格区分,并一致同意把研究的重点放在共时性的语言上。正是在这个意义上,萨丕尔和布龙菲尔德同被视为索绪尔所开创的结构主义流派的三大分支之一——美国结构主义的代表人物。

除此之外，他们两人之间的差别实在是很大的。萨丕尔的语言观带有浓厚的"人文主义"倾向。他十分强调语言的文化意义，注意从交际的社会方面、个人言语创造的美学方面、文学方面、心理方面去观察语言现象，还特别强调语言"纯粹是人类的"和"非本能的"这一特点。布龙菲尔德的语言观则有明显的"机械主义"倾向，着重对研究方法的探索，强调对语言形式作精确和严密的分析。他的兴趣范围主要在语言形式，为了使语言学成为独立自主的、科学的学科，甚至不惜限制这一学科的范围，排除一切在他看来不能作充分精确和严密处理的语言问题。①他们两人是美国语言学中两股潮流——"心理主义"和"机械主义"的代表人物，因此我们有必要对他们的理论作详细评述。本节先讨论萨丕尔的语言学说。

萨丕尔(1884—1939)生于德国，五岁时随家移居美国。在哥伦比亚大学获博士学位后，曾任加拿大国家博物馆人类学部主任十五年(1910—1925)，后任芝加哥大学和耶鲁大学教授。萨丕尔既是语言学家，又是人类学家。在哥伦比亚大学时，连续好几年听鲍阿斯的课，这对他后来的研究方向有决定性的影响。他像鲍阿斯一样，在语言学和人类学这两个领域都开展了富有成效的研究工作，发表了大量的论文和书评。萨丕尔的代表作是 1921 年出版的《语言论——言语研究导论》(*Language, An Introduction to the Study of Speech*)，篇幅虽不长，但影响却极为深广。他还著有《语言的语音模式》("Sound Patterns in Language", 1925)、《音位的心理现实》("The Psyohological Reality of Phonemes", 1933)等重要论文。《语言的语音模式》一文，被雅可布逊誉为"划时代的论文"，"是美国对语言学方法论的理解和发展最有远见的贡献之一"②。

---

① 参阅莱昂斯《乔姆斯基评传》，陆锦林等译，华东师范大学出版社，1981 年，第 22—23 页。
② 见雅可布逊《二十世纪欧美语言学：趋向和沿革》，《国外语言学》，1985 年第 3 期，第 2—3 页。

萨丕尔的兴趣涉及广泛的领域,单就语言学领域而言,他所涉猎和研究的面也是特别宽广的。除了印欧语言外,他深入调查研究过不少美洲印第安语言,如努特卡语(Nootka)和耶那语(yana)等等。此外还涉及非洲语、闪语和汉藏语等领域。例如,他曾探索过藏语对吐火罗语(Tokharian)的影响,以及中国语言和美洲印第安语之间是否可能存在某种关系等问题。然而,他的主要成就并不在于研究这些语言时得出的具体结论(尽管他在不少领域,尤其是美洲印第安语的研究方面可以称得上是真正的专家),而在于基于这些具体研究所进行的理论思索所得出的结论。正是由于这方面的贡献,他被公认为20世纪杰出的语言理论家之一。

萨丕尔理论探索的重点之一,是对"语音模式"的研究。他所说的"语音模式"(Sound patterns),实质上相当于布拉格学派的"音位"概念。萨丕尔跟布拉格语言学会有很密切的联系。在1930年布拉格第一届国际音位学会议前后,他跟特鲁别茨柯伊曾有过频繁的通信联系,共同探讨语音结构的研究问题。萨丕尔曾经强调,他研究基本语音问题的路子跟布拉格学派是相似的。特鲁别茨柯伊也曾指出,萨丕尔独立地形成了音位观念。

在《语言论》的"语言的音"这一章的开头,萨丕尔就指出,"单是言语的音的架子并不成为语言的内在实质,而有声语言的单个语音本身根本不是语言成分"[①]。随后他详细地论证了语音成分的心理"价值"问题。他举例说,英语hats的ts,只不过是一个t后跟着一个功能上独立的s,而德语Zeit的ts却具有完整的价值。又如,英语time的t和sting的t,虽然可察觉到是不完全相同的,但在说英语的人的意识上是无关紧要的,也就是说并没有"价值"。而同样的这一差别,在海达语(Haida)中却是有价值的。这就是说,同一客观的差

[①] 萨丕尔《语言论》,陆卓元译,商务印书馆,1985年,第37页。本节下文凡引此书,仅注页码。

别,英语以为是不相干的,在海达语里却有功能上的价值。因而他认为,"客观地比较两种或两种以上不同语言的语音,是没有心理或历史意义的,除非先给这些语音'估估分量',除非先确定它们的语音'价值'。而这些价值是从音在实际言语里的一般用法和功能上流露出来的"(第47页)。由此,他得出了一个重要的结论:"在一种语言特具的纯粹客观的、须要经过艰苦的语音分析才能得出的语音系统背后,还有一个更有限制的、'内部的'或'理想的'系统。它也许同样地不会叫天真的说话人意识到是一个系统,不过它远比第一个系统容易叫人意识到是一个完成的格局①、一个心理机构。内部的语音系统虽然会被机械的、不相干的现象掩盖起来,却是语言生命里一个真正的、非常重要的原则。"(第47—48页)萨丕尔还谈到他的"田野工作"的实际经验,以证明他的上述结论的正确性。他说:当他教一个印第安人区分语音时,如果一种分别不相应于"他的语言格局中的点",就有困难,甚至不可能,尽管这种分别在我们听来是非常明显的。但是,一些隐蔽的、刚刚能听出来的语音差别,只要碰上了"格局中的点",他就能很容易地、并且自主地在写法上表现出来。萨丕尔认为,在这方面,一个没有受过训练的语言记录者,假如他的耳朵灵,并且天生对语言敏感,往往比一个烦琐的语言学家处于更有利的地位。因为语言学家很容易埋没在大量的观察里。由此可见,萨丕尔已完全意识到音位的存在,对音位的相关性特点也有透彻的认识,尽管他没有运用"音位"这一术语,而且对音位理论的认识也尚未达到系统化的程度。

在1925年发表的《语言的语音模式》中,萨丕尔详尽而深入地阐述了语音结构的概念,音位概念已表述得很清楚了。他认为,言语的语音模式或言语的语音过程,不是仅用简单机械的、感觉—运动的分析这类纯物理学的方式就能解释得清楚的,重要的是必须明确地意

---

① 这儿的"格局",别的译者大多译为"模式"。

识到，一个语言的语音事实是受制于一个结构模式的。同时，他又指出，语音结构的概念包含着两个方面，其一是指"一个语言的语音构成一个封闭的系统"，其二是指必须"抽出一种语言专有的语音系统的内部结构及各个音各自占有的'位置'"。他还明确地把"典型的形式"，亦即"模式中的点"或者说"系统的相关点"，跟变体区别开来。在该文的最后部分萨丕尔谈到，不少语言学家深信必须运用纯客观的方法来研究语音，其实这是把对语言本身的研究跟对某些语言现象的探测混淆在一起了。他认为，尽管为了研究语音事实必须从物理实体开始，但也绝不能把语音事实只视作物理现象。最后他得出了如下的结论："研究任何类型的表达，都应该超越可感觉的材料而抓住它的形式……因为正是形式，也唯有这个形式才赋予表达一定的价值和意义。"① 这些观点跟布拉格学派强调语音学与音位学的区别是完全一致的。后来，在《音位的心理现实》(1933)一文中，萨丕尔把"音位"表述为"在某种语言特有的语音结构中占有确定位置的、具有功能价值的单位"②。这一定义跟布拉格学派从功能角度所确定的音位定义也是基本上相同的。

萨丕尔在音位观念的表述中，常常提到"心理"、"意识"、"感觉"这一类概念，这一方面反映了他跟一味强调纯生理、物理特性的青年语法学派的语音观的对立，另一方面也说明他具有较强烈的心理主义倾向。这正是他跟布龙菲尔德产生矛盾的主要根源。

萨丕尔理论探索的另一个重点，是语言形式问题。跟索绪尔的《普通语言学教程》相类似，萨丕尔在《语言论》中也把形式问题放在中心位置，该书第四、第五两章就是集中探讨"语言里的形式"的。他指出，每一种语言在语音结构方面都有一个具有特定格局的内部语

---

① 引自萨丕尔《语言的语音模式》一文的法文译本，见 Sapir, *Linguistique*, Editions de minuit, 1968, P. 164。

② 同上引书，P. 165。

音系统,同样,在语法结构的层次上,语言也要求有一定的格局,"这两种趋向于一定形式的、潜在而约制性很强的冲动,都自由自在地起着作用"(第53页)。由此,我们可以清晰地看到萨丕尔语言理论的形式化特征。不过,在第四、第五这两章中所谈的形式,只是语法结构的形式。萨丕尔从两个方面分别讨论了语言形式的问题,其一是从分析语言所使用的形式手段探索语言的形式格局,其二是通过清查概念和形式表达互相搭配的情形探索构成这些形式格局的内容的概念类型。第四章集中探讨形式手段。他分析了"语法程序"的六种主要类型,即:词序,复合,附加(包括前附加、后附加和中附加),涉及元音或辅音的根本成分或语法成分的内部变化,重叠,动力(音势)上的或是声调(音高)上的重音分别。在第五章中,萨丕尔着重"观察语音结构反映出来的系统化了的概念世界"(第72页)。他把语言所表达的概念分为四种类型,即:(1)基本(具体)概念,如东西、动作、性质,通常用独立的词或词根成分表达;(2)派生概念,通常是在根本成分上附加非根本成分,或用根本成分内部变换的方法表达;(3)具体关系概念,它指出或暗含着某种关系,通常用加词缀或内部音变法表达;(4)纯关系概念,它的功能是联系命题里的具体概念,从而赋予命题一定的句法形式,通常用加词缀、内部音变或用独立词或词序表达(参见89—90页)。他认为在这些类型中,第一、第四两类是一切语言所必需的基本概念,第二、第三两类概念,虽说也很常用,但却不是必需的。

在探索语言形式的过程中,萨丕尔对语言的两个基本概念——形式和功能的复杂关系进行了深入细致的分析。他觉察到,在形式和功能之间并不存在一对一的关系,因为"格局是一回事,格局的使用又是一回事"(第51页)。换句话说,"形式和功能是相对地独立的"(第50页)。他认为,在各种不同的语言里都可以举出许多功能相同然而表达形式不同的例子,就是最好的证明。例如,英语里 unthinkingly(不假思索地)这个词的前附加成分 un-所传达的否定观念,在别的词里用一个后附加成分同样可以恰当地表达,比如thoughtlessly(不动脑筋地)里的-less。又如,纳斯语(Nass,加拿大的一种印第安语),它的复数用四种不同的方式形成:(1)重复式,即将根本成分的一部分重复一次。如 gyat(人),复数为 gyiyat;(2)使用某些特别的前附加成分。如 an'on(手),复数为 kaan'on;(3)采用内部元音变换方式形成。如 gwula(外衣),复数为 gwila;(4)在名词后面附加一个语法成分。如 waky(兄弟),复数为 wakykw。此外,萨丕尔还谈到促使形成无意义的形式差别的三个原因:一个是表面上所指的概念的界线已经模糊,以致恪守形式上的差别只是拘于习惯的威力,已并非具体表达的需要。例如,在许多语言里,动词的复杂的变位系统徒有形式,并不伴随可以清楚指配的功能差别。据他分析,造成这种状况的主要原因是在于,"形式比它的概念内容要活得长。二者都在不停地改变,但是总的说来,形式留恋不舍的时候,精神已经跑掉了或变样了"(第87页)。另一个原因是,有一种强烈的趋势,要构造分类格局,把语言所用的概念全都塞进去。这造成语言里的分类在许多方面不讲理,并且很顽固;任何概念要想表达出来,都必须服从传统所硬性规定的分类原则。例如在法语里,无生命的东西,也非得或者是阳性的或者是阴性的不可。语言中这类僵化的形式实在很多。第三个原因是,语音作用的机械式地运用,带来没有相应的功能差别的形式差别。例如:Hat(帽子)的复数是 Hats,self(自己、本身)的复数是 selves,前者用一个 s 音标明复数,后者用一个 z 音,同时根本成分的 f 变成了 v。这完全是同一形式成分的机械性分化,并不产生相应的概念差别。经过这些分析,萨丕尔认为不能不得出如下的结论:"语言形式可以,也应当只当作种种格局的布置来研究,而不必涉及连带着的功能。"(第52页)也就是说,他最终确认,语言学是形式的科学。当然,这主要是就形式和功能具有相对独立性而言的。萨丕尔的意思并不是说要摒弃功能的研究。他在谈到语言的语音层次和语法结构层次都存在着"趋向于一定形式的、潜在而约制性很强的冲动时"曾指出,"不用说,这两种冲动只能在具体的功能表达里才能实现"(第53页)。实际上,无论是在阐述音位概念时,还是在语法形式的研究中,他都是很重视功能观念的。

语言结构的类型分类问题,也是萨丕尔理论研究的一个重点,他在《语言论》的第六章里对此作了详尽的探讨。他对语言所表达的概念类型的分类,已为语言类型分类准备了条件。再说,他所重点研究的美洲印第安语的实际情况,也迫使他不得不重视类型分类问题。印第安语类型极其多样,而且显然与印欧语在类型上有明显的区别,又没有文字记录,因此很难对它们采用发生学方法,即谱系分类法进行分类。正因为如此,萨丕尔探索了语言类型分类原则中的一系列问题,提出了他的独特的看法。

萨丕尔回顾了一百多年来语言学家所提出的几种类型分类方法,感到均不能令人满意。对19世纪主要从语言进化和语言优劣的观念出发对语言结构进行分类的某些偏见,还提出了尖锐的批判。他断然否定语言结构类型跟所谓的语言先进程度以及使用某一类型的民族的文明程度之间有任何联系。他曾说:"就语言形式说,柏拉图和马其顿的牧猪奴是同伙,孔夫子和阿萨姆的猎取人头的野人是同行。"(第196页)他认为,以往不少学者企图根据单一标准来确定语言的分类,事实证明是行不通的。因此他提出了一种综合标准的分类法,即兼顾下述三个方面:

① 语言所表达的观念的本质(基本的、派生的、具体关系的、纯关系的)。

② 语言的综合程度(分析的、综合的、多重综合的)。

③ 语言的融合程度(孤立的、粘着的、融合的、象征的),亦即考虑到语言所采用的"方法"。

这种综合分类的方法是以第一方面,即语言所表达的概念的本质为基础的,其他两方面,即综合程度和融合程度,只当作交叉的分类方法,以便为主要的概念类型作进一层的分类。他认为,这样就可

产生"一种简单的、干脆的、绝对包括一切已知语言的分类法"(第122页)。根据这一分类法,可把语言分为下列几类:

① 简单的纯关系语言,表达具体概念和纯关系概念。
② 复杂的纯关系语言,表达具体概念、派生概念和纯关系概念。
③ 简单的混合关系语言,表达具体概念和具体关系概念。
④ 复杂的混合关系语言,表达具体概念,派生概念和具体关系概念。

萨丕尔认为,这种分类法有一个突出的优点,那就是,可以根据需要,或者分得详细一点,或者分得简单一点。如要详细点,上述四类都可按照它最常用的改变根本成分的方法再分为粘着的、融合的、象征的三个亚类。在第一类,又另外分出一个亚类,即孤立类。若想简单点,则综合程度可以完全不计较,"融合"和"象征"可合并于"融合"。如果需要的话,粘着和融合的区别也可以不谈。总之,方法可有点伸缩性,只要"让我们能从两三个独立观点来把一种语言搁到能和另一种语言互相对比的位置上去"(第125页)就行。

萨丕尔的分类是纯类型分类,它完全不依赖于对区域、时间和谱系关系的考虑。进入20世纪后,由于人们对语言的整个结构以及语言各个层次上的结构的性质的了解日益深刻,因此对语言的结构比较和结构分类产生了新的兴趣。萨丕尔的类型分类理论正是以语言结构观为基础的。他的主要从语法层次提出的类型分类法(亦称形态分类法),跟特鲁别茨柯伊在《音位学原理》中从语音层次提出的类型分类法一起,共同构成语言类型学(typologie)的基础。萨丕尔自认为,他的分类方法虽然较为复杂,但却能更深刻地反映通过语言结构比较研究所得出的一切类型分类事实,大大超越以往的类型分类方法的种种局限。

萨丕尔提出的分类体系,由于术语较为特别等一些原因,实际应用并不容易。然而他提出的分类原则和方法是富有启发性的,对后人很有影响。美国语言学家格林伯格(J. H. Grcenberg)1960年在

《美洲语言学国际杂志》(*IJAL*)上发表了一篇文章,把萨丕尔的一套特殊术语"译成"了时行的术语,并进一步发展了萨丕尔分类体系的形式化程度。他根据对不同语言的具体特征所作的数量统计,提出了十个类型指数,即:综合(synthesis)、粘着(agglutination)、复合(compounding)、派生(dervation)、全屈折(gross inflection)、前缀合(prefixing)、后缀合(suffixing)、孤立(isolation)、纯屈折(pureinflection)和一致(concord)。①例如综合程度指数,即根据语素、词所算出的指数。其计算方法为:统计出一个自然语言中具有代表性的语段(统计的语段越多,所得指数越精确)中语素的数量,除以所统计的语段中词的数量。根据这种方法计算的结果,越南语的综合指数为1.06(即100个词中有106个词素),梵语为2.59,爱斯基摩语为3.72。马丁内1961年在英国牛津大学所作的题为《语言类型学》的学术讲演中,也曾专门谈及萨丕尔的类型学理论。他认为萨丕尔在《语言论》里所阐述的类型学"值得我们钦佩,并仍应被视为一切类型学分析的不可忽略的参考基础"②。他还提到,萨丕尔是以"语言所表达的观念的本质"作为他的分类尝试的基础的,在这方面他有独特的贡献。至今,凡是要研究语言的分类问题的,都必然要以他的分析作为出发点或主要参考材料。不过,马丁内也正确地指出,尽管萨丕尔的分析很有洞察力,但却显示出了某种心理主义的危险③。

萨丕尔的语言学说中还有一个重要的部分,值得引起我们的特别注意,那就是关于语言和思维的关系问题的研究。他的兴趣集中于探索语言模式跟思维模式的关系,力求证实语言对思维的决定性的影响。他和他的学生沃尔夫(B. L. Whorf, 1897—1941)在这方面提出了不少看法,人们一般称之为"萨丕尔—沃尔夫假说"(Sapir—

---

① 参见 R. H. Robins《语言分类史》,《国外语言学》,1983 年第 2 期,第 16 页。
② 见 A. Martinet, *Langue et fonction*, Editions Denoel, 1969, P. 96。
③ 同上书,P. 132。

Whorf Hypothesis)。

引起萨丕尔上述兴趣的主要原因,也在于对美洲印第安人的语言与文化的研究。印第安人的文化形式、风俗习惯、宗教观念与欧洲学者们熟悉的西方民族的文化、习俗等迥然不同,他们的语言结构也很独特。由此,从鲍阿斯起就产生了一种想法,认为语言、文化与思维的形式之间似乎存在着某种直接的联系。萨丕尔指出:"人们不仅仅是生活在事物的客观世界之中,同时也不仅仅是生活在社会活动的世界之中——像我们通常所想象的那样;他们在很大程度上还处在该社会用来作为交际工具的那种具体语言的影响之下。假如认为,我们不求助于语言的帮助就可以完全认识现实,或者说认为,语言只是解决交际和思维的某些局部问题的辅助手段,这就错了。实际上,真实世界是在该族人的语言规范的基础上不知不觉地建立起来的……我们这样或那样地看到、听到和感知到某种现象,主要是由于我们社会的语言的规范预先规定了一定的表达形式。"①他还指出:"语言是认识社会现实的指南……使用不同语言的各社会成员所生活的世界是多种多样的许多个世界,而不是具有不同标志的一个同样的世界……语言并不像一些人天真地想象的那样,仅仅是经验的一种比较系统的罗列,这种经验仿佛人人都很熟悉。其实语言是一个闭锁的、能产的符号体系,这种体系不仅仅在很大程度上涉及不依赖于语言而获得的经验,而且实际上它还在自己的形式结构力所能及的范围内决定着我们的经验……"②萨丕尔的这两段话表明,他在这方面的观点,跟洪堡特首先提出、后来由魏斯格贝尔所继承并大大发展了的"语言世界观"理论是完全一致的。他们都认为,不同的

---

① 转引自兹维金采夫《萨皮尔和沃尔夫假说的批判》,方华译,见《语言学资料》,1963年第2期,第9页。
② Sapir, "Conceptual Categories, in Primitive Languages", *Science* Vol. 74, P. 578。参阅兹维金采夫《普通语言学纲要》,第338页。

语言模式影响人们的思维,从而产生不同的思维模式,对世界有不同的认识。这种观点有时也被称作语言相关论(linguistic relativism)。

萨丕尔对语言在认识过程中的作用提出了原则性的看法,但并没有提出相应的语言材料来进行论证。这一工作却由他的学生沃尔夫承担起来了。沃尔夫原来并非语言学家。他的专业是防火技术,1918年自麻省理工学院毕业后,一直在保险公司当工程师。但他对人类学问题颇感兴趣,自1925年起就利用业余时间研究玛雅人的文化以及印第安语言。1931年,他在耶鲁大学旁听了萨丕尔的印第安语语言学课程。在萨丕尔的鼓舞和指导下,他开始潜心研究语言与思维的关系问题。1925至1941年期间,他先后发表过50余篇报告和论文,去世时还留下了10多篇未刊的稿子。他的重要文章(包括一些未发表过的)先后被编成三个论文选出版,即:《纯理语言学的四篇论文》(1950年)、《纯理语言学论文选》(1952年)以及《语言、思维和现实》(1956年)。其中《语言、思维和现实》(*Language, Thought, and Reality*)一书,收有论文18篇,主要是探讨语言对思维的影响问题的,最全面地反映了他后期的语言相关论思想。

沃尔夫完全接受了萨丕尔认为人的思维、经验和行为受制于语言的观点,并加以发挥。他说:"每种语言的体系(换言之,语法)不只是思想声音化了的传达工具,更准确地说,它本身就是思想的创造者,是人类个体理性活动的纲领与指南……我们研究自然界是按照我们本族语为我们指出的方向来研究的。从现象世界中分离出来的范畴和形式,我们并没有把它们当作这些现象中的一种显而易见的东西。恰恰相反,呈现在我们面前的世界是千变万化的印象的洪流。这些印象正是由我们的意识所组织起来的,这种组织工作主要是借助于铭刻在我们意识中的语言体系来进行的。"[①]沃尔夫对一些美洲

[①] 见沃尔夫《纯理语言学论文选》,转引自兹维金采夫《普通语言学纲要》,商务印书馆,1981年,第338—339页。

印第安语,特别是河比语(Hopi)作过相当深入的研究。在将这些语言的语法结构跟印欧语言进行对比的过程中,他发现,"使用截然不同的语法的人被自己的语法结构强制着对外表相同的事物进行各种不同的观察,作各种不同的评价,因此,作为观察者来说,他们不可能被认为是相同的,因为他们对世界所持的观点各有不同。"①在另一处他指出,这样一来,必然会导致一个语言相对论原理,"这个原理认为:同一个物理论据,并不能使所有的观察者都得到相同的宇宙图像,除非他们的语言背景是类似的或者能够以某种方式互相校定"②。沃尔夫曾举例说,拿河比语跟 SAE 语(即 Standard Average Europcan,是他所假定的"欧洲一般标准语")比较,彼此的"空间"概念区别较小,但"时间"和"物质"概念的差别很大。他认为,SAE 语中动词三种时的体系为使用这类语言的人的有关时间的全部思维增加了色彩。而河比语在这方面截然不同。它的动词尽管有确认(肯定)形式、有体态、有把句子联系起来的形式(式),但却没有 SAE 语的那些"时间"。沃尔夫认为,从诸如此类的语法范畴和语法结构的差异中,有可能得出使用不同语言的人具有不同的智能水平和行为准则的结论,也就是说,他深信可在文化规范与语言模式之间找到联系。由此,他甚至断言,如果牛顿说的不是英语,而是河比语的话,他对宇宙的看法就会完全是另一种样子。

萨丕尔、沃尔夫的"假说",揭示了不同语言的语义系统的差异,提出了语言模式与思维模式相关的论题,应该说是有意义的,是值得进行深入探索的一个语言理论问题。看来这也是这一"假说"在近几十年里一直引人注意的主要原因。语言学家、人类学家、哲学家曾几

---

① 见沃尔夫《纯理语言学论文选》,转引自兹维金采夫《普通语言学纲要》,商务印书馆,1981年,第339页。
② 见沃尔夫《语言、思维和现实》,转引自伍铁平《语言与思维关系新探》,上海教育出版社,1986年,第34页。

次集会,专门探讨萨丕尔、沃尔夫的有关理论,并先后出版了两个讨论会论文集①。然而,历来学者们对这一假说持否定态度的也不少。这主要是因为萨丕尔和沃尔夫的论据不足,结论过于武断。语言对人的认识有一定的影响,这是毋庸置疑的。然而他们断言语言决定思维,甚至认为人的一切行为都受制于语言,这无疑过分夸大了语言的作用。此外,沃尔夫还有一个突出的毛病,他提出的一些例证,概念十分混乱,常常划不清语言与非语言的区别。例如,他为了说明语言有决定一切、主宰一切的威力,常举他所熟悉的防火工作中的一个例子。他说,人们在挂着"汽油桶"牌子的仓库旁边一般比较注意安全,但在看见挂着"空汽油桶"牌子时,往往就很放心,用火也很随便。而实际上空汽油桶的易爆蒸气比装满汽油的汽油桶更容易引起爆炸。按照沃尔夫的解释,问题就在于"空"这个词标志着没有危险。实际上,在上述例子中起决定作用的绝不是"空"这个词,而是一般人并不懂得空汽油桶更易爆炸这一事实。如果人们有这方面的知识,那么,在看到挂着"空汽油桶"的牌子时,就必然会更加警惕。可见,这儿起决定作用的,并非语言,而是人的认识(知识)。沃尔夫夸大语言的力量,得出了语言决定思维的结论,难以使人信服。当然,语言、思维和现实关系的问题,并非一个单纯的问题,而是一个极端错综复杂的问题。语言学家、哲学家对这一问题早就在进行思索和探讨,但至今还未弄得十分清楚。因此,"萨丕尔—沃尔夫假说"今后一定仍然会引起不少人的兴趣。

3. 布龙菲尔德和布龙菲尔德学派

在美国语言学史上,人们通常把20世纪的30年代和40年代称

---

① 见何叶耳(H. Hoijer)主编的《文化中的语言》(Language in Culture),Chicago, 1954,及 R. Pinxten 主编的《语言和思想中的普遍主义和相对主义》(萨丕尔—沃尔夫假说学术座谈会会议录),荷兰摩顿出版社出版,1976年。

为"布龙菲尔德时代"。人们经常提到的"美国结构主义学派"以及"美国描写语言学派",也主要是指布龙菲尔德及他的一批门徒。布龙菲尔德和萨丕尔不同,他的研究领域没有萨丕尔那样广泛,在教学方面也没有萨丕尔那样的魅力。但他出版的专著很多,对语言描写的原则和方法的阐述十分深刻,特别是由于他的《语言论》(Language)在很长的一段时间里被当作大学的标准教科书使用,因此他的理论的影响却远比萨丕尔深广。

布龙菲尔德(1887—1949)生于美国芝加哥,1903年进入哈佛学院学习,获学士学位。1909年在芝加哥大学取得博士学位,论文题目为《日耳曼语次元音交替的语义变异》。1913至1914年期间,他曾去德国进修语言学,听过雷斯琴和勃鲁格曼等青年语法学派代表人物的课。最初,布龙菲尔德主要从事日耳曼语言学的教学和研究工作,但很快就扩大了研究领域,并开始了普通语言学的研究。他曾调查过马来—波利尼西亚语(Malayo-polynesian),1917年发表了《他加禄语文句及语法分析》("Tagalog Texts with Grammatical Analysis")。他还尝试用历史比较法研究北美的印第安语,1925年发表过一篇颇有影响的论文《论中部阿尔贡金语的语音系统》("On the Sound System of Central Algonquian")。此外,他对斯拉夫语、希腊语、印度语也作过深入的研究。不过,他的论著中影响最大的,还是那些有关语言理论的著作,由此他才被视为20世纪少数几位著名的语言理论家之一。他的第一部理论著作是1914年出版的《语言研究导论》(An Introduction to the Study of Language),篇幅较小。1933年出版的《语言论》,则是以《导论》为基础扩充、修订而成的大部头专著(共有28章、600多页)。此外,他还发表过不少阐述理论问题的论文,如《语言科学的一套基本原理》("A Set of Postulates for the Science of Language",1926),以及1939年为《国际统一科学百科全书》所写的《科学的语言学诸方面》("Linguistic Aspects of Science")等等。《语言论》是布龙菲尔德的代表作,全面地反映了他的理论观点。这部著作所包含的丰富内容，足足影响了一代语言学家。20世纪30年代和40年代里成长起来的美国语言学家，几乎无一例外地都是遵循着布龙菲尔德在《语言论》里所规定的基本原则和方法进行工作的。

在《语言论》中，布龙菲尔德首先阐述了关于语言研究的一些一般原则。其中十分引人注目的一点，是他所表明的机械主义立场。在该书的序言中①，布龙菲尔德说，他的那本1914年出版的《导论》，是以冯特(W. Wundt)的心理学体系作为基础的。到了写作《语言论》的时候，他已经认识到"不必引证任何一种心理学的论点也能够从事语言的研究了"。而且他认为，"这样的研究可以保证我们取得成果，并能使这些成果对有关领域方面的工作者更加有所裨益"，因而他力求"只用阐明事实的方法"，尽量避免对心理学的依赖性。话虽这么说，但实际上他并未真的摆脱对心理学的依赖，只不过是由冯特的构造心理学转到华生(J. B. Watson)和瓦埃士(A. P. Weiss)的行为主义心理学而已。正是在这篇简短的序言中，布龙菲尔德明确地提出了机械主义和心灵主义的对立。他说："心灵主义学派是想用一种心灵方面的说法来作为语言事实的补充……机械论者的主张是，在阐述这些事实时不要作这种辅助因素的假定。"他还说，"我之所以力求适应这种主张，不仅仅因为我相信机械论的观点是科学探讨的必要形式，而且还因为我认为以自己的立足点为基础的论述，比起一种仰仗另外一个人的或变化无常的各种论点来，是要更为扎扎实实，更为易于掌握的。"这种机械主义与心灵主义的对立，反映了布龙菲尔德跟萨丕尔之间存在的根本分歧，也就成了20世纪前半叶美国语言学的一种基本的对立。

布龙菲尔德的"机械主义"，确切地说，应该称为"非心灵主义"或"反心灵主义"。因为他把任何涉及心灵方面的假定，都看成是"研究

---

① 见布龙菲尔德《语言论》，商务印书馆，1980年，iii—iv页。本节凡引此书，仅注页码。

人类事物的前科学的方法",或者甚至是"泛灵论的原始药物"。他认为,一切心理主义和泛灵主义的术语,例如意志、心愿、欲望、意愿、感情、感觉、知觉、心灵、概念、下意识、信念等等都应该彻底抛弃。① 与心灵主义相反,布龙菲尔德主张依据行为主义的"刺激—反应"公式来解释人类的言语行为。他认为,人类的言语行为跟任何有机体的行为一样,同样可由对在某种环境下呈现的刺激作出的反应的描写解释清楚。在《语言论》的第二章里,布龙菲尔德提出了如下的假设:琪儿和杰克正沿着一条小路走去。琪儿饿了。这时她看见路边树上有苹果。她说了一句话,表示想吃点东西的愿望。于是杰克就爬上树去摘了苹果,交给她吃。布龙菲尔德说,假如琪儿是单独一人走路的话,在这种情况下,她也许只好自己爬树摘苹果吃了。布龙菲尔德认为,在上述两种情况下,行为的方式是不相同的。如果用 S 代表刺激(饥饿的状态和看或闻到食物,是一种刺激),用 R 代表反应(朝向食物方面移动,就是一种反应),那么后一种情况下的行为方式就是:

$$S \to R$$

而在前一种情况下则是:

$$S \to r \cdots s \to R$$

这儿的 r 是指替代性反应,即言语反应(发音动作),小写的 s 是指替代性刺激,即言语刺激(耳膜的某种颤动)。这种行为方式,实质上是外部的实际刺激通过言语的中介而达到外部的实际反应。也就是说,琪儿感受到刺激之后,本人不去作直接的反应,而是作了某种言语的反应。琪儿说的话传到了杰克的耳朵里,这对他来说是一种刺激(替代性刺激),于是由他产生了实际反应(摘苹果)。由此可见,"语言可以在一个人受到刺激(S)时让另一个人去作出反应(R)"(第

---

① 参阅雅可布逊《二十世纪欧洲语言学:趋向和沿革》,《国外语言学》,1985 年第 3 期,第 6 页。

26 页)。布龙菲尔德说,尽管在上述第二个公式中,语言行为"r……s"并非事情的实际方面,而只是一种手段,然而这恰恰是研究语言的人所关心的部分,是语言学的研究对象。

布龙菲尔德的"机械主义"观点还特别强调根据可观察和可推论的现象来研究语言。自 1921 年至 1927 年,布龙菲尔德和激进的行为主义者瓦埃士同在俄亥俄州立大学任教,瓦埃士的《人类行为的理论基础》(*A Theoretical Basis of Human Behavior*, 1925)等著作对布龙菲尔德有深刻的影响。特别是瓦埃士要求人的行为只能用物理的方式加以讨论这一点,后来成了布龙菲尔德的物理主义语言学理论的主要依据之一。布龙菲尔德强调描写语言学只应注意语言的物理方面,而他认为人类的一切行为,包括语言行为,"是因果序列的一部分,恰恰就和我们在物理或化学研究中所观察到的一样"(第 35 页),因而都可以用纯粹科学的术语来加以描写。他认为,这样既可以更加客观地描写语言的结构,又可摆脱心理、逻辑和社会等非语言学现象的纠缠。

布龙菲尔德把语言归结为一连串刺激和反应的行为,自认为这是唯物主义的,其实只是一种庸俗的机械唯物主义的想法。实际的言语机制远比他想象的要复杂得多,根本不可能用行为主义的术语对之作任何实际的描写。在上述的假设里,布龙菲尔德并未告诉我们琪儿说的是什么。因为,仅知"琪儿饿了"这一事实,显然是无法推测她将说什么的。布龙菲尔德只是说,琪儿"用她的喉咙、舌头和嘴唇发出一个声音"(第 24 页),这怎么就会刺激杰克爬树摘苹果给她吃呢?心灵主义者往往依据一个人内在的精神、意志或者心理对语言现象作唯心主义的解释,布龙菲尔德力求摆脱这种把非语言学现象跟语言学现象混淆起来的错误倾向,自然是包含着某种健康的因素的。然而他从一个极端走到了另一个极端。因为他所提出的"刺激—反应"原则不仅不可能对语言活动作科学的解释,而且实质上也是唯心主义的货色。他所设想的物理主义也是一样。因为语言中固然包含着可以观察的物理属性(如声波、发音方法),对这部分属性自然可以进行客观的、具体的描写,但语音显然不是纯粹的物理现象。因此,为了追求"真实"、"客观"的描写而最终提出物理主义的要求,也是错误的。

在《语言论》所阐述的一般原理中,还有一个突出的问题,那就是布龙菲尔德对待意义的态度问题。在第九章中,布龙菲尔德给语言形式的意义下的定义是:"说话人发出语言形式时所处的情境和这个形式在听话人那儿所引起的反应"(第166页)。他说,引起人们说话的情境包括人类世界中的每一件客观事物和发生的情况。因此为了给每个语言形式的意义下一个科学的准确的定义,必须对说话人的世界里的每一件事物都有科学的精确的知识。由此,他认为只有在我们所掌握的科学知识的范围以内,我们才可能准确地确定某一语言形式的意义。例如,他认为可以给"盐"这个词下定义,说它是氯化钠(NaCl),也可以用植物学或者动物学的术语来给植物或动物的名称下定义。但却没有一种准确的方法可以给像"爱"、"恨"这样的词下定义。他的结论是,"在语言研究中对'意义'的说明是一个薄弱环节,这种情况一直要持续到人类的知识远远超过目前的状况为止"(第167页)。

在这方面,布龙菲尔德与萨丕尔的分歧也是极端深刻的,这自然是与他们之间的机械主义和心灵主义的对立紧密相关的。萨丕尔认为,在所有的等级以及所有的层次上,即从语音模式通过语法和词汇的概念,直到"连续话语的完整意义",探究语言的"信息交流的符号性",具有特别重要的意义。他的学生沃尔夫1937年甚至公开宣称,受到萨丕尔学说的启发,他认为"语言学最根本的实质就在于探讨意义"[1]。而布龙菲尔德对语义研究的态度却决然不同。尽管他也承

---

[1] 参见雅可布逊《二十世纪欧美语言学:趋向和沿革》,《国外语言学》,1985年第3期,第6页。

认对语言形式、甚至对音位成分的分析,都必然"包括语义的考虑"。他还说过,"简单地说,在人类的语言里,不同的声音具有不同的意义。研究一定的声音和一定的意义如何配合,就是研究语言"(第29页)。但从上述他对意义的理解看来,他对语义研究的态度是十分悲观的。在1943年的论文《意义》("Meaning")中,他更直截了当地表示:"处理意义必然会招致麻烦"①。

不过,如果由此而认为布龙菲尔德忽视、甚至反对意义的研究,看来是不公允的。布龙菲尔德在1945年1月29日所写的一封私人信件中谈及此事时曾说:"令人痛心的是现在流行这样一种说法,即我,甚至包括我在内的一群语言研究者,都不注意或是否定意义,甚至说我们打算不要意义来研究语言,把语言只当作一种无意义的声音……。上面这段牵连到我的话中所说的事情并非什么私事,而是一件大事,假如让这样一种说法流传下去的话,将会损害语言学的进展,因为根据这种说法,仿佛有一类学者是考虑意义的,与此相对,另一类学者则是忽视或不顾意义的。然而就我所知,后一类学者是根本不存在的。"②事情也确实如此。布龙菲尔德从来没有说过在一点不知道意义的情况下可以对一种语言的语音和句法进行描写。他的观点是,一方面强调意义的难于研究,另一方面强调"语言研究必须从语音形式开始而不是从意义开始"(第197页),或者说"语言学的描写工作在于对语言形式作出比较严格的分析。同时假定这些语言形式具有稳固的和可以确定的意义"(第192—193页)。他认为,为了进行形式研究(语音分析和句法分析),对词义有个粗略的说明是必需的。通常情况下,这是凭语感或者是靠在发音人的协助下进行

---

① 转引自前述雅可布逊文,《国外语言学》1985/3, P. 6。
② 见 Ch. C. Fries, "The Bloomfied 'school'", in *Trends in European and American Linguistic* 1930—1960. 中译文《布龙菲尔德"学派"》,赵世开译,见《语言学资料》第11/12期,第30页。

的"反复试验"解决的。然而,值得注意的是,在这方面,布龙菲尔德的门徒的想法跟他本人并不完全一样。在他的悲观情绪的影响下,他的一些门徒远比他走得更远。例如布洛克(B. Bloch)就认为,语言学家只要掌握了某种语言的足够的样本,尽管他不知道其中任何部分的意思,甚至不知道其中的任何两部分是表示相同的意思还是不同的意思,他或许也能够把这种语言的音位系统确定下来。①哈里斯(Z. Harris)为了避免求助于意义,也力图以分布(或"环境")标准代替意义标准。他们曾经进行了大胆的尝试,力图撇开所有语义学的和心理学的标准。但是,奇怪的是,尽管哈里斯、布洛克、特雷格(G. L. Trager)等一些极端形式主义者坚持认为他们的方案在理论上是完全站得住的,但在他们的实际研究工作中,还是不能不依靠意义(尽管在一般情况下,他们只是间接地利用意义,例如听者的反应等等)。连布洛克也不得不承认,"但是不管怎么样,意义在音位结构的研究中作为一条捷径是如此明显的有用——我们甚至可以说,它是如此的不可避免——以至于凡是拒绝用它的任何一个语言学家将会大量地浪费他的时间。"②

布龙菲尔德强调意义难以确定,主张尽可能少用意义作为语言描写的一个因素,本来主要是为了克服传统语法在建立语法范畴时滥用意义的弊病。这对语言学的发展来说,自然是有积极意义的。然而,由于他主张对词义用严格的机械主义(行为主义)观点加以说明,并且混淆了日常意义和科学概念的界限,就又走到了另一个极端。发展到后来,认为为了研究形式,就必须排除意义,几乎成了某些语言学家的金科玉律,致使在布龙菲尔德的《语言论》发表之后的二三十年里,语义研究事实上被布龙菲尔德本人及其学派忽视了,这

---

①② B. Bloch, "A Set of Postulates for Phonemic Analysis", in *Language*, 1948, Vol. 24, P. 5. 中译文转引自赵世开《美国语言学简史》,上海外语教育出版社,1989年,第82页。

不能不说是布龙菲尔德对意义的模糊认识所引起的不良后果。

上面我们概述了布龙菲尔德《语言论》中有关语言研究的一般原理的两个问题：机械主义的立场和对意义的态度问题。布龙菲尔德在这两个方面的看法，是他进行语言研究的指导原则，无疑是极有影响的，但却不能认为是他的理论的核心部分。布龙菲尔德理论的主要内容，是在于确立语言结构的描写原则和严格的描写方法。这也正是《语言论》的重点。《语言论》中 5—8 章论述语音，9—16 章专论语法和词汇，就是集中探讨共时描写的原则和方法的。布龙菲尔德在这方面为语言的形式化描写奠定了坚实的基础。后来经过哈里斯、布洛克、特雷格、霍凯特(Ch. F. Hockett)、威尔斯(W. S. Wells)等人的不断补充、改进和发展，形成一种系统的形式化的语言理论，通常即称为美国描写语言学。下面我们就来论述布龙菲尔德及其学派的主要成员在这方面的主要理论。

我们在前面论述索绪尔理论的一章中已经提到，布龙菲尔德对反映在《普通语言学教程》中的索绪尔的新思想是十分赞赏的。他完全同意索绪尔对语言和言语、共时和历时的严格区分。对索绪尔确认的语言学的主要任务，即"就语言和为语言"而研究语言结构内单位之间的相互关系，他也深表赞同。他跟索绪尔一样，把共时的语言结构确定为研究的基点。首先引起他的兴趣的是语音结构，因为语音是语言现象中最容易直接观察到的、可以最精确地进行客观描写的东西。自然这跟当时美国语言学的实际任务和环境（最初主要研究美洲印第安语言）也很有关系。他所关心的另一个重点是语法结构（实际上主要是词法部分）。布龙菲尔德认为，音位和语素是语言结构的两个基本单位：音位是语音结构中具有区别性特征的最小单位，语素则是语法结构的最小单位。在他看来，"每一个复合形式单就它语音上可确定的成分而言，完全是由语素组成的"，而"语素是可以用语音来描写的，因为它总是包含一个或者一个以上的音位"（第 196 页）。因此他认为，为了弄清某一语言的结构，首先必须对实际的语言材料进行切分和分类,确定这种语言所有的音位和语素,然后再分析这些单位的组合情况以及它们彼此之间的关系。比语素序列更大的句子结构则采取直接成分分析法进行分析。

布龙菲尔德在"对语言形式作出比较严格的分析"的过程中,曾经提出过不少新概念和新方法。他把不能单说的语言形式叫作粘着形式(Bound form),可以单说的则称作自由形式(free forms)。凡是跟别的语言形式在语音—语义上有部分相似的语音形式被叫作复合形式(complex form),而"跟别的任何一个形式在语音—语义上没有任何部分相似的语言形式是一个简单形式(simple form)或者叫做语素(morpheme)"(第 195 页)。他还提出了配列(arrangement)的学说。指出"每一种语言都用形式的配列来表示一部分意义"(第 197—198 页),"在每一种语言里,各种形式的有意义的配列构成了这种语言的语法"(第 198 页)。他认为,语言形式的配列方式主要有四种:词序、变调(抑扬顿挫和轻重缓急),变音(即语音的变换,例如 do〔duw〕和 not〔nɔt〕这两个形式组成一个复合的形式 don't〔downt〕)和形式的选择。这最后一种配列方式,他认为也是能提供意义因素的,"因为在其他语法配列上都相同而在选择上不同的形式也会产生不同的意义"(第 199 页)。此外,他还阐述了"形式类"(form—class)概念,指出:"一个形式能出现的一些位置就是它的多种功能(function),或作为总体来讲就是它的功能。所有能占据某一特定位置的形式因而就构成一个形式类。"(第 227 页)在句法结构方面,布龙菲尔德根据结构本身在句法上是否与其所包含的任何一个直接成分具有大致相同的功能,把结构分成向心(endocentric)结构和离心(exocentric)结构两类。例如,在英语里,施事—动作结构,如 John ran(约翰跑),以及关系—轴心结构,如 beside John(在约翰旁边),都是离心结构,而 boys and girls(男孩和女孩)以及 poor John(可怜的约翰)这样的并列或修饰结构,则是向心结构。因为在后一类里,boys and girls 这一结构跟 boys、girls 这些成分属于同一形式类,poor John

和 John 也属于同一形式类。而在前一类里,无论是 John ran 跟 John、ran,还是 beside John 跟 beside、John,都不属于同一形式类,不具有相类似的功能。至于直接成分(immediate constituents,简称 IC)概念的提出,则主要基于这样一种重要的认识:一个复合形式的结构不能只切分成它的最终成分(语素),而应该分解它的直接成分。所谓"直接成分",就是直接组成某个复合形式的成分。布龙菲尔德认为,每一个独立的复合成分都是两部分构成的,因此可以采用两分法来分析。他举例说:poor John ran away(可怜的约翰跑掉了)这个形式含有五个语素,即 poor, John, ran, a-和 way。如果我们一下子把它划分为最终成分,即语素,就无法真正了解这一形式。首先应分解为两个直接成分:poor John 和 ran away。这两个部分又各自是一个复合形式,poor John 的直接成分是语素 poor 和 John, ran away 的直接成分是语素 ran 和复合形式 away。away 再进一步分解为语素 a-和 way。布龙菲尔德认为,只有用这种方法分析,才能正确地理解语言的结构成分和层次关系。①

布龙菲尔德的这些新思想,对 20 世纪 30 年代和 40 年代的美国语言学有极深刻的影响。在他的引导下,他的一批学生也以形式分析和方法论的研究为主要研究方向,并着重在描写的具体方法和程序方面作了较深入的探索。有代表性的论著,主要有 40 年代发表的一批讨论研究方法的论文。如哈里斯的《语言分析中的语素交替形式》(1942),《非连续语素》(1945),《从语素到话语》(1946 年),威尔斯的《直接成分》(1947),霍凯特的《语素分析的一些问题》(1947),《语法描写的两种模型》(1945),以及布洛克和特雷格合著的《语言分析纲要》(Outline of Linguistic Analysis, 1942),哈里斯的《结构语言学的方法》(Methode in Structural Linguistics, 1951)等专著。尤其是哈里斯的《结构语言学的方法》一书,可说是后布龙菲尔德学派

---

① 参见布龙菲尔德《语言论》第 10 章第 2 节。

的集大成著作,它把形式化的描写方法发展到了极点。自然,上述这些研究者的进一步探索,也都是以布龙菲尔德在《语言论》中所阐述的一些基本原则和方法为主要根据和出发点的。布洛克曾明确地指出过这一点。他在1949年的一篇文章中谈到《语言论》时曾说:"自1933年以来,在美国所发生的分析方法上每一种有意义的改革,都是布龙菲尔德的这本书对语言研究促进的直接成果。"[1]不过,我们从上述论著也可以明显地看出,在布龙菲尔德的继承人那儿,语言描写的方法和技术不仅经过了很多改革,而且获得了很大的发展。这主要表现在以下几个方面。

首先,他们确立了一种严格的发现程序(discovery procedure)。布龙菲尔德假设语言有一个"音位—语素"的结构,并认为这一结构可以用一套操作程序来发现。因为语素是由音位构成的,因此从顺序上说,必须先发现音位,然后才是语素。音位层的分析程序是,先分析出有区别的语音成分,然后再分析这些成分之间的关系,归并成音位。音位层次整理好后,再进入高一级层次——语素层的分析。对这一层次的分析,哈里斯1942年正式提出严格实施分三步走的工作程序:第一步,把某一语言中的每一个词语分为若干最小的音素序列。这些序列在别的词语里边出现时具有我们认为是同样的意义,或者在这一词语的其他部分被分出以后这些序列是剩余部分。这样得来的所有最小的成分,都叫作语素交替形式(morpheme alternants)。第二步,把具有同样的意义(然而是不同的音素)、并且不在同一环境里出现的语素交替形式归并为语素单位或者说语素。第三步,把各交替形式之间具有相同的差别的语素归为一类,亦即归并为形式类。[2]由此可见,语素层的分析步骤和方法跟音位层是一样的。

---

[1] 参见 Ch. C. 弗里斯《布龙菲尔德"学派"》,赵世开译,《语言学资料》,总第11/12期,第25页。

[2] 参阅哈里斯《语言分析中的语素交替形式》,王宗炎译,《语言学资料》,1963年第6期,第2—4页。

描写语言学家在音位研究方面的成绩是明显的,这使他们受到巨大的鼓舞。于是他们就进一步用分析音位的方法去分析语素甚至更高的层次。这种把语音分析的原则和方法搬到语法分析中去的作法,是描写语言学,尤其是后布龙菲尔德学派的一个重要特点。

其次,他们大大提高了分布和替换在语言分析中的重要地位。1950年12月29日,郝根(E. Hagen)在美国语言学会大会上作会长就职演说时曾谈到:"这或许是现代语言学的主要发现:即研究语言成分的分布就能找出它们之间的关系。"他还说,"纯理语言学认定作为他们进行语言分析的基础的方法,即所谓代替法(replacement),就是首先着眼于发现分布情况的。"[①]他这里所指的正是布龙菲尔德学说的继承人的主要特征。

"分布"(distribution)这个词很早就在美国语言学家的论著中出现了,但无论是鲍阿斯、萨丕尔还是布龙菲尔德,都没有把它用于确定的专门意义。不过,布龙菲尔德所说的"在每一种语言里,各种形式的有意义的配列构成这种语言的语法"(第198页)这句话,实际上已为分布理论奠定了基础。第一个正式采用"分布"作为专门术语的人是斯瓦德士(M. Swadesh)。他在《音素原理》("The Phonemic Principle", 1934)一文中首先把分布概念应用于音素分析,用来指"语音类型出现的位置,也就是后来所谓'音素变体'出现的位置",也即"描写一个语音在词内若干位置出现这个事实"[②]。随后,布洛克和特雷格在《语音分析纲要》(1942)中把互补分布看作分析音位的基本方法。哈里斯和其他一些人则在40年代开始把"分布"这一术语用于语法分析。这样一来,分布分析就成了在音位学和语法学中具有一致性和连贯性的方法。哈里斯于1947年写成了一部关于分布

[①] 见郝根《对美国描写语言学的评价》,《语言学资料》,1963年第2期,第3页。
[②] 转引自 P. Diderichsen《论分布在语言分析中的重要性》,《语言学资料》,心水译,1964年第3期,第49页注④。

分析的专著,先以抄本流传,1951年正式出版,这就是《结构语言学的方法》(1960年版改题为《结构语言学》)。他在这一著作中对纯"分布"的语言分析进行了最彻底的尝试。他给分布所下的定义是:"一个成分的分布,是这个成分在其中出现的一切环境的总和,也就是说,一个成分可能有的一切(不同)位置(或出现〔occurrence〕)的总和,这里所谓一个成分的位置(或出现),是跟其他成分的出现相对而言的。"①可见,分布是指某一语言成分所出现的位置和环境。哈里斯力图通过对这种位置和环境的纯形式的描写,在语言分析中完全摆脱对意义、历史之类的其他因素的依赖。在哈里斯看来,分布分析是描写语言学的唯一方法。他在《结构语言学》中说:"描写语言学主要研究的以及本书认为适用于语言结构的唯一的形式之间的关系,是彼此有关的某些部分或者特征在语流中的分布或者配列。"②他认为,从确定单位开始,就必须用分布分析方法,"为了要建立适当的单位……这些单位必须建立在分布的基础之上:如果有两个单位 X 和 Y,其中 X 同其他一些单位像 B、C 等等的分布关系在某种意义上说跟 Y 的分布一样,那么 X 同 Y 就可以归并成一个单位 A……所以,各个单位是按照它们之间的关系确定的,而且是在各个单位之间的分布关系的基础之上建立的。"③在归并语素、把语素进一步归并为形式类,以及说明单位与单位之间的关系时,哈里斯及其追随者都主要是以分布为根据的。在后布龙菲尔德学派的实际分析中,虽然也有一些学者注意到其他标准,如语音标准(如奈达〔E. Nida〕)、意义标准(如格里森〔H. Gleason〕)的重要意义,但大部分学者都只根据分布标准。在以哈里斯为代表的这后一部分学者的眼里,语音标准完全不用考虑。因为根据分布标准,他们"不仅把音素组合相同的音

---

① 转引自 P. Didericasen《论分布在语言分析中的重要性》,《语言学资料》,1964年第3期,第53页。
②③ 转引自凯思《关于"分布"问题》,《语言学资料》,1965年第6期,第38页。

段,而且把音素组合不同的音段归并为一个语素"①。至于意义标准,则是他们认为应该彻底排除的。有时他们也提到意义,但意义本身已被他们理解为分布了。哈里斯就认为"意义是分布的一种功能","意义的差别跟分布的差别有对应关系"②。裘斯(Joos)给意义下了一个定义:"〔一个语素〕在上下文中与所有其他语素相搭配的可能性的总合"③,这显然也纯粹是从分布的角度看的。由此可见,"分布"在描写语言学中是占有特殊地位的,这也正是人们常常把描写语言学家称为"分布主义者"的原因。

"替换"(substitution)这一术语在布龙菲尔德的论著里也早已出现了。不过,他所说的替换跟他的一批门徒所指的替换不尽相同。布龙菲尔德的"替换",是指语法形式的类型,例如,在英语里 he 这个形式经常用来替换另一个整类的形式,如 John, poor John, a policeman(警察), the man I saw yesterday(我昨天看见的那个人), Whoever did this(任何一个做这件事的人)等等,这些形式就组成了"单数阳性名词词语"的形式类。然而哈里斯却赋予了这一术语迥然不同的意义。他把替换看作一种研究方法,一种基本技术。他指出,"替换是描写语言学里的基本方法。这种方法不但在音位学里是必要的,而且在开始确定语素的时候以及辨认语素与语素之间的界限的时候也是必需的"④。这种方法最先主要运用于语音和形态的研究,哈里斯 1946 年发表《从语素到话语》一文,才开始把它扩大到语素序列的研究上去,目的是为了给句法分析确立一种严谨的、明确的方法,亦即一种形式化的工作程序。他认为,在他设计的这一工作程序中,"除了替换(常常反复使用)之外,不需要其他的手续"⑤。替换

---

① Z. Harris, *Methods in Structural Linguistics*, P. 200。
② 转引自前引 P. Diderichen 文,《语言学资料》,1964/3。第 59 页。
③ 转引自郝根《对美国描写语言学的评价》,《语言学资料》,1963/2,第 5 页。
④ 参见 Z. S. Harris《从语素到话语》,李振麟译,《语言学资料》,1963 年第 6 期,第 15 页。
⑤ 同上书,第 14 页。

的操作方法实际上很简单,它很像自然科学家的控制实验:在变动一个因素时,其他因素保持不变。如用 b 代替 pit 中的 p,得到 bit。又如,可用 child(孩子)替换在 where did the young boy go?("年轻人上哪儿去了?")里出现的 young boy。描写语言学家的工作程序,主要就是对这种替换手续的反复运用,以达到确定音位、语素等单位,归并语素、形式类等等的目的。

替换和分布是密切地联系在一起的两个概念。哈里斯提出了一个分布和替换的基本公式:X—Y,破折号代表所研究的成分,X 和 Y 是它的环境(位置)。这就是说,凡是能在 X—Y 这个环境出现,或者说能占据 X—Y 这个位置的单位,就构成一个替换类,彼此可以替代。换一个角度也可以说,凡是能相互替换的单位就具有相同的分布情况。

分布和替换是后布龙菲尔德学派创造的独特的形式化描写原则和方法。作为语言分析方法的一种,是有重要意义的。在实际的分析工作中,特别是在音位学和形态学的研究中,也是取得了一定的成绩的。不过,这种分析方法也存在着不少弊病。首先,由于分布、环境、位置、替换等术语都较空泛,在操作中往往要附加各种补充条件来加以限制,因此实际上很难运用。其次,这种方法犯有严重的循环论证的毛病。这是因为,要进行分布分析,其前提条件是单位已经分出;而按照分布分析法,单位又是依靠分析、替换得出来的。这就是说,分布、替换取决于单位,单位又取决于分布、替换,玩弄的是一套循环论证的游戏。此外,更严重的问题是,这一方法是以排斥意义标准为主要目的的。哈里斯曾经说过,"现在我们喜欢尽可能地形式化"。[①]他们正是想依赖极端形式化的方法,以达到完全摆脱对意义的参考的目的。然而,实际上意义是摆脱不了的。因为无论是切

---

① 见 Ch. F. Hockett《语法描写的两种模型》,范继淹译,《语言学资料》,1963 年第 6 期,第 98 页。

分还是归类,都是使用替换法,而判断替换之能否成立,不是凭本人的语感,就是靠被咨询人(如发音人)的回答。本人的语感也好,被咨询人的回答(即对询问某个替换是否能行的回答:"能。"或"不能。")也好,其根据首先就是意义。因而哈里斯等人的极端形式化方法,不仅达不到摆脱意义的目的,而且必然会陷入形式主义和繁琐哲学的泥坑。对分布主义的这些弊端,有不少学者提出过批评。如丹麦语言学家狄德里希森(P. Diderichsen)在第八届国际语言学家大会上的报告中就曾尖锐地指出,"没有疑问,安坐在书斋中的欧洲语言学家可以从他们的美国同行的正确而有效果的重实际操作方面学到许多东西。但是,如果我们对分布理论的批评分析不是很不中肯的话,那么这些批评也许能够提醒急躁的田野工作者,让他知道道路的另一边也有一条沟。即使是带上逻辑或统计气味的物理主义的术语,也会使语言学家误入歧途,如果他因为根据自己的经验,这些术语似乎可以使用在某些研究方面,而且可以写成某些公式性的陈述,便满足起来的话。盲目地墨守传统,阻碍了语言学的进步,这是不错的;但是 Harris 的短处也可以让我们看出,在寻找新方法时,不应忽视那留存在不正确的语法体系中的宝贵经验,这一点也是非常重要的。打破传统语法方法论的死框框,建立一些新方法,使它跟对各种语言(用希腊语语法不能很好地描写的各种语言)进行非传统性分析所得的经验彼此符合,这是极其重要的;但是根据历史很短的研究部门摸索出来的经验而创立的学说,如果不把以前一切分析都已证明是不可缺少的概念重加申述,纳入其中,或不允许重加申述,那么我们不过是把一套偏见来替代另一套偏见"[①]。应该说,他的批评是很中肯的,是击中了分布主义者所存在的问题的要害的。

此外,布龙菲尔德的继承者,在直接成分(简称 IC)分析方面也

[①] 见 P. Diderichsen《论分布在语言分析中的重要性》,《语言学资料》,1964 年第 3 期,第 56 页。

在布龙菲尔德的基础上有了很大的革新和发展。上面我们已经提到,"直接成分"是布龙菲尔德在分析复合形式过程中提出的一个概念。他指出,在句法和词法的分析中"非常重要的是要遵守直接成分的原则",这样才能认清语言结构的层次及组成成分的结构次序,并对语言形式进行恰当的归类(参阅《语言论》第 196 页,第 259 页,第 275—276 页)。40 年代,尤其是在派克(K. L. Pike)发表了《语法元素(taxeme)与直接成分》(1943)一文之后,后布龙菲尔德学派的成员对直接成分分析的理论和方法曾展开过热烈的讨论。在讨论过程中,威尔斯于 1947 年发表的《直接成分》一文,系统而详尽地阐发了直接成分原则,对描写语言学中这一重要分析方法的发展起了很大的推动作用。威尔斯的论文首先对形式分析的替换手续进行了进一步的加工,提出了"扩展"(expansions)的概念。进而对 IC 分析与词和结构的关系作了阐述。此外,他还对早期在 IC 分析中所遇到的一些困难作了进一步的探索,如多直接成分问题(一个结构体可能有两个以上的 IC)和非连接成分问题(有的 IC 可能是非连续的),以及 IC 分析中对音渡、重音和音高等"超音段语素"的处理问题。

威尔斯提出的"扩展"概念,后来成了 IC 分析的基本概念,有十分重要的意义。"扩展"作为描写语言学的一个术语,是有特定的含义的,不能按通常的字面意思去理解。威尔斯说,当两个序列能出现在相同的环境里时(通常是一个序列比另一个序列长,但结构不同),就把一个序列(长的序列)叫做另一个序列的扩展,而把另一个序列叫做模型。也就是说,如果 A 是 B 的扩展,那么 B 就是 A 的模型。例如"The king of England opened parliament"(英国国王召开议会)可以看成 John worked(约翰工作)的扩展,亦即 the king of England 是 John 的扩展,而 opened parliament 是 worked 的扩展。威尔斯说:"IC 理论的主要意图就是要尽可能地把每一个序列分析成若干部分,每一个部分都是一个扩展;这些扩展的部分就是这个序列的成分"①。同时,他还指出,"全部 IC 理论所根据的简单而重要的语法事实是:属于某一个序列类 A 的序列,往往可以代替属于另一个完全不同的序列类 B 的序列"②。由此可见,扩展概念既跟语言的模式有关,也离不开替换的方法:扩展是根据模式的类同来定的,而模式的类同是用替换的方法来测验的。IC 分析法就是切分法:拿一个句子(或者别的复合形式)来,把它一分为二,然后把切出的两部分再各一分为二,这样一直分到最小的单位为止。例如"The young man read a book"这个句子,其切分情况可用树形图表示:

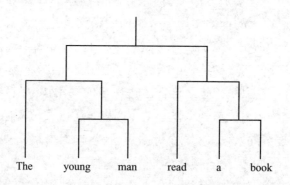

然而,怎么知道该在什么地方切分呢?比如,怎么知道第一次切分应该把"The young man 和 read a book"切开呢?根据就在于"扩展"概念。因为我们可以用 John 替换 The young man,也就是说 The young man 可成为 John 的扩展,可以说 John read a book。同样,可用 worked 替代 read a book,可以说 The young man worked。扩展概念证明这是唯一正确的切分方法。想要切在别的地方都不行,比方切在 man 之前或 read 之后都不行,因为无法通过替换证实扩展的

---

① R. S. Wells《直接成分》,赵世开译,《语言学资料》,1963 年第 6 期,第 31 页。
② 同上书,第 30 页。

可能性。其他层次可用同样的方法测试,只要扩展能成立,就可切分。可是,对威尔斯的扩展概念也是有不同的意见的。例如查特曼(S. Chatman)就认为扩展法没能确定结构的等级关系和区别主要的划分与次要的划分,因而不能令人满意。他提出用概率论来决定切分,那就是说,后面成分出现的潜在可能性越大,那么把一个成分跟一个成分切开的可能性也越大。例如在 red hats(红帽子)这个组合里,red 后面可以出现很多种语素,而在 red hat 后面只能出现两个语素,即-s 和-ed。因此首先应在 red 后面切开,第二步才是切在 hat 后面。①尽管如此,扩展原则还是被大多数研究 IC 分析的学者认为是这一分析的基本原则,从而被广泛运用于实际分析之中。

IC 分析可显示结构层次,通过树形图,这一点可看得十分清楚。这种分析法还可表示出成分间的内部联系情况。亦即分支对节点而言,是直接成分,不属于同一节点的成分,是间接成分。此外,有时候它还能说明两可现象。一个在讨论中经常提到的例子是 old men and women 这一序列的分析问题。显然,这是一个具有歧义的序列,它或者是 old(men and women),即"年老的男人和年老的女人",或者是(old men)and women,即"年老的男人和(各种年龄的)女人"。通过扩展的原则可以把这种两可现象区分开来。也就是说,要么 old men 是单个语素(例如 boys)的扩展,要么 men and women 是单个语素(例如 men)的扩展。用树形图可展示这两种不同的 IC 分析②:

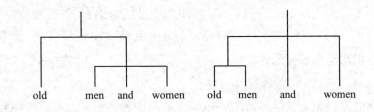

---

① S. Chatman, "Immediate Constitents and Expasion Analysis", *Word*, Vol. Ⅱ, N. 3. 1955.
② 参阅弗·帕默《语法》,赵世开译,上海译文出版社,1982 年,第 138 页。

IC 分析的上述几种作用是重要的,然而它并不能提供更多的信息。特别是它并不说明直接成分之间的内在关系,因而对一些分析层次相同,但结构关系实际上并不相同的序列的特征不能识别。针对这种不足之处,后来有的学者提出了"加标示"的方法。这就是说,不再停留在单纯切分直接成分上,还要加上名词短语、动词短语、动词等标示。如仍以前面提到的一个句子为例,树形图就成了如下情况:

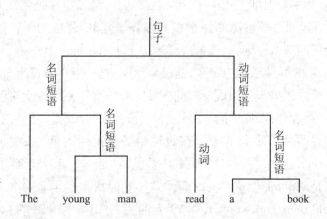

这种 IC 分析加标示的分析方法,后来一般称作"短语结构语法",它比单纯切分当然能说明较多的东西。不过,这样一来,也就更加明显地暴露了这种分析方法犯有循环论证的毛病。因为 IC 切分本来是被假定为先于对成分的辨认和分类的,这是描写语言学"发现程序"的前提,然而"标示"的方法,即标示出各个 IC 是名词短语等等,又显然是以对这些成分的语法地位的辨认为前提的。

总的说来,发展到"短语结构语法"的 IC 分析法,比起早期的单纯切分来说是大大地前进了一步了。然而这种分析法存在的弊病和疑难之处仍然很多。除了上述的循环论证之外,它像分布分析法一样,也存在着单纯强调形式标准而忽视意义标准的毛病。他们用纯形式的分布标准取代了布龙菲尔德所说的"把意义也考虑在内"(《语言论》第196页)的分析原则,而这实际上却成了充分发挥 IC 原则的障碍。此外,非连续成分等复杂现象的切分问题也没有彻底解决。后来派克的"法位学"(tagmemics)、兰姆(S. Lamb)的"层次语法"(stratificational grammar)以及英国学者哈利迪(M. Halliday)的"系统语法"(systemic grammar)等语法理论,也还都是属于短语结构语法这一类型的。尽管它们都已增加了许多新的东西,从而使 IC 分析有了进一步的发展,然而也还说不上是对 IC 分析法的根本变革。只有到了 20 世纪 50 年代中期,随着乔姆斯基"转换生成语法"的提出,才引起了分析方法的彻底的改革。①

---

① 参阅帕默《语法》,第 143—146 页。

第十一章 Chapter 11
转换生成语法学派

1. "乔姆斯基革命"

自20世纪50年代中期开始,"转换生成语法"(Transformational Generative Grammar,简称TG)取代描写语言学,成为美国语言学的主流。转换生成理论很快发展成为现代欧美语言学中最有影响的一种理论。

转换生成语法的开创者是乔姆斯基(Noam Chomsky)。乔姆斯基1928年生于美国宾夕法尼亚州的费城。他父亲是研究希伯来语的。由于父亲的影响,乔姆斯基从十一二岁起就接触语文学。40年代后期,他在宾夕法尼亚大学读书时,由于受到哈里斯(Z. S. Harris)的影响,开始研究语言学。他的大学毕业论文的题目是《现代希伯来语的形态音位学》,这一论文于1951年被他扩展成同一题目的硕士论文。乔姆斯基后来谈起这篇文章时曾说,"这篇未发表的论文是一种现代意义上的'生成语法'",其中心内容是企图证明他所提出的生成语法是"可能有的最简单的"语法。①1951至1955年,他在哈佛大学学术协会当助理会员,使他有较充裕的时间进行研究工作。这几年里的主要研究成果是《语言理论的逻辑结构》(*The Logical Structure of Linguistic Theory*, 1975)一书。在这一技术性很强的专著里,乔姆斯基很大程度上还是在那篇早期论文的框架内进行工作,也

---

① N. Chomsky《生成语法的诞生》,王钢译,《国外语言学》,1983年第4期,第33页。

就是力图为语法制定一套明确的形式化手段。乔姆斯基曾说,他在很长的一段时间里,一直认为像哈里斯这样的结构主义语言学家所论述的发现程序原则上是正确的。40年代末和50年代初,他曾花了相当多的精力,差不多有五六年的工夫,力图克服这种发现程序的某些严重缺点并使这些程序明确化,以便这些程序能从语言的有限的素材中产生出具有无限描写范围的语言。直到1953年,他才发现,"一俟这些发现程序被弄得很精确之后,它们却明显地导致错误的结论",因为企图确立发现程序这一研究方法本身完全是错误的。乔姆斯基在回顾这段经历时说,"一旦我认识到这一点后,工作的进展就十分迅速。在以后的一年半时间里我写出了大约有一千打字页的《语言理论的逻辑结构》,还有包括在《句法结构》一书中的几乎全部的内容和1958年得克萨斯讨论会上的论文等等。"[1]从1955年起,乔姆斯基在麻省理工学院工作,直至现在。开始是在电子学研究实验室里由英格维(V. Yngve)主持的机器翻译小组进行研究工作,同时教授科技法语、科技德语,也开一点语言学、哲学和逻辑课程。60年代初,他和一些人创办了该学院的语言学系,后来就主要主持该系的研究生培养计划。

由于乔姆斯基的思想非常激进,在论述自己的观点时常常伴随着对别人的猛烈攻击,加上他强调用严密精确的、技术性的措词阐述语言理论,形式化的倾向特别强烈,因此开头几年,他的著作在美国很难找到出版的地方。他把《语言理论的逻辑结构》交给麻省理工学院出版社,被原封不动地退回了[2]。他的第一部公开出版的完整的著作《句法结构》(*Syntactic Structures*),是由荷兰海牙的摩登(Mouton)公司于1957年出版的。正是这本不过一百来页的著作,不仅成

---

[1] 以上关于生成语法产生过程的叙述及引文,均见乔姆斯基《生成语法的诞生》一文,《国外语言学》,1983年第4期。

[2] 直到1975年,这本著作才得以部分发表。

了乔姆斯基的成名作,而且在语言学领域里引起了一场深刻的革命,这就是通常所说的"乔姆斯基革命"。在1957年的《语言》(Language)杂志上,几乎与《句法结构》出版的同时,李兹(Robert Lees)发表了一篇详尽的评论①,认为《句法结构》将改变语言学的面貌。正是这篇非常重要的书评,使乔姆斯基的转换生成语法引起了美国语言学家的极大注意。很快,美国语言学界开始了剧烈的动荡。到50年代末,转换生成语法已发展成为语言研究的主要潮流。在后来的几十年时间里,乔姆斯基学派的理论在美国语言学中始终占据着主导地位,并对世界各地的语言研究产生了深刻的影响。

乔姆斯基的理论之所以会产生如此巨大的冲击力和深刻的影响,主要是由于他的理论思想具有一种激进的革命的性质。我们知道,乔姆斯基是在描写语言学派(主要是以哈里斯为代表的"后布龙菲尔德学派")的培育下成长起来的。他自己也说过,最初阶段,他曾竭力遵循他的老师哈里斯的思想进行研究,后来发现"此路不通"之后,才滋长了反潮流的思想,从而产生了转换生成理论。这一理论在语言理论的目标和方法论方面,都与描写语言学截然不同,无疑是革命的。乔姆斯基指出,描写语言学的各个流派,所注意的是整理事实,亦即搜集大量的语言材料,然后根据这些材料,对各种语言单位由小至大逐步加以切分和分类。他们强调事实的全面,观察的仔细,方法的客观以及对语言的某些特性(如分布、替换)的描写的精确。他们认为"理论必须给已知的话语素材提供一个实用的、机械的方法,建立起语法来"②。也就是说,必须建立语法的"发现程序"(Dis-

---

① 即 R. B. Lees, "Review of Chomsky, Syntactic Structures", *Language* 33, PP. 375—408。后来乔姆斯基曾说过,"生成语法问题引起语言学家的注意,主要是1957年《语言》杂志发表了罗伯特·李兹对《句法结构》所写的一篇详尽的书评产生的结果。我想,要是没有这篇书评,我那本在荷兰出版的专著可能不会为人所知"(见《国外语言学》1983年第4期,第39页)。

② 乔姆斯基《句法结构》,邢公畹等译,中国社会科学出版社,1979年,第49页。

covery Procedure)。然而,乔姆斯基认为,试图说明"全部事实",实际上并非一个合理的目标。他说:"无论我们的观察如何仔细,方法如何客观,'实验'如何可靠,在我看来,所获得的事实本身并不重要。重要的倒是这些事实是否符合那种解释性的理论,而这种理论的目的则是要说明语言能力的基本原则。"①他所确立的理论目标是:(1)弄清楚什么是一个会某种语言的人所获得的、内在地表现出来的语言知识系统。也就是说,要回答:使说话人能够运用他的语言的那种直觉的、无意识的知识的本质究竟是什么?(2)弄清楚怎样才能说明语言知识的生长(grouth)与获得。换句话说,要建立一种解释性的理论,能解释语言这种现象。由此可见,他特别强调对语言能力或者说语言的直觉知识的说明。此外,乔姆斯基认为,任何企图确立发现程序的努力,都必然"会导入极其费心、极为复杂的分析程序的迷宫,而对许多有关语言结构的本质的重要问题却没有提出答案"(《句法结构》,第 50—51 页)。他并且指出,不少描写语言学家的论著,"虽然都以发现程序为其直接目标,但我们详细检阅,就可以发现实际建立的理论不过是提供一种语法的评价程序而已"(《句法结构》,第 50 页)。因此,他主张摒弃发现程序,放低眼界,努力发展一个评价程序(evalution procedure),以有助于对基于一种语言素材提出的几种语法作出选择,指出哪一种是对这一语言概括得最好的、最理想的、评价最高的系统。在《句法结构》一书中,乔姆斯基就是依据这种评价程序进行研究的。他先后分析了语言结构的三种模式,一种是很简单的通讯理论模式(即根据马尔科夫过程构成的有限状态模式),一种是以直接成分分析法为基础的短语结构模式,另一种是把短语结构分析和语法转换式结合起来的转换模式。他的结论是:前两种模式暴露了理论上的好些漏洞,转换模式比另两种模式有效得多。由此可见,乔姆斯基的理论是在对描写语言学的理论和方法论

---

① 乔姆斯基《生成语法的诞生》,《国外语言学》,1983 年第 4 期,第 32 页。

原则的严厉批判过程中产生的。它使人们产生一种新鲜感,因而对不少人很有吸引力。

乔姆斯基的"转换生成语法"这一名称本身告诉我们,这一理论有两大特点:其一是"转换",其二是"生成"。他的理论的革命性质正主要体现在这两个方面。

"生成"(generation)这一术语是从数学借来的。所谓"生成"语法,是说这种语法能生成某一种语言里全部符合语法而且仅仅是符合语法的句子。①当然,这并不是说,有一种语法会真正把所有合乎语法的句子都生产出来。而只是说,语法必须设计一套规则,按照这套规则,能够"预言"哪些可能是这种语言的句子,并辨认哪些是不合乎语法的语符列。"生成"实际上有两重含义,其一是指语言的"创造性"。一套规则或规定可用来描写某一语言可能有的全部句子,而不只是已经出现的、或已观察到的句子。乔姆斯基经常援引洪堡特所说的语言是"有限手段的无限运用"这句话来说明语言的创造性特征。这就是说,任何语言的句子的数目是无限的,而语法的规则是有限的。应用一套有限的规则却可生成无限数目的句子,这正是语言的创造性的表现。"生成"的另一层含义是指这种语法是"明确的"、"形式化的"。它明确"预言"一切合乎语法的句子,保证不会产生任何非句子。要做到这一点,它必须是高度形式化的,因为"明确的说明必须最终成为一种形式化的理论"②。乔姆斯基对逻辑和数学也很有兴趣,我们可以清楚地看到,生成语法的形式化方式是明显受到逻辑原理和数学原理(特别是递归〔recursive〕函数原理)的影响的。

在"转换生成语法"的"转换"和"生成"这两个特点中,"转换这一方面是更基本的,而且也可能是更革命的。"③"转换"(transforma-

---

① 参阅《句法结构》第12页。
② 乔姆斯基《生成语法的诞生》,《国外语言学》,1983年第4斯,第36页。
③ 帕默《语法》,上海译文出版社,1982年,第148页。

tion)这个术语也并非转换生成学派的创造,哈里斯的《话语分析》("Discourse Analysis", 1952)、《语言结构中的同现和转换》("Cooccurrence and Transformation in Linguistic Structure", 1957)这两篇文章中已谈到不同句法结构的句子间的转换关系。不过,使"转换"这个概念具有革命意义的,却是乔姆斯基。乔姆斯基认为,哈里斯的转换是句子间、或者说表层结构间的等位关系,仍属于布龙菲尔德学派的语言描写范畴,而转换生成学派所使用的转换是一个很不相同的概念。乔姆斯基发现,直接成分分析法尽管可分析层次,也能分辨某些歧义现象,尤其是经过转换生成学派的改造,加进短语标记(phrase-markers),把它发展成短语结构语法之后,分辨能力更有所提高,然而,它的描写能力毕竟是有限的。首先,每种语言里都存在不少"同音结构"现象(constructional homonymity),它们是直接成分分析法解决不了的(即使加上标示也不行)。例如,"The shooting of the hunters was terrible"这句话,它的意思究竟是指"猎人的枪法是惊人的"呢?还是指"猎人被击中这件事是惊人的"呢?类似这样的歧义句是很多的,如"It is too hot to eat"、"It is hard to read"等等都是。为了解决这类两可性的句子的疑难,必须寻找新的办法。其次,更为重要的是,乔姆斯基发觉,直接成分分析法并不能深入揭示不同类型的句子的结构之间的关系,即它们的内在联系。例如,任何一种语言里都有许多句子看来彼此是存在明显的关系的,其中主动句和被动句的关系尤为突出。比如:

John saw Mary.(约翰瞧见了玛丽)
Mary was seen by John.(玛丽被约翰瞧见了)

这种成对的句子,在讲本族语的人的直觉里,意思基本上是相同的。这类主动句与被动句不仅相互关联,甚至可以说被动句是由主动句变成的。同样,在疑问句和陈述句以及其他一些成对的句子之间,也存在着这种关系。这些关系都是短语结构语法所无法表明的。

正是为了解决上述这些问题,乔姆斯基才提出了转换的理论,即认为按照一定的规则可以把一个语言结构或几个语言结构转变成另一个语言结构,从而使"同音结构"(亦称"同形异构")的歧义现象及不同类型的句子的结构之间的内在关系得到充分的说明。在《句法结构》中,乔姆斯基仔细地阐述了这种转换理论,认为它能够很自然地解释上述那种句与句之间的主动—被动关系。他是用下述的公式来产生被动式的:

设 S_1 为下列形式的语法句
NP_1—Aux—V—NP_2
那么这一形式的对应符号链
NP_2—Aux+be+en—V—by+NP_1
也是一个语法句。(《句法结构》第 40 页)

这就是说,把一个主动句变成被动句,必须变换名词短语(或名词)的位置:即把第一个句子(主动句)里的第一个名词短语(NP_1)放到动词的后边,而把第二个名词短语(NP_2)放在动词的前边。在被动句的第二个名词短语(NP_1)的前边要插入一个 by,同时还必须把动词的主动态改成被动态(在上述公式中,en 代表过去分词,be+en 就是被动成分;Aux 是指时和助动词)。① 在乔姆斯基看来,"Mary was seen by John"就是这样由"John saw Mary"转换成的。除了这种被动转换之外,还有疑问转换、"关系"转换、"名物化"转换等等,都可以用来解释短语结构语法所无法表明的一些关系。例如上面提到的"The shooting of the hunters was terribe"这一模棱两可的句子,就可以通过"名物化"转换(即把一个句子转换成名词短语)来区分歧

---

① 参阅帕默《语法》,第 149—150 页。

义。这就是说,这个句子里的名词短语"The shooting of the hunters"可以看作是由两个句子转变来的:一个是"The hunters shot (something)",另一个是"The hunters were shot"这样,歧义的来源自然就很清楚了。

除了提出"生成"和"转换"的新概念之外,乔姆斯基还采取了另一个革命的措施,那就是用"规则的语法"取代布龙菲尔德学派的"列举的语法"。规则的观念对转换生成学派来说有十分重要的意义。因为他们的目标是要建立一种高度形式化的语法系统,因此无论是生成还是转换,都要求确定严格的形式程序。当然,他们所说的规则,并不是传统语法的规定性的规则,也不是描写语法的那种归纳性规则。转换生成语法的规则,实质上是生成句子的一种手段。乔姆斯基早期所提出的规则主要是短语结构规则和转换规则这两种,他规定在应用转换规则之前,必须先应用短语结构规则。短语结构规则实际上就是前面所说的短语结构语法,乔姆斯基在这方面的改进与发展,主要是在于通过生成规则系统使这种语法模式实现了形式化。

短语结构规则,亦叫重写规则,意思是说把一个符号重写成另一个(或几个)符号。例如英语里"The man hit the ball"(那个男人打球)这句话包含以下重写规则:

① Sentence(句子)→NP(名词短语)＋VP(动词短语)
② VP→Verb＋NP
③ NP→Det＋N
④ V→hit(打)
⑤ Det→the
⑥ N→man(男人)、ball(球)

如果我们顺序应用这套规则,就能生成一连串的"语符列",最后得出

的语符列叫做"终端语符列":

sentence
NP＋VP　　　　　　　　　　(规则①)
NP＋V＋NP　　　　　　　　 (规则②)
Det＋N＋V＋Det＋N　　　　 (规则③)
Det＋N＋hit＋Det＋N　　　　 (规则④)
the＋N＋hit＋the＋N　　　　 (规则⑤)
the＋man＋hit＋the＋ball　　 (规则⑥)

如果在上述重写规则的④⑤⑥(即把符号变换为词和语素的部分)列入更多的词(或语素),如 opened、read、a、door、student、book……就可生成"The man opened the door"、"The student read a book"等终端语符列。这种重写规则实际上只是以一种不同的方式表述了短语结构分析,因此转换生成学者也常常用短语结构树形图(标示树形图)来显示这种推导式。如上述"the man hit the ball"的推导过程,可用下图显示。

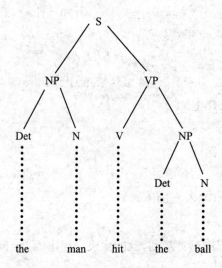

上述的短语结构规则,在转换生成语法里属于基础部分。只有短语结构规则,当然不能由主动句生成被动句,也不可能说明不同句子的结构之间的种种联系,因此又提出转换规则。我们上面提到的那个转换公式就是一个转换规则,即:

$NP_1—Aux—V—NP_2 \rightarrow$
$NP_2—Aux+be+en—V—by+NP_2$

这种转换规则显然是跟短语结构规则不一样的:在它的箭头的左侧的不是一个成分,而是由几个成分组成的语符列。这就是说,它的目的不在于把某个符号扩展成另一些符号,而是要改变符号的次序,把一种语言结构转变成另一种语言结构。为达到这一目的,在转换规则中包含着许多复杂的操作规程,如移位、换位、嵌进、插入、替换、省略、添加等等。如上面所列的这条转换规则,就涉及 NP_1 和 NP_2 的换位以及 be、en 和 by 等成分在一定位置的插入。

以上所述,就是早期的转换生成理论的基本内容。拿这一理论跟描写语言学的理论比较一下,应该说,乔姆斯基学派确实是进行了一场彻底的革命。然而,这场革命对语言研究究竟作出了什么独特的贡献呢?英国著名语言学家约翰·莱昂斯曾经指出:"乔姆斯基对语言学最有创见的而且可能也是最经得起时间考验的贡献是:他把可供选择的语法描写体系的性质加以形式化时所用的那种数学的严密性和精确性。"[1]这是说得很有道理的。乔姆斯基一开始就申明,他要建立的是"一种公式化的一般语言结构理论",因此努力"寻求语言学上严密的公式表示法"[2]。为了能在一个形式化的体系内表达精确的原则和规则,于是他提出了一种准数学的表达方式,主要是把

---

[1] 莱昂斯《乔姆斯基评传》,华东师范大学出版社,1981年,第33—34页。
[2] 乔姆斯基《句法结构》,第1页。

数学中的有限自动理论和递归函数理论用来对自然语言进行描写。

实现语言理论的形式化,这可以说是转换生成学派的最大的愿望。为此,乔姆斯基等人进行了不懈的努力。自从乔姆斯基在《句法结构》一书中公开提出转换生成语法以来,这一语法理论已经历了四个发展阶段。在整个发展过程中,充满着激烈的争论。争论所带来的重要结果之一,则是乔姆斯基对转换生成语法理论的不断修正和补充。值得注意的是,争论和修正始终是环绕着理论的形式化问题进行的。具体地说,主要是从形式化的要求出发,对句法和语义关系的认识的不断调整。乔姆斯基早就指出:"在语言研究中,再也没有什么比对句法和语义学之间的关系问题的研究更容易引起混乱、更加需要清楚而仔细的系统公式化的了。"[1]正是这一问题,后来终于成了乔姆斯基研究的重点。下面我们就来看看,在转换生成理论的不同阶段里,乔姆斯基究竟是如何不断调整对句法和语义的关系的认识的。

在以《句法结构》为代表的转换生成语法的经典理论(the classial theory)阶段,乔姆斯基认为语法是由短语结构规则、转换规则和语素音位规则这三部分组成的,根本没有把语义考虑在内。他强调"不能把'符合语法'(grammatical)这个概念跟任何语义上的'有意义'(meaningful)或'有意味'(signifieant)这种概念等同起来"[2]。因此,他认为,"colorless green ideas sleep furiously"(无色的绿色的念头狂怒地在睡觉)这句话,尽管是无意义的,但却是符合语法的。

1965年,乔姆斯基出版了另一部重要的句法著作。在这部题为《句法理论的若干问题》(Aspects of the Theory of Syntax)的专著中,他对第一阶段的语法理论作了较大的修正,提出了一种新的语法模式,称之为"标准理论"(the standard theory)。这就是转换生成语

---

[1] 乔姆斯基《句法结构》,第94页。
[2] 同上书,第8页。

法第二阶段的开始。在标准理论中,语法由句法部分、语义部分和语音部分组成,句法部分包括基础部分和转换部分,基础部分又包括短语结构规则和词库两个部分。首先由短语结构规则产生深层结构(deep structure),再通过转换规则,由深层结构产生表层结构(surface structure)。表层结构经过语音规则产生句子的语音表现,深层结构则经过语义规则变成句子的语义表现。整个理论框架可用下列图形表示①:

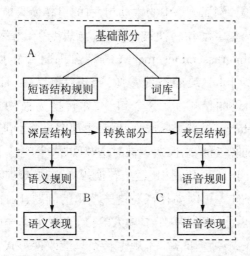

把这个"标准理论"跟第一阶段的理论比较一下,可以看出,其间最明显的差别,是在标准理论里增加了一个语义部分(即图中的B这一部分)。这是乔姆斯基的转换生成语法的一次很大的转变,它标志着乔姆斯基对句法和语义的关系的认识有了根本的变化,即从排斥语义转变为把语义看成为语法分析中不可缺少的部分了。

乔姆斯基的理论之所以会产生这样大的变化,是因为《句法结构》出版后的几年里,他和他的合作者发现"经典理论"里存在着不少

---

① 参阅陆孝栋《现代语言学讲座》第五讲,见高华年等编著《语言学概论》,广西人民出版社,1983年,第253页。

问题。首先,生成能力太大。按照《句法结构》中的短语结构规则,既可推导出大量正确的句子,然而也可能生成许多不正确的句子,如:"The book read a student"、"The man read a man"、"The door opened the man"等等。这说明为了达到当初预定的只生成合格的句子的目标,有必要对生成能力作一定的限制。乔姆斯基这个时候已认识到,所谓"符合语法"不能不把语义因素考虑在内。其次,早期模式的转换力量也太大了。一个句子,可以随意转换,不受任何限制,结果出了问题。例如英语中的主动句,有的可转换为被动句,有的却不行。还有一些主动句转换被动句后,意思变了,当然也就成了问题。例如,John ressembles mary(约翰像玛丽),转换为 Mary is ressembled by John(玛丽被约翰像)就不行。又如,Harry married mary(哈里和玛丽结婚了)这个句子,如转换为被动句 Mary was married by Harry,虽然可以成立,但意思却完全变了,哈里成了一位牧师,他为玛丽举行结婚仪式。针对这些问题,卡茨(J. Katz)和波斯塔(P. Postal)于 1964 年提出,运用转换规则必须以转换后不改变句子的意思为条件。正因为存在着这些严重的问题,因此乔姆斯基在《句法理论的若干问题》中作了重大的修正,提出了一些限制条件。他接受了卡茨、波斯塔的意见,规定转换只能改换形式,不能改变意义。为了排除生成无意义的、不合格的句子,乔姆斯基提出了"选择性规则"(selectional rule)。这主要是根据词语的搭配关系,对词汇进行选择性的限制。例如,英语里的 drink(饮、喝),在它前面的名词必须是有生命的,在它后面的名词必须是食物,并且是液体。为此,乔姆斯基主张根据特征给名词分类,在词库中给名词标上分类特征,以便于在选择时考虑到特征的限制。如 boy 可标注为 boy〔+N+ANIMATE+HUMAN+MALE+YOUNG〕,house 标注为 house〔N+ABSTRACT—AMMATE〕,等等。当然,每个名词的分类特征,还可以根据需要分得更细。此外,乔姆斯基还提出了"严格的次范畴规则"(strict subcatcgorization rule),对动词进行进一步的分类,实质上也就是限定动词出现的语境。如英语中的 eat(吃)后面能带一个 Np,在词库中就标注为 eat[+V, +_____Np]("_____Np"表示 eat 这个词可处于一个名词或名词短词的前面)。某些动词,如 become(成为)既可出现在 Np 之前,又可出现在形容词之前,因此应标为 become[+V, +_____Adjective, +_____Np]。如此等等。这两种规则都是对同一句子内同现成分的限制,目的主要是约束生成和转换的能力。

《句法理论的若干问题》出版不久,转换生成学派内部因为对深层结构、表层结构和语义解释的关系问题的认识发生了严重的分歧,导致了 1967—1971 年间的激烈的辩论和最后的分裂。先是菲尔摩(C. J. Fillmore)提出"格的语法"(Case Grammar),接着又有雷柯夫(G. Lakoff)、罗斯(J. Ross)和麦考利(J. MaCawley)三人提出生成语义学(generative semantics)。①"格的语法"认为动词与名词的关系是固定不变的,但这些关系并非语法问题,而是语义问题。生成语义学派则认为乔姆斯基的"标准理论"中的深层结构实际上不够深。他们提出要研究底层结构(underlying structure)的逻辑关系,从语义结构直接生成句子。在辩论过程中,乔姆斯基先后发表了《论名物化》(Remarks on Nominalization, 1970)、《深层结构、表层结构和语义解释》(Deep structure, surface structure and semantic Interpretation, 1972)等几篇文章,一方面对批判者进行反击,同时也对自己的"标准理论"进一步加以修正,从而提出了转换生成语法第三阶段的理论,即"扩充式标准理论"(the extended standard theory)。扩充式标准理论与标准理论的主要区别在于,前者承认句子的意义不只是由深

---

① 参阅 Fillmore, *The Case for Case*(《格辩》,1968),中译文载《语言学译丛》第 2 辑;Lakoff, *The Irregularities in Syntax*(句法中的不规则变化);Ross, *Constraints on Variable in Syntax*(句法中对变项的制约);McCawley, *The Role of Semantics in a Grtmmar*(语义学在语法中的作用);*Where Do Noun Phrase come From*(名词短语从何而来)。

层结构所决定,它与表层结构也密切相关。乔姆斯基把"中心"(focus),"前提"(presupposition)等新概念引入了语义解释的范围,为证明表层结构跟语义解释有关提供了有力的根据。此外,在这一阶段的理论里,转换受到了更多的限制。例如,李兹(F. Lees)认为英语里像 bus station(公共汽车站)这样的结构(名词+名词=一个新的名词)都可以用转换来解释。如 bus station 可以认为是由 The station which is for the bus 变来的,dog house(狗屋)则是由 the house for the dog 变来的。乔姆斯基却认为不能一概而论。如 green house(暖房、温室),就不能说 the house for green。又如,the writer of the book(这本书的作者),可以认为是从 the person who writes the book(写这本书的人)转换而来的。然而,the author of the book(这本书的作者)却不能认为是从 the person who auths the book 转换来的,因为英语里根本没有"auth"这个词。可见不是任何词语、句子都可用转换规则来解释的。由此,乔姆斯基的立场起了变化,他变成了 lexicalist(词汇论者)。也就是说,他已转向侧重于词性、词的特性的分析,从新的立场考虑词义与转换的关系了。

70年代中期起,乔姆斯基又开始酝酿一种新的语法模式,这就是管辖与约束理论(the theory of government and binding,简称 GB〔管约论〕)。管约论的提出,标志着转换生成语法理论的发展进入了第四阶段,这一阶段理论的主要特征是,研究的重心已由规则系统转到原则系统,这是生成语法史上又一个大的转折。乔姆斯基认为,规则属于个别语法,而原则是属于普遍语法的。他一再强调研究普遍语法的重要性,他的管约论正是以一系列互相联系、互相制约的基本原则为核心的。[①]对语义也有了新的看法。他指出,语义实质上包含

---

① 参见乔姆斯基的"管约论"专著:*Lectures on Government and Bindiing*, 1981; *Some Concepts and Consequences of the Theory of Government and Binding*, 1982; *Barriers*, 1986。

着好几个层次,在语法中只能处理与逻辑相应的一些语义问题,因而应该着重研究如何分析句子的逻辑形式(logical form)的问题。[①]其他的语义问题只能依靠别的认知系统去解决。

由以上粗略的分析可以看出,自从1965年提出"标准理论"起,语义问题始终是乔姆斯基理论的中心议题。由早期在描写语言学的影响下把语义排除在语法研究之外,到在《句法理论的若干问题》中把语义纳入语法系统之内,这是一种方向性的转变。在这之后的二十多年时间里,乔姆斯基及其追随者在探索句法和语义的关系方面下了很大的工夫。他们深信,对于句子的意义,能够而且应当像对于句法结构所进行的精确的形式分析那样进行分析。[②]乔姆斯基提出的"选择性规则"和"严格的次范畴规则"等等,正是在这方面所作的一些尝试。从某种意义来说,乔姆斯基由只注意形式转而也关心意义,应该看作是他所发动的那场革命的深入发展。因为他在深入研究中发现,不管是"生成"还是"转换",最终都涉及语义这一关键的问题。语义问题处理不了,或者处理得不好,也就不可能达到预期的生成和转换的目的。但是,语义的问题,尤其是语义形式化的问题,实在十分复杂,近几十年来,人们作了种种尝试,至今尚未取得突破性的进展。然而,除了循着这一方向继续深入探索、进行各种尝试之外,看来也别无他法。这也正是乔姆斯基的理论经常在变化、不断有新的理论模式提出的主要原因之一。

2. 生成语法的心理学和哲学含义

乔姆斯基的研究兴趣和重点在前期和后期实质上是有明显的差异的,这从他先后所写的著作也可看得出来。他的早期著作,包括硕

[①] 参阅徐烈炯《管辖与约束理论》,《国外语言学》,1984年第2期。
[②] 参阅莱昂斯《乔姆斯基评传》,第68页。

士学位论文《语言理论的逻辑结构》以及那部具有划时代意义的《句法结构》,都是在语言学的传统范围里写成的。但从《句法理论的若干问题》开始,包括后来的《笛卡儿语言学》、《语言与心智》以及近年来所发表的一系列论著,却逐渐强调生成语法的心理学和哲学的含义,乃至把语言学当作识知心理学的一个分支了。① 起初,乔姆斯基把语言比喻为句子的集合,句子本身则是元素的序列。这就是说,他把语言看作类似数学那样的形式系统,把语言学当作准数学。后来,他又提出语言系统是一个心理的机体。语言的生成力量逐渐成为他的整个理论的主体,成了他所理解的语言的创造性、语言能力、语言习得机制、语言的天赋性、语言的基本原则、普遍语法等等的核心。

乔姆斯基自己说,他的理论中的心理学观点是 20 世纪 50 年代末开始出现的,主要是因为受到了李兹所写的那篇关于《句法结构》的书评的影响。李兹在书评中提出了语言的学习问题,他说,"如果乔姆斯基的观点是正确的,那么我们对于人类学习机制的概念要大大地向纵深发展"。② 过了几年,这种对学习机制的"纵深"探索果然在对行为主义的猛烈批判中开始了。1959 年乔姆斯基在《语言》杂志发表长篇书评《评斯金纳著〈言语行为〉》。哈佛大学心理学教授斯金纳(B. F. Skinner),是当时最有影响的行为主义心理学家之一。他于 1957 年出版的《言语行为》(Verbal Behavior)一书,是他花了二十多年时间钻研语言行为所获得的结果。在这本著作中,斯金纳从行为主义的角度对语言习得问题作了极详细的论述。他的基本论点是:人类的语言行为是一种刺激和反应,这种行为可以用跟动物实验同样的方法进行研究。他曾经指出,"……出乎意料之外,(动物实验

---

① 参阅莱昂斯《乔姆斯基评传》第八、第九两章。
② R. B. Lees, *Review of N. Chomsky, Syntactic Structures*, *Language*, 33, P. 408。转引自 J. Newmeyer《论转换生成语法的实用性》,徐烈炯译,《国外语言学》1986 年第 1 期,第 1 页。

工作的)结果打破了种属界限。最近的研究表明,同样方法可以扩大开来,用于人类行为,无须大加改变"①。乔姆斯基全面批驳了斯金纳的论点。他用大量的事实具有说服力地指出,人类语言与动物交际系统有原则性的区别,因此不能通过扩展动物实验的方法来研究人类语言行为。乔姆斯基用来反对行为主义的最有力的证据,是他所说的人类语言的"创造性"原则。他指出,尽管行为主义的"学习理论"在解释动物的"行为模式"方面取得了显著的成效,然而这一理论却不能解释人类语言行为的一个简单的事实:五六岁的儿童就能说出和听懂他们以前从未遇到过的无限多的话语。而且,在儿童遇到过的话语中,由于种种原因,常常包含各种错误和变形,也就是说有不少"不合乎语法"的句子,然而在他们说出的语句中,却常能自觉地避免这些遇到的错误。乔姆斯基认为,这一事实充分说明,人本身具有一种识别和理解句子的能力,即一种创造和生成句子的固有机制。而在他看来,揭示这种人类语言的创造性特征,正是生成语法的直接目标之一。

然而,语言能力究竟指的是什么东西呢?人类又是如何获得这种语言能力的呢?乔姆斯基所说的"语言能力",一般情况下跟他所说的"语言知识"是一个意思。他认为人的语言知识可分为两部分。一部分是全人类共有的普遍语法知识,这是一种先天获得的具有"不可学得性"(unlearnability)的知识。另一部分是有关各民族的个别语言的知识,这是一种靠后天经验获得的具有"可学得性"(learnability)的知识。为了概括他对完整的语言知识的形成过程的看法,乔姆斯基提出过一个著名的公式:

$$UG \cdot \infty \Rightarrow PG$$

---

① 转引自 N. Chomsky《评斯金纳著〈言语行为〉》,王宗炎译,《国外语言学》,1982 年第 2 期,第 16 页。

公式中的 UG 代表普遍语法知识，∞代表后天的经验，PG 代表完整的具体的语言知识。整个公式的意思是说，普遍语言知识在后天经验的作用下变为完整的语言知识。①乔姆斯基 1981 年曾提出："我们希望研究出一套结构高度严谨的普遍语法理论，它以一系列基本原则为基础，这些原则明显划定语法的可能范围，并严格地限制其形式，但也应该含有一些参数，这些参数只能由经验决定。"②他这段话所说的跟上述公式所表述的是一个意思。这儿所说的"参数"，也就是上述公式中的"∞"。乔姆斯基认为，普遍语法知识是人天生具有的，或者可以说是人脑的某种属性。但它只具有变为现实的具体语言知识的一种可能性，只有在后天经验的"触发"(trigger)下，才可能产生这种变化。

由上述乔姆斯基对语言知识的理解可以看出，他认为语言除了具有创造性这种心理学的含义外，还包含着两种重要的哲学含义，即语言的天赋性和普遍性。

乔姆斯基是一个理性主义者，在《笛卡儿语言学》和《语言与心智》等著作中，他详细地阐述过他的理性主义主张。在唯理论者和经验论者之间的长期的哲学争论中，他是站在笛卡儿一边的。他接受并发挥了笛卡儿关于"固有结构"的思想。他反对认识论中的"白板说"和行为主义的"机械主义"理论，认为人的知识和行为并非(至少大部分并非)起因于外部的刺激。他认为笛卡儿的"固有结构"思想中包含的天赋观念是可以接受的。乔姆斯基在后期著作中经常谈论语言知识的天赋性问题，并认为儿童学习语言的过程在这方面可提供最有力的证据。儿童如何能发展他对本族语的创造性的运用能力，说出和听懂他从来没有听到过的句子的呢？乔姆斯基认为，只有假设儿童先天具有普遍语法的高度限制的原则的知识，和利用这些

---

① 参见宁春岩《生成语法的理论特征》，《外语学刊》，1987 年第 3 期。
② 转引自徐烈炯《管辖与约束理论》，《国外语言学》，1984 年第 2 期，第 2 页。

原则对周围听到的话语进行分析的禀赋,我们才能说清楚语言学习的过程。①乔姆斯基后来曾更加明确地指出:"人类的生物禀赋本身含有一个确定着人们可能获得的语言的基本语法结构的原则系统,而经验则只是以一种特定的方式对这些原则起到完善或强化的作用。这样看来,所谓'语言学习'似乎和身体的器官生长的情形相似。"②在另一篇文章中,他也说过类似的话:"……v 存在一个可称之为 s。的固定的心智的初始态,它构成人的语言器官,是我们共同的生物禀赋的一部分,这跟决定我们具有人类的视觉系统,而不是昆虫的视察系统,决定我们长出胳膊,而不是长出翅膀来的那些因素是一样的。"③这就是说,在乔姆斯基看来,与其说一个人是学会使用语言的,还不如说是在人脑中发育生长出了语法,然后支配人的各种语言活动的。

乔姆斯基除了强调语言的天赋性外,还特别强调人类语言的相似性和普遍性。他指出,"对于研究生成语法的学者来说,调查研究中的中心问题就是目前通称的'普遍语法'……我们把普遍语法看作一个由许多原则构成的系统,其中每个原则可以有一定程度的变异。这一系统在遗传上受到限定,构成我们所说的'语言的本领'。"④此外,他还认为,这种普遍性在人类心智的初始态必然表现得最为明显。他说,"我们可以把普遍语法看作人类'初始状态'的一部分,即儿童的先于语言经验的心理状态。就我们所知,这种初始状态是一种人类的种特征,为人类所特有。而且是整个人类所共同的,严重的病态则是例外"⑤。语言的普遍性问题,亦即语言的普遍现象问题,在乔姆斯基 70 年代中期以后发表的几部有关语言哲学的著作中,占

---

① 参阅莱昂斯《乔姆斯基评传》,第 91—92 页。
② 见《乔姆斯基语言理论介绍》一书中的《乔姆斯基序》,黑龙江大学《外语学刊》编辑部编印,1982 年。
③ 见《乔姆斯基语言理论介绍》,第 213 页。
④⑤ 见《乔姆斯基语言理论介绍》,第 5 页。

据的地位越来越显得重要。他认为只有弄清语言普遍性问题,也就是搞清楚普遍语法理论,才可能最终解开人类掌握语言的奥秘。值得注意的是,乔姆斯基认为语言普遍现象有两种类型:一种是实体普遍现象(substantive universals),另一种是形式普遍现象(formal universals)。他所说的实体普遍现象,跟雅可布逊(R. Jakobson)所理解的普遍性是一致的,那是指语言构成的实体,例如有些语音、句法和语义单位是普遍的。如雅可布逊认为一套固定的语音区别性特征(大约有 20 个左右)是具有普遍性的。乔姆斯基的"语言普遍性"观念中具有独创性的、革命性的部分,是在于他所强调的形式普遍现象。这是指明确划定语法的可能范围,并严格限制其形式的一系列基本原则。他近年来重点研究的管辖理论和约束理论,就是主要研究这些基本原则的互相联系、互相制约的关系的。

乔姆斯基认为,生成语法研究的深入发展,在许多方面反映了语言研究方向和前景的重要变化。简单说来,这一重要变化是在于语言研究的重点从"语言"转向了"语法"。他指出,"……至关紧要的是把研究重点从语言(一个含糊不清的、而且我相信毕竟是无关紧要的概念)转向语法。这是一次从材料收集整理走向研究实际存在(在心智/人脑中)的,并且参与解释我们观察到的现象的实在系统的转移"①。在他看来,只有存在于人的心智/人脑(mind/brain)中的语法才是现实世界中的实在事物,而语言只是一种附带现象,它是由语法规则赋予特性的。因此只有把研究的重点确定为"语法",才算真正找到了语言研究的对象。他还特别指出,这一研究对象的转移,是导致认知科学的发展的一个重要原因,因而有极其深远的意义。因为"在原则上,它把语言的研究和神经科学以及普遍生物学的研究结合在一起"②。乔姆斯基在最近阶段里越来越强调生成语法对于探索

---

① 乔姆斯基《论形式和功能的表达》,见《乔姆斯基语言理论介绍》,第 213 页。
② 见《乔姆斯基语言理论介绍》,第 7 页。

人类心理的结构和素质的重要意义,认为语言学研究成果的主要价值在于解释人的认知过程,因而主张把语言学并入心理学,甚至把语言学视作认知心理学(cognitive psyohology)的一个分支。

3. 对转换生成理论的评价问题

毫无疑问,乔姆斯基是近几十年里对欧美语言学的发展产生了最大影响的一位语言学家。然而,对他的转换生成理论的评价,历来褒贬不一。分歧之大,可以说在整个语言学史上是空前的。

乔姆斯基的《句法结构》一出版,李兹就预言它将改变语言学的面貌,英国语言学家巴什尔(C. E. Bazell)也认为"语言学不会再是老样子了"[①]。沃格林(C. F. Voegelin)把它比作"哥白尼的革命",不少人更直接誉之为"乔姆斯基革命"。然而,反对者的言词也很激烈,其中最有代表性的,要算美国著名语言学家霍凯特(Ch. F. Hockett)。霍凯特最初也曾认为乔姆斯基的转换生成语法是语言学发展中的四次重大突破之一,但后来看到这对他们的结构主义语言学是一种极大的威胁,因此自1966年起就转而反对转换生成理论。他于1968年出版了《语言学的现况》(*The State of the Art*)一书,专门批判乔姆斯基的理论,甚至把转换生成语法说成是"一窝毒蛇产下的理论"。法国著名语言学家、功能语言学的创始人马丁内(A. Martinet)则把"生成主义"斥之为"美国的语言学帝国主义",认为生成学派只是专注于推销他们的"技巧、数理逻辑公式,还有诸如'创造性的(creative)'、'深层结构'之类动听的术语和短语"。[②]英国语言学家散复生(Geoffrey Sampson)1980年出版了一部《语言学的流派》(*Schools of*

[①] 参阅赵世开《纽迈耶的〈美国的语言学理论〉》,《国外语言学》,1983年第2期,第36页。
[②] A·马丁内《研究语言本身的语言学》,周绍珩译,见《语言学译丛》(第一辑),中国社会科学出版社1979年,第181页。

Linguistics），其中对乔姆斯基和转换生成语法也颇多贬词。他认为乔姆斯基引进转换规则来描写语言是不必要的，因此把转换规则理论说成是"乔姆斯基的语言学思想上一个不幸的增生"。他还说乔姆斯基学派对于语义学的研究是搞错了方向，不值一批。总之，他认为乔姆斯基学派的得势对语言学来说是件不幸的事。[①]总的看来，语言学界对乔姆斯基理论的看法，始终是很不一致的，尤其是老一辈语言学家和年轻学者之间的分歧十分明显。对此，霍凯特前几年曾作过一个很好的说明。他在谈到促使近三十年来语言学面貌大改变的几个因素时指出："促成改变的更重要的因素是语言学界在五十年代中期出现了一位豪杰。他用哲学观点所做的语言研究以及他对职业道德的看法都跟前几辈语言学家迥然不同，但他的种种学说却受到大多数少壮派的热烈拥护"。他接着说："在北美，以至世界其他地区，这些因素造成了语言学界的两极分化。我猜想，目前大多数的同行大致认为1957年以前语言学没有多少值得传世的成果……另外有少数人认为这套新兴学说是误入歧途，引入大量中世纪的僧侣哲学，致使语言学工作者舍本逐末，劳而无功。"他的结论是："我认为真理介乎两者之间，但后者比前者更接近实际情况。"[②]表面上看来，霍凯特这儿的看法似乎比较折中，比较公允，实质上他对乔姆斯基的理论始终是持否定态度的。至于他所说的"少壮派"，开始时确实都是支持乔姆斯基的观点的，但在后来的发展中，出现了激烈的矛盾和公开的分化，至今始终如一地拥护乔姆斯基的学说的，已寥寥无几。一些从乔姆斯基学派分裂出来的学者，如雷柯夫、罗斯、麦考利等人，后来反戈一击，对乔姆斯基都进行过十分严厉的批判。由此可见，乔姆斯基始终是一个有争议的人物。

---

① 参阅廖秋忠《评介〈语言学的流派〉》，《国外语言学》，1982年第3期，第32页。
② 见霍凯特1984年为《现代语言学教程》中译本所写的序言，见《现代语言学教程》（上），索振羽等译，北京大学出版社，1986年，第6页。

老一辈的学者,尤其是霍凯特,指责乔姆斯基割断了学术传统的继承性,他的理论的逻辑结论实质上是要否定西方的整个科学传统。这确实是乔姆斯基所存在的一个严重问题,也是造成不少结构主义语言学家(尤其是美国后布龙菲尔德学派的一批学者)对转换生成理论抱有敌对情绪的主要原因。尽管他早期的不少观点是在布龙菲尔德学派里形成的,而且他的一套分析技术也是建立在哈里斯等人所打好的基础之上的,然而他对"布龙菲尔德语言学"的批判的调门越提越高,几乎有一概否定的味道。在对待索绪尔理论的态度上也是如此。乔姆斯基与索绪尔,本来是有不少共同点的,至少在拒绝归纳法和反对满足于累积材料的实证主义方面,他们是类似的。60年代初,乔姆斯基也确实经常以肯定的态度援引过索绪尔的言论。例如在1964年发表的《当前的语言学论题》("Current Issues in Linguistic Theory")一文中,他表示完全同意索绪尔对语言和言语的区分,并赞同他的语言概念。乔姆斯基在这篇文章中还特别谈到索绪尔所探讨的语言学基本问题的"清晰性",并确认索绪尔是现代科学语言学的先驱。然而,时隔一年,他的态度就有了变化。在1965年出版的《句法理论的若干问题》的开头,乔姆斯基在谈及"语言能力"和"语言行为"的区分时说:"我在这里特别提到这种差别跟索绪尔的语言—言语(langue—parole)之间的差别是有关系的;但是必须抛弃索绪尔关于语言的概念,他把语言仅仅看作是各个(语言)项目(items)的系统累积。准确些说,我们应回复到洪堡特的看法上去,他把基本能力看作是(语言)生成过程的一个系统。"①乔姆斯基在这段话中把索绪尔与洪堡特放在对立的地位,目的是在于指责索绪尔忽视语言的创造性。然而这实际上是不公允的。正如戈德尔所指出的,尽管索绪尔认为创造性主要属于"言语"范围,但他也不是不了解在"语言"

---

① 乔姆斯基《句法理论的若干问题》,黄长著等译,中国社会科学出版社,1986年,第2页。

范围内显示出来的合乎规律的创造。从 60 年代中期起,乔姆斯基似乎也开始注意研究西方语言学的传统了,尤其是在《笛卡儿语言学》(Cartesian Linguistics, 1966)这一专著中,他曾对从《波尔·罗瓦雅尔语法》起到洪堡特为止的唯理主义语言学理论作过详尽的探索。不过,十分明显,他的这种对于传统的研究,目的主要是为了用传统的理论来证实自己的理论。因此尽管他竭力想证明转换生成理论与 17、18 世纪直至洪堡特的唯理语言学的关系,但是人们很难相信他的理论是受了上述唯理传统的影响才产生的。看来他在写《句法结构》前后那段时间,也未必读过《波尔·罗瓦雅尔语法》及洪堡特的语言理论著作。因此,他对唯理语言学理论的追溯,也不能掩饰他对语言学传统的事实上的轻视。

莱昂斯在《乔姆斯基评传》中曾经指出,乔姆斯基之所以享有盛名,其实不是因为他在语言学的分析技术上作出了贡献,而主要是由于他后来大加发挥的关于语言学的心理学和哲学含义。乔姆斯基对行为主义的批判无疑是有根据的,他对语言创造性、语言能力、语言普遍性的探索也是有启发性的。然而他的语言天赋性,亦即普遍语法原则、遗传论等理性主义的假设,却引起了激烈的争论。他的这种无法证明的假设,不仅被许多老一辈的语言学家以及其他科学家视为荒诞不经,也被一些从乔姆斯基学派分裂出来的新一代的生成语法学家看作是因为无能因而"不得不乞灵于天赋"[①]。我们在前面说过,乔姆斯基所理解的"语言能力",包含着先天获得的普遍语法原则和后天在经验中得到的具体语言知识这两部分。乔姆斯基等人所说的"先天的语言能力"当然是就前一部分而言的。这一部分的能力涉及人类独特的"语言器官"和"语言本能"的问题。毫无疑问,"语言器官"和"语言本能"是人类通过遗传获得的,当然可以说是有天赋性

[①] 参阅叶蜚声《雷柯夫、菲尔摩教授谈美国语言学问题》,《国外语言学》,1982 年第 2 期,第 8 页。

的。然而,这两者并不等于语言能力。乔姆斯基假设人们由天赋的特殊的"语言器官"而先天地获得了普遍语法的原则。这一假设非常大胆,但却是无法验证的。至于他把语言的获得比喻为长胳膊长腿,那更是难以想象的事。总之,乔姆斯基的"语言天赋性"看法是他的理论中存在的一大疑问。我们不必匆忙地下结论说这是唯心主义的,但至少总可以说它是缺乏根据的,因而是不可信的。由于对天赋性问题的兴趣,乔姆斯基越来越集中于探索生成语法与人类心理结构的关系,从而一再把语言学定义为"认知心理学的一个分支"。这种认识实在也是很狭隘、很片面的。对于这一缺陷,就连他目前最亲近的合作者也感觉到了。纽梅耶(F. J. Newmeyer)指出,乔姆斯基的把语言学归结为识知心理学的一部分的看法,实质上是把以社会为背景的语言研究排除出语言学了。①

这样说来,乔姆斯基的研究工作,他的转换生成理论是否没有什么价值了呢? 不是的。乔姆斯基对语言学的独特贡献是不容抹煞的。前几年他在为我国黑龙江大学所编的一本《乔姆斯基语言理论介绍》所写的序言中说:"近三十年是语言研究中变化巨大、成果显著的历史时期。在这一时期,人们在新的研究领域中做了认真的探索,从新的角度阐发了语言学中的许多经典性问题,从而对人类语言的本质有了更深入的理解,其中在句法方面的建树极为显著,同时在音位学和语义学方面也发生了深刻的变化。"②他的这段话应该说是符合实际情况的。近几十年来语言研究中的深刻变化,语言学的迅速发展,是跟乔姆斯基的理论分不开的。转换生成语法的研究大大推动了句法理论与分析方法的迅速发展,从而激发了语言学各部门的研究工作。由于乔姆斯基极其重视对人类语言能力的研究,把转换生成语法视为系统地描写和解释人类语言结构的理论,因而他的工

---

① 参阅 Newmeyer《论转换生成语法的实用性》,《国外语言学》,1986 年第 1 期,第 5 页。
② 见黑龙江大学《外语学刊》编辑部编《乔姆斯基语言理论介绍》,第 1 页。

作受到了许多哲学家、心理学家、生物学家的注意。这些学科领域都受到了乔姆斯基理论的影响,其中有的学科所受的影响是十分深刻的。例如 Judith Greene 就曾指出:"是 Chomsky 的生成转换语法理论首先迫使心理学家重新考虑研究语言行为的整个方向,所以是它发起了心理语言学'革命'。"①可以这样说,正是由于乔姆斯基的理论,语言学再一次被许多社会、人文学科承认为领先学科,语言学的理论和方法从而获得了普遍意义。

从20世纪70年代后期起,或者至少可以说在当前,乔姆斯基的转换生成理论在欧美语言学中已不再占有主导地位,乔姆斯基的影响正在逐渐减弱。然而正如莱昂斯所说的,"我们必须至少预见到这种可能性:有朝一日,语言学家可能会一致认为乔姆斯基的生成语法理论与描写自然语言无关而加以抛弃。"但是,"即使乔姆斯基把语言分析中使用的概念加以形式化的尝试失败了,这种尝试本身却大大地加深了我们对这些概念的了解,因而在这方面,'乔姆斯基革命'不能不说是成功的。"②正因为如此,我们不仅不能对他的观点置若罔闻,而且应该承认他的理论在语言学史上的重要地位。

---

① 转引自 F. J. Newmeyer《论转换生成语法的实用性》,《国外语言学》,1986年第1期,第1页。
② 莱昂斯《乔姆斯基评传》,第100页。

参 考 文 献

布龙菲尔德(1980)《语言论》(袁家骅、赵世开、甘世福译),商务印书馆。

布龙菲尔德(2006)《布龙菲尔德语言论文集》(熊兵译),湖南教育出版社。

乔姆斯基(1980)《句法结构》(邢公畹、黄长著、林书武、庞秉钧译),中国社会科学出版社。

乔姆斯基(1986)《句法理论的若干问题》(黄长著、林书武、沈家煊译),中国社会科学出版社。

乔姆斯基(2006)《乔姆斯基语言学文集》(宁春岩译),湖南教育出版社。

洪堡特(1997)《论人类语言结构的差异及其对人类精神发展的影响》(姚小平译),商务印书馆。

洪堡特(2001)《洪堡特语言哲学文集》(姚小平译),湖南教育出版社。

萨丕尔(1985)《语言论》(陆卓元译),商务印书馆。

萨丕尔(2011)《萨丕尔论语言、文化与人格》(高一虹等译),商务印书馆。

索绪尔(1985)《普通语言学教程》(高名凯译),商务印书馆。

索绪尔(2001)《(第三次讲授)普通语言学教程》(张绍杰译),湖南教育出版社。

索绪尔(2011)《普通语言学手稿》(西蒙·布凯、鲁道尔夫·恩格勒整理,于秀英译),南京大学出版社。

雅柯布森(2001)《雅可布森文集》,(钱军、王力译),湖南教育出版社。

叶尔姆斯列夫(2006)《叶尔姆斯列夫语符学文集》,(程琪龙译),湖南教育出版社。

安托尼·阿尔诺、克洛德·朗斯洛(2011)《普遍唯理语法》(张学斌、柳利译),商务印书馆。

鲍林格(1979)《语言学各主要流派简述》(林书武、宁榘、卫志强译),《语言学译丛》(第一辑),中国社会科学出版社。

布洛克曼(1980)《结构主义(莫斯科—布拉格—巴黎)》(李幼蒸译),商务印书馆。

岑麒祥(1981)《历史比较语言学讲话》,湖北人民出版社。

岑麒祥(1989)《普通语言学人物志》,北京大学出版社。

岑麒祥(2008)《语言学史概要》(岑运强评注),世界图书出版公司。

裴特生(1958)《十九世纪欧洲语言学史》(钱晋华译注),科学出版社。

胡明扬(1980)《〈波尔·罗瓦雅尔语法〉简介》,《国外语言学》第3期。

胡明扬(1981)《乔姆斯基〈笛卡儿语自学〉评介》,《国外语言学》第2期。

R. Jakobson(1985)《二十世纪欧美语言学:趋向和沿革》(顾明华译),《国外语言学》第3期。

捷斯尼切卡娅(1960)《印欧语亲属关系研究中的问题》(劳允栋译),科学出版社。

杰格捷列娅(1958)《欧洲语言学说简述》,商务印书馆。

卡西尔(1985)《人论》(甘阳译),上海译文出版社。

康德拉绍夫(1985)《语言学说史》(杨余森译),武汉大学出版社。

柯杜霍夫(1987)《普通语言学》(常宝儒等译),外语教学与研究出版社。

莱昂斯(1981)《乔姆斯基评传》(陆锦林、李谷城译),华东师范大学出版社。

莱普斯基(1986)《结构语言学通论》(朱一桂、周嘉桂译),中国社会科学出版社。

罗宾斯(1987)《语言学简史》(上海外国语学院外国语言文学研究所译),安徽教育出版社。

罗宾斯(1983)《语言分类史》(周绍珩译),《国外语言学》第1、2期。

T. de Mauro(1983)《索绪尔〈普通语言学教程〉评注本序言》(陈振尧译),《国外语言学》第4期。

帕默(1982)《语法》(赵世开译),上海译文出版社。

戚雨村(1982)《布龙菲尔德的语言理论》,《浙江师范学院学报》第1期。

钱军(1998)《结构功能语言学——布拉格学派》,吉林教育出版社。

斯卡里契卡《哥本哈根的结构主义和布拉格学派》,《语言学资料》总第11/12期。

汤姆逊(1960)《十九世纪末以前的语言学史》(黄振华译),科学出版社。

屠友祥(2011)《索绪尔手稿初检》,上海人民出版社。

沃尔夫(2012)《论语言、思想与现实—沃尔夫文集》(卡罗尔编,高一虹等译),商务印书馆。

伍铁平(1986)《语言与思维关系新探》,上海教育出版社。

徐烈炯(1988)《生成语法理论》,上海外语教育出版社。

徐志民(1983)《索绪尔研究的新阶段》,《语文现代化》第2辑(总第7辑)。收入徐志民《语言理论探索》论文集,文汇出版社,2010。

徐志民(1988)《评洪堡特的汉语观》,《名家论学》,复旦大学出版社。收入《语言理论探索》。

徐志民(2006)《叶尔姆斯列夫的语符学理论》,《语言研究集刊》(第三辑),上海辞书出版社。收入《语言理论探索》。

许国璋(1983)《关于索绪尔的两本书》,《国外语言学》第1期。

杨衍春(2010)《博杜恩-德-库尔德内语言学理论研究》,复旦大学出版社。

姚小平(1995)《洪堡特—人文研究和语言研究》,外语教学与研究出版社。

姚小平(2011)《西方语言学史》,外语教学与研究出版社。

赵世开(1978)《评哈里斯〈结构语言学〉》,《现代外语》第2期。

兹维金采夫(1963)《萨丕尔和沃尔夫假说的批判》(于群译),《语言学资料》第2期。

兹维金采夫(1964)《对语符学的批判》(于群译),《语言学资料》第3期。

兹维金采夫(1981)《普通语言学纲要》(伍铁平、马福聚、汤庭国等译),商务印书馆。

J. Fontaine(1974) *Cercle Lingustique de Praque*(布拉格语言学会), Maison Mame.

L. Hjelmslev(1953) *Prolegomena to a Theory of Language*(语言理论导论),原著为丹麦文,1943。英译者 F. J. Whitield, Indiana University Press。

M. Leroy(1971) *Les grands courants de la lingustique moderne*(现代语言学的主流),布鲁塞尔大学出版社。

B. MaLmberg(1972) *Les nouvelle tendance de la lingustique*(语言学的新趋势),原著为瑞典文,法译者 J. Gengoux, Presses Universitaires de France。

B. MaLmberg(1983) *Analyse du langage au XXe siècle*(20世

纪的语言分析),Presses Universitaires de France。

G. Mounin(1970) *Histoire de la lingustique des origines au XXe siècle*(由起源至 19 世纪末的语言学史),Paris。

G. Mounin(1975) *La linguistique de XXe siècle*(20 世纪的语言学),Paris。

F. J. Newmeyer(1980) *Lingustic Theory in America*:*The First Quarter—Century of Transformational (Generative Grammar)*(美国的语言学理论:转换生成语法的第一个四分之一世纪),Academic Press.

G. Sampsom(1980) *Shools of Lingustics*(语言学流派),Stanford University Press。

T. A. Sebeok[ed.](1966) *Portraits of Lingustics*,*A Biographical soures Book for the History of Western Lingustics*,1746—1963(1746—1963 年西方语言学名人传),Indiana University Press。

T. A. Sebeok(1975) *Current trends in Lingustic vol. 13*,*Historiography of Lingustics*(语言学当代趋势[第 13 卷]:语言学史),The Hage:Mouton。

В. А. Звегинцев: *Хрестомагия по истоии языкознания XIX—XX веков*(19—20 世纪语言学史文选),Москва,1956。

索　引

A

亚里斯塔克(Aristarchos)　020
阿斯戈里(Ascoli)　103
"按本质"和"按规定"的争论　015
奥斯脱霍夫(Osthoff)　103

B

巴利(Bally)　128
巴尔特(Bathes)　146
柏拉图(Platon)　003
鲍阿斯(Baos)　199
保罗(Paul)　103
葆朴(Bopp)　103
贝克尔(Becker)　151
波尔·罗瓦雅尔(Port-Royal)语法　033
波浪说　097
勃鲁格曼(Brugmann)　103
波你尼(Pāṇini)　003
波铁布尼亚(Потеьия)　066
比较　004
比较语法　064

表达单位(cénème)　190
表达—形素(figures)　191
布拉格论纲(thèse)　154
布拉格学派(l'Ecole de Prague)　007
布洛克(Bloch)　202
布龙达尔(Brøndal)　177
布龙菲尔德(bloomfield)　003

C

传统语法　007
纯理语言(métalangage)　194
词源学　015

D

但丁(Dante)　028
德尔勃吕克(Delbruck)　103
狄德里希森(Diderichsen)　232
地理变异论　120
短语结构语法　236

E

恩格勒(Engler)　130
恩格斯　069

F

发现程序(discovery procedure)　227
梵语的发现　071
方言地理学(Dialect Geography)　121
房德里耶斯(Vendryes)　142

分布(distribution)　120

浮士勒(Vossler)　066

辅音转换　086

G

高尔吉亚　011

哥本哈根学派(l'Ecole de Copenhague)　130

戈德尔(Godel)　130

格里木(Grimm Jacob)　007

"格式塔"(gestalt)　179

功能　004

共时和历时　130

构拟(reconstruction)　093

古尔替乌斯(Curtius)　091

管约论(the theory of government and binding)　252

H

哈里斯(Harris)　144

合目的性(finalité)　157

赫尔德(Herder)　041

洪堡特(Humboldt Wilhelm)　004

换音造词(anagramme)　131

辉特尼(Whitney)　004

霍凯特(Hockett)　174

J

机械主义　204

价值概念　137

接换原则(commutation)　191

结构主义　009

经验语法　031

《句法结构》　010

聚合关系　138

K

K 问题　103

卡尔采夫斯基(Karcevskij)　151

卡尔纳普(Carnap)　045

卡西尔(Cassirer)　010

《克拉底洛篇》(*Kratylos*)　013

克鲁舍夫斯基(Крушевский)　127

孔狄亚克(Condillac)　007

库尔特内(Куртенэ)　148

扩展　016

L

拉丁语　004

拉斯克(Rask)　007

莱昂斯(Lyons)　132

莱布尼茨(Leibniz)　036

雷米萨(Rémusat)　061

雷斯琴(Leskien)　103

"类比"和"变则"的争论　019

类推作用　106

李兹(Lees)　240

历史比较法　004

历史比较语言学　004

卢梭(Rousseau)　038

洛克(Locke)　036

M

马德休斯(Mathesius) 151

马丁内(Martinet) 137

马克思 068

马克思、恩格斯 070

马尔姆伯格(Malmberg) 142

梅耶(Meillet) 070

美国结构主义 203

美国语言学 204

莫罗(Mauro) 130

印欧"母语" 093

目的论(télétogie) 163

穆南(Mounin) 131

N

能指(signifiant) 134

粘着(agglutination) 057

粘着理论 081

内部语言学 138

内容单位(Plérèmes) 190

内容成素(élément de contenu) 191

P

派克(Pike) 202

培根(Bacon Rojer) 031

配列(arrangement) 225

评价程序(evalution Prcceáure) 241

普遍性 106

普遍语言 036

《普遍唯理语法》 033
《普通语言学教程》 079

Q

乔姆斯基(Chomsky) 007
青年语法学派(Junggrammatiker) 007
琼斯(Jones, W.) 071

R

人类学 050
认知心理学 259

S

萨丕尔(Sapir) 059
萨丕尔—沃尔夫假说(Sapir-Whorf Hypothesis) 212
色雷斯语 074
沙赫马托夫(Шахматов) 153
生成(generation) 004
生成语义学 004
生成语言学 007
社会心理学派 142
施莱歇尔(Sehleieher) 059
施密特(Schmidt) 097
史勒格尔(Schlegel, F) 053
舒哈特(Schuchardt) 120
树形图 095
斯多葛学派 016
思辨语法(grammatica speculatira) 027
斯加里谢(Scaliger) 048
斯金纳(Skinner) 254

斯坦达尔(Steinthal) 066
斯塔罗宾斯基(Starobinski) 131
斯威特(Sweet) 165
斯瓦德士(Swadesh) 228
索墨菲尔特(Sommerfelt) 142
索绪尔(Saussure) 004
所指(signifié) 030

T

特拉克斯(Thrax) 020
特雷格(Trager) 223
特鲁别茨柯伊(Trubetzkoy) 142
替换(substitution) 192
天赋性 254

W

瓦罗(Varro) 007
外部语言学 138
威尔斯(Welles) 224
维尔纳(Verner)定律 103
唯理语法 008
维柯(Vico) 042
唯美主义语言学派 123
魏斯格贝尔(Weisgerber) 067
温克(Wenker) 121
温特勒(Winteler) 165
沃尔夫(Whorf) 199
乌尔达勒(Uldall) 177

X

席叶隆(Gillieron) 120

系统(Système)　137
相关性(relativity)　169
新洪堡特学派　067
形式类(form class)　144
形式与实体　186
《形态学研究》序言　104
行为主义　218
薛勒(Scherer)　106
薛施蔼(Sechehaye)　128
荀子　004
选择性规则　250

Y

雅可布逊(Jakobson)　129
亚里士多德　007
亚历山大里亚语文学派　019
叶尔姆斯列夫(Hjelmslev)　077
叶卡捷琳娜(Екатерина, A.)　047
叶斯丕森(Jespersen)　065
音位(Фонема)　137
音位对立　169
音位理论　169
《音位学原理》　171
语法形式的起源　061
语符学(glossematics)　143
语文学(philologie)　148
语言表达方式　125
语言发展阶段论　091
《语言理论导论》　180
语言类型分类　210
语言能力(competence)　241

《语言论》(萨丕尔著) 059
《语言论》(布龙菲尔德著) 003
语言内部形式(innere sprachform) 052
语言谱系树理论(Stammbaumtheorie) 095
语言起源"单源论"(monogénèse) 159
语言起源问题 039
语言的"区域联盟"(unions régionales) 158
语言世界观(Weltanshauung) 055
语言相关论(linguistic relativism) 214
语音规律 103
语音模式(Sound patterns) 204
"语言有机体"理论 092
语言与言语 142
"原子主义" 118
约定论(conventionisme) 134

Z

直接成分(immediate constituent) 144
转换(transformation) 004
转换生成语法 004
组合关系 138

后　记

　　本书是根据近几年来我在复旦大学中文系汉语专业和现代汉语助教班讲授欧美语言学史的讲稿整理而成的。"欧美语言学史"实际上是一门学习语言学的入门课程，主要介绍欧美语言学的发展历程，对在历史上有重大影响的语言学派和语言学家的理论和研究方法进行述评，目的在于使学生在进行深入研究之前，能在理论和背景知识方面有所准备。这种准备，其实对一切从事语言教学和研究以及关心语言学课题的人来说，都是必要的。然而，有关语言学史方面的著作，我国出得不多。本书的出版，就是想在这方面提供一份参考资料。

　　在语言学史的教学与研究中，我深感到材料问题处于十分重要的地位。没有确凿而丰富的材料，自然谈不上对"史"的叙述，也就不可能作出恰当的评论。仅仅依靠国内现有的译介材料是显然不够的。为此，我曾利用1980至1982年间在巴黎大学任教的机会，尽力搜集有关欧美语言学史的第一手资料。今年来法国进修，我又着重阅读了欧美学者研究语言学史的专著。令人高兴的是，法语出版物中有关欧美语言学史的资料相当齐全：不少欧洲学派、学者的重要文献和论著，是直接用法语写作的；欧美国家的一些用其他文字出版的专著，也大都有法语译本。这为我的教学和本书的写作提供了较好的条件。不过，为了读者寻找资料、作进一步探索的方便，我在书中尽量首先引用国内已有的译本和我国学者的研究成果，必要时才援引原著和国外学者的研究论著。所引材料，大都附注说明了来源。

主要的参考论著,都列在书后的"参考文献"中,供读者查阅。

在"欧美语言学史"的讲授和本书的写作过程中,我曾得到来自各方面的不少帮助。1975年夏,一位意大利朋友寄给我一本索绪尔《普通语言学教程》的莫罗评注本,对我后来决心从事外国语言学史的教学与研究工作,有很大的促进作用。在历次讲授欧美语言学史的过程中,不少同学和助教班学员曾就某些问题跟我讨论,使我颇受启发。初稿写成后,复旦大学国际文化交流学院陈光磊教授审阅了全稿。法国国家科学院研究员游顺钊博士也审阅过油印稿的部分章节,并为促成本书的出版提供了有力的帮助。在本书出版之际,谨向以上各位以及我所援引过的中外学者深表谢意。

欧美语言学源远流长,涉及的面十分广,本人水平有限,疏漏和不妥之处肯定不少,敬请专家和广大读者批评指正。

徐志民

1988年11月11日

于巴黎大学国际城

修 订 附 记

本书初版印数较少，出版后不久就售罄。之后，常有学生来信、来电寻找此书，或询问再印的时间。出这种专业面很窄的书，说不上有什么经济效益，现在出版社仍然决定再版重印，这对作者和某些读者来说，无疑是件十分高兴的事。

趁重排印刷之便，我除了对初版的一些印刷错误一一作了校正之外，还对书中某些引文作了修订。本书初版以来的十几年里，欧美语言学的好些名著出了中译本，这就为本书选用更准确的译文创造了较好的条件。

最后，我要对我所援引过的作者、译者及学林出版社再次表示诚挚的谢意。

徐志民
2005年6月8日
于兰花教寓

复旦版附记

本书初版至今，已二十多年。大约因材料与观点都多少有点新的东西，又较为通俗，比较适用于普及语言学的知识，因而被好几所大学相关专业选作教学和入学考试的参考书。回想起在国外任教和进修的几年，几乎用所有业余时间及微薄津贴，尽力收集第一手资料、汲取国外的研究成果，现在看来，总算并非白费，让我深感欣慰。在此，我要感谢学林出版社大力相助，编者付出不少辛劳，为此书出了两版。现在它又回归母校出版社的教材系列，我当然是很高兴的。

趁再一次重排出版之便，我将全书又检阅一遍，除了修改一些新发现的印刷错误外，对注释作了较规范的处理，参考文献则有所增补。本书原系教材，受课时限制，内容无法铺得很开，再说时间已过去多年，对部分读者来说，也许已不能满足。好在近十几年来，有不少新的译著出版(如湖南教育出版社和商务印书馆先后推出的姚小平主编的国外语言学名家译丛)，国外著名语言学家的原著也在不断引进，可供选择作进一步学习和研究的材料已有不少。

徐志民

2013年1月26日于兰花教寓